个体化视域中大学适切性教学研究

Getihua Shiyuzhong Daxue Shiqiexing Jiaoxue Yanjiu

谢　妮◎著

中国社会科学出版社

图书在版编目（CIP）数据

个体化视域中大学适切性教学研究/谢妮著．—北京：中国社会科学出版社，2015.2
ISBN 978－7－5161－6135－7

Ⅰ.①个…　Ⅱ.①谢…　Ⅲ.①高等学校—教学研究—中国
Ⅳ.①G642.0

中国版本图书馆 CIP 数据核字（2015）第 099304 号

出 版 人　赵剑英
责任编辑　刘晓红
责任校对　周晓东
责任印制　戴　宽

出　　版　中国社会科学出版社
社　　址　北京鼓楼西大街甲 158 号
邮　　编　100720
网　　址　http：//www.csspw.cn
发 行 部　010－84083685
门 市 部　010－84029450
经　　销　新华书店及其他书店

印　　刷　北京君升印刷有限公司
装　　订　廊坊市广阳区广增装订厂
版　　次　2015 年 2 月第 1 版
印　　次　2015 年 2 月第 1 次印刷

开　　本　710×1000　1/16
印　　张　16.5
插　　页　2
字　　数　281 千字
定　　价　52.00 元

目　录

第一章　绪论

第一节　研究缘由

一　缺乏安全感的成人社会

作为一个 70 后教师，我在高校工作已八年有余，连同曾经在初中 6 年的工作经历，我的一线从教时间达 14 年之久。在高校和初中两段工作之间有 6 年的求学和提升经历，职业和学生两种身份交叉反复，让我有时间能自觉地观察和反思人的发展到底呈现何种轨迹，教育之于人的成长，其价值与效果何在。

香港中文大学沈祖尧校长在2014 届毕业典礼上对学生殷殷叮嘱："不流俗不盲从，不负此生。"终究是时代创造了我们，还是我们创造了时代？沈校长建议当下的人"在今天的时代中来做人、做学问、做事业"，那么今天的时代是一个什么样的时代？是一个安全感简化为"出门时口袋里的钱包和钥匙，手机里显示的满格电……"吗？如果这只是女性的调侃，那么男性呢，他们的安全感又是什么呢？在极度强调且依赖合作的最小社会细胞中，人况且如同单子；那么本身就没有依存感的社会，个体将何以自处？如果安全感跟人无关，这又喻示什么呢？在一个没有安全感的成人社会里，我们从哪里、如何获得应对安全感缺失社会所需要的心理准备和必备技能（包括思考能力）？个体对自己负责，担负自己的全部责任只是一种历史偶然，还是一种不可逃脱的时代命运？沈校长眼中的时代，"个人主义抬头"、"资讯爆炸，是非难辨"、"利益在前，道德在后"，我们的大学教育是否能够真诚地面对学生？是否能够给学生一个灵魂静休的场所？①

---

① 沈祖尧：《不流俗不盲从，不负此生》，《人民日报》2014 年 7 月 15 日。

二 “巨型大学”引发的教育质量困境

表1-1 全国历年参加高考人数和录取人数统计（1977—2014年）

时间（年）	参加高考人数（万人）	录取人数（万人）	录取率（%）
1977	570	27	4.8
1978	610	40.2	7
1979	468	28	6.1
1980	333	28	8
1981	259	28	11
1982	187	32	17
1983	167	39	23
1984	164	48	29
1985	176	62	35
1986	191	57	30
1987	228	62	27
1988	272	67	25
1989	266	60	23
1990	283	61	22
1991	296	62	21
1992	303	75	25
1993	286	98	34
1994	251	90	36
1995	253	93	37
1996	241	97	40
1997	278	100	36
1998	320	108	34
1999	288	160	56
2000	375	221	59
2001	454	268	59
2002	510	320	63
2003	613	382	62
2004	729	447	61
2005	877	504	57

续表

时间（年）	参加高考人数（万人）	录取人数（万人）	录取率（%）
2006	950	546	57
2007	1010	566	56
2008	1050	599	57
2009	1020	629	62
2010	957	657	68.7
2011	933	675	72.3
2012	915	685	74.86
2013	912	730	80
2014	939	—	—

资料来源：根据中华人民共和国教育部历年的《全国教育事业发展统计公报》整理而成。

从表1－1中可看出，37年来，我国高等教育经历了一个大改革、大发展、大提高的过程，高等教育从精英教育阶段步入大众化教育阶段。1999年是个关键时间点，录取人数从1999年的160万到2002年的320万，只用了4年时间，此后一直居高不下。就我国大学的分层来看，分三大类，第一类是“985”，第二类是“211”，其次是地方普通高校。高校总数在2500所左右，[①] 其中本科院校1200多所，前两类高校不到10%，地方本科院校超过90%。大量涌进大学校园的扩招本科学生绝大多数由地方本科院校来承担，地方高校随着规模扩招而成为一个个“巨型大学”。

至于扩招后的教学情况，杨光调查发现，教学设备及实验条件的投入与更新不足，直接影响教学质量；教师的工作量加大，影响教师的科研和业务进修；新进教师未能充分备课即上讲台；师资总量不足，部分学科教师不足和断层；专业教学人数太多，教学方式难以改进；实践教学环节虚化，学生实践能力不足。[②] 李济广于2006年指出跳跃式扩招大大降低了普通高等教育产品的质量，使高校生产了大量的半成品和次品，减少了成品和精品。[③] 这种状况积累到今天，引发了近些年的就业大难题。“毕业

① 3月22日上午，教育部副部长鲁昕在2014年中国发展高层论坛上的讲话。

② 杨光：《扩招对高校教学质量的影响及对策》，硕士学位论文，华中师范大学，2004年。

③ 李济广：《高校过度扩招的十大弊端》，《河北学刊》2006年第9期。

即失业”现状引发学生对大学教育的巨大质疑。

三 来自学生的诘问

一再被转发的始现于2010年的“一位武汉大学毕业生的大学感悟”网帖，将大学描述成“精神缺乏、游戏成风、学生忙着贴金、老师忙着项目”，尤其直指：“专业的学习让人迷惑：很多老师照本宣科，大学里面真正关注教学、关心学生，有上课水平的老师越来越少了，不知道老师都在忙些什么。”“除了要求学生的专业学习之外，鲜有启迪心灵的声音，更重要的是缺乏指导大学生人生发展与定位的课程，能够让大学生明白自己为什么学，为什么活的课程。”功利主义的榜样让人困惑，高年级优秀学长给新生的经验交流是这样的：“每个人的重点都是怎样考好试，怎样通过英语四、六级，怎样为计算机过级做准备，要多参加社团活动，而这一切都可以为得奖学金做铺垫，为以后的保研和就业增加砝码。大家一致的看法是拿奖学金是大学学习最好的表现，而最终能够保研、找到一个不错的工作是最好的结果。”作者在文末指出帖子的写作目的：“能够唤醒大学里沉睡的一部分人去思考自己的人生而非随波逐流、人云亦云，自助者天助之；引起更多的人对于教育的关注和反思，因为这关系着我们每一个人的幸福。”①

客观地说，帖子从学生的角度对当前大学校园学习与生活进行了写实性描述，大名鼎鼎的“985”高校尚且如此，那么名不见经传的地方普通高校又会怎样？每一个有良知的大学教师都不会否认描述的真实性和现实感，同时也为当前的大学教育感到深深的忧虑。一个引领人类精神生活的文化殿堂，变成了学生眼中的功利场所和现实主义泥潭，这样的场所如何让学生担当他的责任？如何让学生认清自己的使命？除了让学生一再质疑“这样的大学为什么要上”外，还能给学生什么样的回馈？当我们同样困扰于大学理想的缺失和大学精神的混沌时，作为教育者和管理者，我们的责任和使命又在哪里？

始于2013年6月的群众路线实践教育活动深入到各高校中，根据党中央的要求，以“为民、务实、清廉”为主要内容，“照镜子、正衣冠、洗洗澡、治治病”，就“四风”（形式主义、官僚主义、享乐主义、奢靡

---

① 《“一名武汉大学毕业生的反思”轰动网络》，天涯社区（http：//bbs. tianya. cn/post－tree－2338785－1. shtml）。

之风）中存在的问题进行自我检查，开展批评和自我批评。从相关渠道的情况通报来看，高校存在的问题就有：“（有的）在人才培养上轻视育人功能，对本科教学重视、投入不够，不愿花大力气。在学校中长期发展战略中，缺少关于‘教育教学人才培养’的科学规划，对学生的成才成长没有落到制度上、行动上。”① 中国绝大多数大学承担的是本科人才培养，如果我们的规划中就缺乏“教育教学人才培养”，学生在大学四年中哪能指望得到系统而认真的培养呢？心灵启迪更无从谈起。

四　如何定位学生

《教育部、财政部关于“十二五”期间实施“高等学校本科教学质量与教学改革工程”的意见》（［2011］6号）提出“要更好地满足经济社会发展对应用型人才、复合型人才和拔尖创新人才的需要”；《教育部关于全面提高高等教育质量的若干意见》（以下简称“高教三十条”，教高［2012］4号）强调：“全面实施素质教育，把促进人的全面发展和适应社会需要作为衡量人才培养水平的根本标准。建立健全符合国情的人才培养质量标准体系，落实文化知识学习和思想品德修养、创新思维和社会实践、全面发展和个性发展紧密结合的人才培养要求……加大应用型、复合型、技能型人才培养力度。”这是我国政府关于高等教育质量要求的时间上最近的两份正式文件，从政府的角度就教育的社会功能对高等教育做出限制和规范，要求高校锻造出社会工程所需要的工具性产品。

香港中文大学沈祖尧校长则直接面对学生个体，殷殷寄语：“我盼望中大毕业生能虚怀若谷，以远大眼光，包容态度，带领我们的时代。我盼望中大毕业生能恪守道德，做好本分，不要为了个人利益，埋没良知。我盼望中大毕业生能认识时代，引领潮流，不流俗、不盲从，做个对社会有贡献的人。”沈校长从宽容多元、恪守公德不逐私利、自主并实现个人价值等角度对毕业生提出了期望，这实际上是从个体行为规范的角度对学生提出明确要求。也就是说，个体是活在社会中的个体，除了社会的总体性要求外，个体的主体性和内在责任感对社会发展具有不可逆转的价值。相对于社会化而言，这里强调的个体化，不是自私自利的个人主义取向，而是一种将社会规范寓于个体自身行动的个人负责取向，大学教育的责任在

---

① 教育部机关党委：《“四风”问题在直属高校的具体表现——教育部党的群众路线教育实践活动简报》，教育部网站（http：//www.moe.cn/publicfiles/business/htmlfiles/mod/s7466/s7466/201308/154923.html）。

于培养对自身负责，同时也能引领社会发展的具有丰富内在含义的个体。

个体化概念就在不经意中成为每个人要面对的现实问题。“我是谁?”“我从哪里来?”“我要到哪里去?”这三个问题已不再被哲学家所独享，而是成为每个人无论是独处还是置身闹市都回避不了的负载。这些问题，并不是现在才出现，只是以往从未像现在这样，如此逼迫个体去面对。普通大众被逼思考自身和面对自身，人和社会之间发生了怎样的变化？曾经万能的“他者”去了哪里？就中国社会而言，持续推进的市场化和法制建设，正成为个体化社会的根基。邬奇认为：“单个人成为社会生存发展的基本存在单位……是社会主义长治久安的可靠保证，是市场经济的客观要求，是社会主义现代化建设的主要价值取向。”①

第二节　概念界定

一　个体化

个体化（individualization）是一个颇具西方语义的术语，由德国社会学家乌尔里希·贝克和伊丽莎白·贝克—格恩斯海姆在其合著的《个体化》② 中提出，指在当代经济活动、社会生产和劳动、就业方式及社会生活进一步开放和快速流变的条件下，个人作为社会关系体系中的一个基本单元，作为社会行动过程中的一个实体单位，其独立性、独特性、主体性日益得到显示和表达的过程。这个过程是在全球化背景中出现的，与资本的全球流动和政府的“甩包袱”之间有密切关系。对个体化进行研究的还有英国的齐格蒙特·鲍曼及华裔学者阎云翔等。贝克和鲍曼以西欧社会为分析蓝本，阎云翔则以中国社会作为分析母本，虽然其分析对象具有很大差异性，但他们的分析思路和框架共同揭示了全球化背景中，除却文化和社会结构的差异，个体化正以不同的路径在发生着。社会学对变迁的观察以微见著，从日常生活中揭示发展趋势。本书取其相同的含义，用以考察我国改革开放以来，经济结构与教育场域之间的深层互动，尤其是从高等教育的微观层面来分析市场经济的个体化取向如何影响高等教育的核心

① 邬奇：《社会主体个人化——现代化的价值选择》，《作家杂志》2007 年第 2 期。

② ［德］乌尔里希·贝克、伊丽莎白·贝克－格恩斯海姆著：《个体化》，李荣山、范譞、张惠强译，北京大学出版社 2011 年版。

维度——教学。

对个体化的研究，不能回避一个看似相近的概念——“个人主义”(individualism)，这是容易引起混乱的概念。同样源于西方的“个人主义”，即使是西方学者也深知其弊端。夏伟东、杨宗元两位学者在《西方学者对个人主义的沉重反思》一文有较为集中的分析。① 个人主义的典型特征是：崇尚自由，追求个人满足；把个人在物质上的成功看作是主要的目标，把社会义务和集体责任抛在一边，甚至通过反社会的行为或犯罪来取得个人利益。针对这种危及公共利益和人类社会生存的个人主义，西方学者开出的药方是“重新定义自由”、“达到道德的一致”、“在不同领域采取根本性的措施”，如法律领域应当明确除了当事人的利益还有其他人的利益，还有共同利益、公共福利值得关注；家庭领域以家庭而非个人作为社会政策的核心；教育领域要从以学生的权利教育为重点，转变为以学生的责任教育为重点。

西方学者的对症之药恰是我国传统所强调的，但又在现代化过程中逐渐失去的。个体化理论的正当之处正是纠正个人主义的严重缺陷，重塑“负责任个体”。相比之下，个体化属于政治学和伦理学概念，个人主义则属于心理学和经济学概念。西方学者所批判的个人主义弊端正泛滥于我们当前社会，本书着力要解决的问题即是西方学者所关心和倡导的，探讨大学教学如何回应个体化社会的需求。在本书中，个体化既是方法论，也是研究视角，以之梳理市场经济社会中人的生存境遇及生存质量。

二 教学适切性

在学术界，教学有约定俗成的含义，即教师的教和学生的学共同组成一种人类特有的知识传承活动，以中小学研究为主，此处不赘述。针对教学的普遍性和单一性，有研究者在中小学新课程改革的背景下提出“个性化教学”一词②，要求学校教师在教学中、在课堂中、在一切教育的时空中，尊重每一个学生的个人价值。美国学者卡罗尔则从学生的个性心理特征出发，将之定义为：“在学习者个性特征与学习环境之间努力达到的一种平衡，也就是说，它是学习者个性特征与所学知识、概念、行为方式、学习环境、激励系统及习得性技能之间的一种合理匹配，而且是一种

① 夏伟东、杨宗元：《西方学者对个人主义的沉重反思》，《道德与文明》2006年第4期。

② 邓志伟：《个性化教学论》，上海教育出版社2002年版。

连续的过程。”① 这一术语是在教育学范围内，以班级授课制为批判对象，基于心理学的支持而提出的教学改进策略。本书所提出的“教学适切性”不同于教育学范畴的个性化教学，而是从社会学个体化理论的角度来剖析大学教学的实然状态及其阻碍个体化发展的机制，探讨一种应然的“适宜性教学”，即大学教学不单是知识传承，培养整齐划一的、同质化的人，还有启迪灵魂，帮助个体进行自我心灵探索、通过个体经验反思而获得发展，目标是形成负责任的个体，具有应对风险社会中不确定性的终身学习能力和社会发展技能。除“教”外，还要有“学”的丰富定义和深厚土壤。

三　地方普通本科院校

中国大学大体上分为三类：“985 工程”、“211 工程”、地方普通高校；其中地方普通高校又分本科院校和高职院校。不同类别的高校，学校规模、学生生源素质、学校传统及教学方式都有各自特色。本书无法穷尽全部高校，只能根据研究者自身条件及便于研究等客观因素，选取其中一类。三类高校中，前两类占比不到 10%，其所拥有的资源条件和学生资质非第三类高校可比。因此，本书以第三类高校中的地方普通本科院校为对象，这一类高校承担着中国绝大多数本科生的培养任务，研究他们对于改善整体教育质量更有意义。

第三节　文献综述

一　关于个体化研究

（一）社会学研究

贝克认为“第二现代性”（后现代社会）的基本特征是制度性个体化、（世界）风险社会、多维全球化（普世化），这三者互为一体。第二现代性是一个“不确定”、“不稳定”的风险社会，根源则在于资本的全球化。西欧社会基于福利制度而建构的受益者已被“个体化”，个体既直接置于国家保障制度撤离的真空中，又直接置于全球化的风险中，个人被

① ［美］汤姆林森：《多元能力课堂中的差异教学》，刘颂译，中国轻工业出版社 2003 年版。

迫“为自己而活”，对自己的生活及后果负责。[①] 阎云翔对黑龙江省下岬村家庭生活的研究发现，20 世纪 90 年代以来，家庭的私人化趋势明显，个人幸福以及人际间的情感关系的重要性日益得到彰显，变化的实质在于个人及个人权利观念的兴起。这种微观领域的变化与宏观社会结构有密切的关系，“社会主义国家是实现农民主体性及高度自我中心的个人崛起的主要推动者”，个体化的趋势是集体化时代国家对本土道德予以社会主义改造以及非集体化之后商品生产与消费主义及全球化的冲击所共同作用的结果。[②]“个体的崛起是一种转型性的变革”，“个体已成为基本的话语单位”。阎云翔的论断来源于对农村家庭、民营企业家、青年志愿者协会等的经验研究[③]，“中国社会个体化趋势”这一结论得到了其他学者的回应，文军认为当代中国社会正在逐步从“总体性社会”转向“个体化社会”，应增强社会政策的包容性，以关注更多的个体或少数群体。[④] 赵爽认为中国社会一个重要的转变是出现了一种新的社会性，这种“新社会性”是指作为个体的——而不是作为家庭或者其他集体的代表——个体间社会互动。[⑤] 对个体而言，意味着风险管理的全方位发展和获得，但这些能力并非生而即有，只有通过后天持之以恒的强化、练习和实践才能日渐形成。[⑥]

社会学关于个体化研究的一个重要启示是，个体化作为一种生存状态是一种国际趋势，与经济全球化和风险社会相伴而生，中国社会也不能避免，与个体生存质量相关的个体素质和能力直接影响到国家的总体性发展战略。社会学家揭示了个体化趋势，但对个体化过程中的“个体”如何生成及个体特质是什么，并没有提供更多答案，只是模糊地描述成“为生活所进行的准备”，须从教育中去寻求启示。认为，“教育永恒不变的任务，首先必须培养人们日常生活的能力，培养与不确定性和矛盾重重和

① ［德］乌尔里希·贝克、伊丽莎白·贝克－格恩斯海姆著：《个体化》，李荣山等译，北京大学出版社 2011 年版。

② 阎云翔著：《私人生活的变革：一个中国村庄里的爱情、家庭与亲密关系：1949—1999》，龚小夏译，上海书店出版社 2006 年版。

③ ［挪威］贺美德、鲁纳编著：《“自我”中国——现代中国社会中个体的崛起》，许烨芳等译，上海译文出版社 2011 年版。

④ 文军：《个体化社会的来临与包容性社会政策的建构》，《社会科学》2012 年第 1 期。

⑤ 赵爽：《中国社会个体化的产生及其条件——个体化相关理论述评》，《长安大学学报》（社会科学版）2011 年第 6 期。

⑥ 庞波：《社会风险与行为主体的伦理责任》，《求索》2011 年第 4 期。

平相处的能力，培养与多样观点以及准确无误和值得信赖的权威和平相处的能力；对差异的忍耐和尊重保持差异的权利的决心必须得以关注；必须提高批评和自我批评的能力，增强承担自己的选择及其后果的勇气；必须培养‘改变框架’的潜能，并培养潜能以便抵制逃离自由的诱惑以及自由所带来的对优柔寡断的忧虑”。[①] 因此可见，个体化对教育提出了巨大挑战，未来的人们还能像工业流水线上的产品那样被批量生产吗？一种“基于个人立场”的对个人有用的知识体系[②]及关于知识转化的方法论呼之欲出，这种知识体系应当既包含工具性知识，也包含审美和解释性知识。

（二）教育学研究

（1）教育学方面的个体化现象研究主要集中道德教育和价值观领域。郑富兴从“流动性”和“各种冲突社会结构中的个体”确认了中国社会的分化，从“单位”的变化和家庭的多样性角度印证了个体化特征，过去自我封闭下的总体社会已经失去整合性，使得学校道德教育陷入困境，[③] 大学生价值观的相关研究则指出了道德教育的困境所在。高银银从上学动机角度揭示大学生价值取向为：能胜任未来工作（58.38%）、实现理想和抱负（50.76%）、完善自我（48.12%）、为今后找个好工作（28.90%）、来自社会的竞争（25.25%）、继续深造（18.56%）、为祖国昌盛（15.73%）及其他。[④] 王丽君的研究显示在人生理想与目标的取向中，依次为：“生活能过得充实、幸福”（54.2%）、“做一个对社会有益的人”（12.3%）、“财富”（11.2%）；最大的快乐则为：“发展自我”（46.3%）、幸福的家庭（19.1%）、“为国家和社会做贡献”（13.0%）。最重要的依次是：健康、家庭、责任、地位、金钱和荣誉。[⑤] 宋仕平等发现大学生的人生目标是：人生目标是赚钱养家、孝敬父母（66.9%）；致力于祖国建设事业（20.1%）；自己怎么舒服怎么过（12.9%）。关于事

---

① ［英］齐格蒙特·鲍曼著：《个体化社会》，范祥涛译，生活·读书·新知三联书店2002年版，第173页。

② 翟学伟：《社会学的转向——一种基于个人的立场》，《社会》2007年第3期。

③ 郑富兴：《个体化社会的道德教育问题》，《华东师范大学学报》（教育科学版）2011年第12期。

④ 高银银：《从上学动机分析大学生价值观变化趋向的深层原因》，《青年探索》2006年第4期。

⑤ 王丽君：《“90后”大学生价值观状况调查与分析》，《思想教育研究》2011年第2期。

业有成的认定标准为，实现自我价值（75.3%）、对社会有很大贡献（12.3%）、社会地位（9.6%）、只要有钱就行了（2.8%）。[①] 谷峰等对河北省部分大学生进行了抽样调查，发现65.8%的学生希望自己能拥有充满挑战和激情的丰富人生，能创造出自己的一番事业，愿意为中华民族伟大复兴做出自己贡献的仅占12%，18.9%的学生认为自己拥有平凡但充实的人生就满足了。生命中最重要的东西是：健康（66.6%）、事业（36.7%）、自由（27.6%）等。[②] 董敏秋等（2008）发现在重要性的选择上，50%选的是家庭的利益，49%的学生选择事业与学业，11%的学生选择社会责任。[③] 因为这些研究文献样本量偏小，以致有学者认为这是"个别大学生"的变化，应该进行"纠偏"和引导。[④] 但不能忽视的是，调查结果在某种程度上有相似之处：大学生越来越注重个人价值，价值观的认知和选择上偏向于个体利益优先考虑。[⑤]

（2）大学生个体化研究。王静以质性研究方法对山东某高校进行了翔实考察，发现大学生入学伊始，就出现了个体化倾向。大学生的学习、活动、消费、恋爱、就业等生活主题都被私人化了，体现出高度个体化特征，但这种个体化不是自我选择的结果，而是由各种制度建构而成。宏观背景是国家、市场和大学的相互影响，微观基础是大学生个体不得不规划自身，"为自己而活"的愿望日益强烈。大学生个体的能动行为反过来对大学施加压力，迫使学校回应个体的要求[⑥]，但大学教育显然没有做好准备。

教育学研究尤其是价值观方面的研究对个体化反应不如社会学敏感和开放，虽然已关注到教育领域学生的个体化倾向，但在研究立场和价值取

---

① 宋仕平、刘雪菲：《地方高校"90后"大学生价值观的调查与分析——以三峡大学为例》，《湖北社会科学》2011年第11期。

② 谷峰、王华玲、汤敏：《当代大学生价值观现状调查分析》，《河北大学学报》（哲学社会科学版）2011年第6期。

③ 董敏秋、周德芹：《当代大学生价值观的调查分析与引导校正》，《辽宁教育研究》2008年第12期。

④ 李红、李庆华：《当代大学生个体价值观偏离现象及教育对策正》，《思想政治教育研究》2011年第3期。

⑤ 宋仕平、刘雪菲：《地方高校"90后"大学生价值观的调查与分析——以三峡大学为例》，《湖北社会科学》2011年第11期。

⑥ 王静：《当今大学生个体化的发生机制及教育对策研究——以山东某高校为例》，硕士学位论文，山东师范大学，2013年。

向上较为保守。少数学者持肯定态度，如肖绍明、扈中平认为教育应当人性化，立足于个体差异和个人尊严，既需要强化个体价值取向，又需要维持个体化和社会化之间必要的张力，通过生活世界的理性化实践完成个体社会化，实现人人平等和个性自由，从而达到个体化生存。[①] 这里的“生活世界的理性化实践”应当还原到教育的实际情境中，即大学生在大学教育中的学习性生存状态。大学校园里，不管我们意愿如何，学生个体化已成为大学教育不可回避的一个事实。

二 关于教学适切性研究

正如前文所述，“教学适切性”与“个性化教学”不是同一个概念，此处主要检视大学教学适当与否之类的文献。

一项针对学校教育存在不足的调查显示，39.1%的学生认为是重分数，不重视能力培养；22.2%的学生认为实验教学条件差、实验教学与理论教学脱节；20.6%的学生认为是教法僵化、刻板，遏制了创造力；16.5%的学生认为是教材落后；8.9%的学生认为教师水平不够或责任心不强。[②] 董晓惠、崔玉平于2007年对大学教育的描述至今看来仍然触目惊心，因其在当前大学是一种常态：“……由于高校教师职称、工资、奖金和课时费常常不与教学质量挂钩，教师不能凭借在教学上的超‘常规’投入和突出的教学质量以及学生满意度获得额外收入，而从事与岗位教学无关的其他劳动（如校外兼职）和从事与教学间接相关的活动（如进修、科研、技术服务等）可大幅度增加经济收入……对本科生的教学工作投入不足，教学成了应付差事，甚至出现教学上的‘偷工减料’，不备课、随意调换课程、迟到早退、缩减课时或找人代课等教学事故时有发生。‘教授不授、讲师不讲、讲课内容陈旧’的现象在一定范围内依然存在；……面对严酷的就业竞争环境，相当一部分学生忙于获得各种证书，尤其是英语四、六级考试合格证和专业技能证书，而对该修的本专业课程敷衍了事。”[③] 此种现象的存在，杨院认为是“学生缺失”所导致的，表现在三个方面，一是现有的高等教育的话语体系缺失“学生”；二是现有的人才

---

① 肖绍明、扈中平：《教育人性化的个体价值取向》，《教育研究》2010年第9期。

② 马修水、龚秀贤、沈徽青、王春知：《地方综合性大学教学质量问题的调查与思考》，《教育发展研究》2004年第1期。

③ 董晓惠、崔玉平：《高校教学质量问题及其应对策略》，《黑龙江高教研究》2007年第5期。

培养过程的中心偏离“学生”；三是由于话语体系的误导以及人才培养过程偏离学生中心，使得一些关于人才培养的改革措施没有很好地将学生作为主要着眼点。[①] 学生最不满意的是深层次教学问题，涉及教师对学生的启发和有意义的反馈等方面。[②]

众多的学者看到了大学教学中存在的种种不足，但造成这种状况的机制及其维持机制是什么，教学适切性如何进行，现有文献没有提供有益信息，这正是本书所要探讨的核心问题。学生个体基于就业的焦虑，“春江水暖鸭先知”，以考证的方式来未雨绸缪，而大学教学则长期处于“失聪”和“失明”状况，对个体化进程视而不见。“大学的优势正在丧失……因为大学教育已不再能预示着会获得一种终身职业……在一个结构性失业的社会中，大学扮演着暂时避难所的角色”。[③]

综上所述，个体化并不符合中国的文化传统和社会传统，但是改革开放实质上已打破了这一传统，随着经济全球化而来的是劳动力转移全球化，中国以市场经济为杠杆主动融入世界，传统的组织干预从私人生活领域中退场，个体对自己的私人生活负责，随着个体越来越依赖劳动力市场，个体对自己负责的范围扩大到社会生活中，个体毫无保护屏障地直面全球化所带来的风险社会。但是伴随着个体化的洪流，高等教育在实践中应对个体化是被动的，表现为被动应付经济改革和教育政策的要求，在培养学生应对个体化社会生存的教育实践中准备不足，缺乏创造和远见。因此，呈现在高等教育领域的个体化实践应得到清晰的梳理，以引起人们足够的重视，为推进大学教学改革提供现实框架。

第四节 本书的理论基础

本书的理论资源来自社会建构主义。社会建构主义视域中关于“社

① 杨院：《大学生学习模式：缘起、内涵与构建》，《中国高教研究》2013 年第 9 期。

② 谢妮、姚江帆：《个体化视野中的大学生学习状况研究》，《贵州师范大学学报》（社会科学版）2013 年第 2 期。

③ 乌尔里希·贝克、伊丽莎白·贝克－格恩斯海姆著：《个体化》，李荣山等译，北京大学出版社 2011 年版。

会事实”的知识，不是一个“浑然天成”之物，而是社会实践和社会制度的产物，或相关社会群体互动和协商的结果。温和的社会建构主义坚持社会要素形成了世界的解释。激进的社会建构主义则认为，世界或它的某些重要部分，在某种程度上是理论、实践和制度的建构。[①] 此知识论在解释社会现象或社会事实时，不会将之认为是“既定的”或不可置疑的，而是以一种动态的方式来观察和解释，认为社会实在“是我们制造的，而非被我们发现”。[②] 作为一种知识论的社会建构主义，主张在知识的形成过程中，强调个人与他人、社会的动态互动过程。以社会建构为视角“看”世界，无论是对社会还是对自然，对社会科学还是对自然科学，均引起了一场认识论甚至本体论的震撼与激辩。社会建构主义同时被延展到方法体系中，被广泛应用于国际关系与国际问题、知识观、学习观与教育观、环境问题、社会问题、性别问题等领域的研究与拓展中，极大地增加了社会建构主义作为一种方法论的生命力和解释力。[③] 不管怎样，社会建构主义作为一种观察世界的方式，无疑会对我们产生许多新的启示[④]，开拓我们观察世界和体验生活的视野。

本书的主题是探讨个体化视野中大学教学适切性，就“个体化”的提出而言，就是一个非常具有建构性特征的术语。一是研究者始终将“个体化”置于社会情境之中，揭示其动态的演变过程。贝克将“个体化”指称为“有关社会制度以及个体和社会关系的一个结构性的、社会学的转变”。个体化不同于个人主义，也不同于个性化，而是将之放置在去传统化的阶级、家庭及工作等层面。被解放出来的个体开始依赖劳动力市场，进而信赖教育、消费及福利国家的管理和支持之类的东西；依赖医疗护理、心理治疗和教育看护方面的可能性和方式；对市场的依赖扩展到生活的方方面面。个体看似摆脱了传统信息和传统支持关系的束缚，但又陷入对就业市场的依赖，被解放的个体必须去开创自己的人生，并在与他人的关系中安排自己的人生——一种“为自己而活”的个体化文化被催

---

① Robert. Audi（edited）, *The Cambridge Dictionary of Philosophy*, Cambridge University Press, 1999, p. 855.

② Peter L. Berger and Thomas Luckmann, *The Social Construction of Reality*: *A Treatise Its the Sociology of Knowledge*, Anchor Books, 1966, p. 204.

③ 刘保、肖峰：《社会社建主义——一种新的哲学范式》，中国社会科学出版社2011年版，第12页。

④ 同上书，第162—250页。

生出来。[1] 贝克同时认为，“个体化的文化包含着利他主义的伦理，作为个体与关心他人并不矛盾。生活在高度个体化的文化中，意味着个体必须保持社会敏感性，要懂得与他人相处，懂得承担责任，才能安排好自己的日常生活”。[2] 个体化的前提是具有某种良知、自反性的社会化过程及自反性的主体间性。要成为个体，必须去建构和创造个体自身的主体间性。[3] 二是主张个体化是对新的社会生活之道和社会生活形式的敞开，个体化进程虽具有四个基本特征：去传统化、个体的制度化抽离及再嵌入、被迫寻求“为自己而活，缺乏真正的个性”、系统风险的生平内在化，但不同社会形态却有不同的个体化路径，如西欧社会、中国社会、美国社会和伊斯兰社会，其现代性途径就有很大差异性，决定其个体化路径也是多样化的。个体化概念的论述充分体现出研究者视域的广泛和研究立场的包容与开放。

在大学教学的研究文献中，不乏研究者的想象和对某种“确定真理”的追求，及遵循某种定律来界定教学应该如何。马开剑认为大学教学是由大学教师的教与大学生的学所构成的意义建构活动。在这个过程中，大学生在通识教育的基础上掌握一定的专业知识和技能，参与一定的科学研究和学术活动，养成一定的专业素养和文化品格，形成一定的思想品行与价值观念。[4] 这个定义暗示着某种确切的关于大学教学的真知，但描述却是含糊的，在这个定义当中，看不到教学中行动者的角色和位置，尤其是“大学生”似乎只要按照外在于他们的设计和规定，就可自然获得外界希望他们获得的东西。这种定义指导下的大学教学已在现实中遭遇挫折。关于教学（即关于知识的获得），一直存在两种争论：一种是内生论，另一种是外烁论。内生论强调个体内在的洞察、逻辑或概念抽象等内在能力，重视引导与沟通；而外烁论强调知识的重要性，重视外在力量对个体的影响和介入。这两种反差较大的知识假设会导致显在的教育结果差异，无论哪种结果，都不足以产生关于教学的全面解释。如果我们不框定一种“天然事实”，而是将这种“天然事实”置于人的关系网络中，大学教学

---

① 乌尔里希·贝克、伊丽莎白·贝克－格恩斯海姆著：《个体化》，李荣山等译，北京大学出版社2011年版，第235—236页。

② 同上书，第245页。

③ 同上书，第246页。

④ 马开剑主编：《大学教学论基础》，山东大学出版社2011年版，第2—3页。

的含义会更丰富。社会建构主义认为，个体并不是内容或理性的处理器，而是在它们之中的参与者，将学生的角色从关系中的客体提升到主体地位，大学教学的实质在于构筑一种主体间性①，从而弥合内生与外烁之间的裂隙，使大学教学达到一种经济学意义上的极致。

第五节　研究思路和研究方法

一　研究思路

市场经济主导下的中国社会结构正在发生不可逆转的变革，传统结构如阶级、家庭、单位等，有的已松动（阶级、家庭），有的已瓦解（单位），个体正从集体中游移而出，成为一种新的社会建构力量，并成为正在生成中的社会形态的基础，这一现象同样发生在高等教育领域。本书的思路如下：从个体生存问题出发，根据社会建构主义的相关论述，梳理高等教育领域中的个体化渊源及个体化情境。在此基础上，探讨大学教学如何才能为个体生存提供应有的价值保障。总体上，本书从社会学、人类学、教育学等多学科及高等教育内外部关联的角度，来研究全球化时代风险社会中个体化生存及高等教育教学改革问题。操作路径上，既分析某一类高校的总体情况，又着眼于此总体中的个案学校，做到点面结合，深刻透视个体化在中国当前高校中的状况与实质，为教育教学改革提供扎实的数据支持和经验基础。

二　研究方法

本书综合使用多种研究方法，共同为研究主题服务。方法本身就是工具，没有标准式的方法，只有合适与否的方法。本主题既关涉时代宏观问题，也需从大学内部来探微析幽，因此，方法论层面，综合使用量化研究和质性研究两大方法范式，具体方法技术层面则根据不同的子目标，灵活应用相应的技术手段。总的宗旨在于使研究内涵丰富、数据充分、结论具有说服力。

1. 文献研究法

文献研究法是一种以文献资料为依据，通过对这些资料中所涉及的研

---

① ［美］肯尼斯·J. 格根著：《语境中的社会建构》，郭慧玲等译，中国人民大学出版社 2011 年版，第 115—159 页。

究问题和结论进行分析和解读，了解本领域的进展与现状，为本书奠定扎实的学科基础和界定清晰的研究边界。本书主要涉及两类文献，一是关于个体化的研究，另一类是关于大学教学的研究。个体化文献限定本书的基本框架和研究边界；大学教学的文献则聚焦研究主旨，为研究打开思路和奠定逻辑起点。

2. 历史分析法，也叫历史研究法或历史/比较分析法

通过筛选、整理史料，在错综复杂的历史中分析和清理出事件发展线索，明确其内在的相互关系或因果关系，主要用来缕析个体化的前世今生。华人学者阎云翔纵贯中国百年变革对个体化进行了分析，而高等教育领域也需要同样的溯源探根，厘清其发展幽径，以便增进读者对个体化的认知和理解。

3. 建制民族志（Institutional Ethnography）

由加拿大女性主义学者 Dorothy Smith 创建，坚持社会本体论、知识论和方法论的实践取向。研究兴趣从指责转向了对过程与实践的分析，探讨参与者是怎样被卷入某个情境的。研究宗旨是为那些想朝着更为平等社会发展的人们提供知识资源，在日常生活经验中探索问题，不预先设定研究结果；不把田野中的任何经验现象看作是静态的、在地的，而是探讨建构经验的社会关系，揭示在地实践与越地支配之间的隐形建构关系，为理解田野经验提供更为深广的社会背景，从而为在地人的境遇改善提供知识支持；重视组织分析、文本分析及权力与话语分析等。① 建制民族志的优势在于可以从容地探究高等教育个体化的社会脉络，增加人们对此类问题的理解。

4. 问卷调查法

是社会科学的经典研究方法，长于描述普遍现象，把握总体趋势，此方法主要用于了解我国高等教育教学现状，了解高等教育之于学生个体生命的实质意义，为理论解释提供充足的经验基础。本书以“大学生学习调查”为主要数据，以“大学生学习与发展追踪调查”为辅，既从全国层面来分析普遍现象，又深入探究个案，点面结合，全面了解大学教学状况。②

---

① 谢妮：《建制民族志——一种新的方法视角》，《贵州社会科学》2009 年第 7 期。

② 问卷调查法需在书末附问卷，本书利用的分别是与清华大学和厦门大学合作的数据库，未获公开问卷授权，故本书不能附问卷。

第六节 主要研究内容

一是对变化了的社会基础进行研究。转型中的中国社会，兼具前现代、现代和后现代社会特点，情形复杂。高等教育领域的改革，一直都在推行，但效果并不为人们所认同。本部分重点在于探究教育改革所依赖的社会基础究竟发生了哪些变化，解析高等教育改革不能催生希望之花的社会肌理。

二是对个体化进行历史溯源。分别从经济领域、高等教育领域和社会政治生活领域对个体化的路径及三者之间的纵横关系进行深入分析，呈现个体化在中国当代社会的错综复杂样貌。

三是对地方普通高校教学现状进行从面到点的实证分析。以问卷调查的数据分析为主，结合对个案学校的深度描述，紧扣大学教学主题，从宏观和微观层面了解我国大学教学到底存在哪些普遍性的问题，这些问题的形塑机制是什么，以及教学情境中个体的生命体验和生存状况，揭示个体化背后的社会机制与生存危机。

四是探讨大学教学改革的现实路径与可能路径。以S校为案例，揭示另一种形态的地方高校的尝试和探索。在以个体为单位的社会结构中，需要能够积极应对全球化和风险社会中的不确定性及不稳定性的负责任的个体，S校在为个体应对风险社会提供足够经验准备方面，有相当成功的实践。

第七节 研究意义

一 理论意义

体现在丰富高等教育学学科建设内涵方面。长期以来，高等教育是关注“问题研究”还是“体系建设”一直是人们争论的焦点，而作为核心元素的人则没有得到应有的待遇。基于中国传统，教育的社会功能得到了前所未有的扩张，而教育的个体功能则被遮蔽。把人纳入高等教育的核心，则是高等教育学发展最厚实的基础。在全球化的冲击下，中国社会经过三十多年的市场化之后，风险日益增多，个体依赖劳动力市场自谋生路，“对自己负责”，高等教育学学科建设无疑要对此做出选择，从对宏大叙事的兴趣回归到对个体命运的关注，寻找自己的理论源泉。而大学教学则是与个体命运连接最为紧密的桥梁，恰恰在这一方面，已有研究明显热情不足和力量游移。

本书突破高等教育研究“重社会，轻个体”、“重工具价值，轻伦理价值”、“重宏大叙事，轻日常关照”的局限，把“个体化”引入高等教育研究视野，将高等教育研究及改革着力于宏大目标切入到对现实的关照和对人的关怀上。个体化在中国的整个研究界仍是一个非常新颖的领域，本书为“以人为本”的科学发展观和实践观注入新元素，拓宽高等教育研究领域，丰富高等教育理论研究，完善高等教育学学科建设内涵。

二 实践意义

高等教育质量一直为社会所诟病，注重“工具价值”的高等教育实践因缺乏不完善的价值支持，没有给中国高等教育带来新的面貌，本书以扎实的社会学研究为基础，提出坚持教育社会功能的同时，面对个体化趋势及风险社会中的个体生存，开放教育个体功能空间的探索，为高等教育改革提供鲜活的理论源泉。本书在清晰把握社会结构特征的基础上，充分关注中国社会“个体崛起”这一事实，提出切实改革高等教育，真正落实素质教育，办人民满意的高等教育，培养社会主义社会负责任的个体，提升个体在劳动力市场中的抗风险能力和生命质量，以应对全球化和风险社会。

本书围绕《国家中长期教育改革和发展规划纲要》的精神实质，切实探索大学教学改革的机理，为确保纲要目标的实现做扎实的基础性研究，对实践具有极强的指导价值。研究将教育学、社会学、人类学的研究方法有机地结合在一起，在教育现场进行实践理论化，既为理论成果寻找实践的机会，又为实践的开展提供相关借鉴，做到理论研究与实践的有机结合。

第二章　个体化悄然而来

本部分从经济领域、高等教育领域和社会政治领域分析个体化在中国社会是如何逐渐曲折演进的。可以说在经济领域，是底层创新和高层推动的互动，历经30余年的时间，在经济生活领域成功个体化，尽管不同的人群经历的路径和意愿不同，经济基础和社会结构的个体化已成为一个不可否认的事实。但是，由于我国经济改革是“摸着石头过河”、“黑猫白猫，抓到老鼠就是好猫”，属于试误性质，一开始不可能对经济社会改革做“一揽子”设计，因而在经济领域快速个体化的同时，其他领域的个体化就显得不甚合拍，甚至反其道而行之，形成了奇特的社会景象。另外，中国个体化没有独立于全球化之外，而是与全球化同步，一个高度集体化的社会突然打开大门，本身就存在个体发育不良的先天不足，中国人的个体化复杂且风险重重，暗示着社会整合的困难。

第一节　经济领域中的个体化

新中国成立后，国家把治下的人群大体分成两类，用“人民公社”和“工作单位”两个箱子分别包裹起来，一个被称为“农村”，另一个被称为“城市”。箱子里面的人“忙着生，忙着死”（萧红语），箱子之间壁垒森严，互不通气，但箱子里面的世界却有天壤之别，农村生老病死靠天，城市享受着从摇篮到坟墓的甜蜜。直到有一天，标签为“农村”的箱子从内部被撑开了一道口子，这种情势到了被认真审视的时候了。农村自发的求生欲望终于上升到国家顶层设计，创造了“经济奇迹”，并把中国带到了世界舞台中央。这种奇迹基本上是建立在不断的制度变革和创新之上，比较大的改革包括1978年第十一届三中全会之后开启的经济体制改革开放、1992年邓小平南方谈话以后的市场经济改革，以及中国为配合2001年加入世界贸易组织所做的和世界接轨的改革等。这三轮改革极大激发了中国的经济和社会活力，把中国和世界市场更加紧密地结合在一起，使中国快速融入世界经济体系中。从根源上来说，这种活力的本质是人的活力，是个体的活力，也由此生产出贝克学术论述中的“风险主题”和“个体化”主题。

一 家庭在农村经济结构中基础地位的确立

（一）从集体到家庭

1978年12月18—22日，中国共产党第十一届中央委员会第三次全体会议的召开标志着党和国家的工作重心转移到经济建设上来，拉开了我国改革开放的序幕，启动了农村改革的新进程。确立了调动农民积极性，在经济上充分关心农民物质利益，在政治上切实保障农民民主权利的农村改革指导思路。提出了发展农业生产的一系列政策措施和经济措施，其中最重要的有：认真执行按劳分配的社会主义原则，按照劳动的数量和质量计算报酬，克服平均主义；社员自留地、家庭副业和集市贸易是社会主义经济的必要补充部分，任何人不得乱加干涉。① 树立了以对物质财富占有的多寡评价个人能力大小的合法性。

1978年下半年，安徽、四川农村尝试包干到户、到组的生产方式，取得了明显的效果并得到了高层的认可。1979年9月，十一届四中全会通过了《关于加快农业发展若干问题的决定》，允许农民因时因地制宜，经营自主。1980年5月，中央领导发表谈话，肯定了一些地方大包干的做法。9月，中共中央印发了《关于进一步加强和完善农业生产责任制的几个问题》的通知，认为包产到户“没有什么资本主义复辟的危险”。到1983年，全国实行“双包”的生产队达到了93%，其中绝大多数实行的是包干到户。②

在经历严重的经济形势之后，包产到户（家庭承包责任制）激发出农村巨大的生命活力，在生产过程中具有显著的经济效果。是生产者与生产资料结合得比较紧密的劳动形式，也是实现生产者利益比较直接、比较完全的一种经济关系，体现了在肯定国家、集体利益的同时，充分肯定生

① 《中共中央关于加快农业发展若干问题的决定（草案）》和《农村人民公社工作条例（试行草案）》1978年12月。

② 中共中央印发《关于进一步加强和完善农业生产责任制的几个问题》的通知，百度文库（http：//wenku. baidu. com/view/da0653097cd184254b35351d. html）。

产者个别利益的经济原则[①]，概括为一句话则是“财产权利和身份自由是包产到户变革中的两大法宝”。[②] 个人在经济中没有权力或极少权力的状况通过经济体制改革得到改善，从而激发个体的生产热情。周其仁从经济制度变迁史的角度分析了农村改革中国家和所有权关系的变化，认为20世纪80年代中国农村改革，一方面是国家集中控制社会经济活动的弱化，另一方面是农村社区和农民个人所有权的成长和发展。得出的重要结论是，原有体制通过国家主导的政治运动形成和改变所有权的逻辑，终于让位给一个新的逻辑，即经过国家和农民之间的交易，以及农民之间的交易来形成新的有效产权。在一个可以围绕制度形成和改变作交易的环境里，国家从对农村经济无所不在的控制状态大踏步后退，以此交换稳定的税收，低成本的控制系统和农民的政治支持；农民则以保证对国家的上缴和承担经营责任，换得土地及自由经营权。[③] 尽管家庭承包经营制度仍然存在着土地产权不明晰、资源配置不合理、公平和效率难以兼顾等问题，仍然不会掩盖农民所做出的历史性贡献，是农民的选择成就了中国改革[④]，改变了中国。[⑤]

伴随着农村生产方式改革的是经济组织形式，农民从高度组织化的人民公社中脱嵌而出，成为以家庭为单位的“户”，以户为单位的基础细胞为各种经济形态的流变和重组及人的流动打开了阀门，农民这一传统意义上的社会身份正在发生急剧变化。具体来看，在生产方式上，农民经历了由集体生产到家庭经营的转变，家庭成为生产和经营的组织者和管理者，家庭获得了生产的自主权和选择权，农民生产的积极性被充分调动起来；在生活方式上，农民逐渐改变了自给自足的小生产方式下的生活状态，正在向以市场为导向的消费型为主的生活方式转变；在阶层结构上，农民的阶层结构日趋多样化和复杂化，正在从单一同质性的阶层结构转变为与市

① 王小强、周其仁：《包产到户所体现的经济原则和中国农村商品经济发展的特殊道路》，《农业经济丛刊》1981年第6期。

② 周建明：《确立个人在经济中的权利——经济体制改革和社会主义发展的必然趋势》，《社会科学》1988年第5期。

③ 周其仁：《中国农村改革：国家和所有权关系的变化——一个经济制度变迁史的回顾》，《管理世界》（双月刊）1995年第3期。

④ 萧冬连：《农民的选择成就了中国改革——从历史视角看农村改革的全局意义》，《中共党史研究》2008年第6期。

⑤ 徐勇：《农民改变中国：基层社会与创造性政治——对农民政治行为经典模式的超越》，《学术月刊》2009年第5期。

场经济相称的，符合现代社会要求的多元异质的现代社会阶层结构，农民的流动性逐渐增大；在社会心理上，处于社会转型期的中国农民，其社会心理也表现出传统与现代交织的状态，既有现代性的民主法治意识，又有传统道德观念；既有竞争意识、时间观念又有传统小农的自由懒散①，体现出社会转型期所独有的复杂性和矛盾性。

（二）从家庭到个体

阎云翔以东北的下岬村为调查对象，分别从纵观下岬村这一本土道德世界的变化、农村青年择偶过程的变化、这一转变过程的各种细节、家庭财产分割过程中三种相互关联的习俗沿革以及在彩礼上体现出来的巨大变化等，讨论了作为独立个体的个人的出现与发展和国家在私人生活的转型以及个人主体性的形成中所起的重要作用。结论是在过去半个世纪里，农民的私人生活经历了双重的转型，这一转型的核心在于个人作为独立主体的兴起。② 在农村，最能代表个体意义的是年轻人结婚后要求分家，挑战几千年的“四代同堂”的传统。家庭作为生产单位的结果是，生产支配权和劳动收益迅速向年轻人靠拢，年长者的权威缩减。具有市场经济取向的农村经济改革鼓励个人财产观念的发展，积累家庭财产的新方式使得年青一代具有更强的个人权利观念并要求提前分家；分家后，核心家庭的脆弱又导致了母家庭与子家庭之间以及各子家庭之间的相互依附与合作。③即便年轻人分家后变得脆弱，但他们与寻求帮助的母家庭及平辈家庭之间显得更为平等，他们的独立性和主体性得到了保障。

将个体从家庭“拉出去”的标志是1985年我国开始实施的身份证制度，这是个体化进程中的重要事件。在计划经济体制下，户政管理以户为单位，个体的部分属性只有通过户才能得到确认，户主才是农户的全权代表，个人埋没在以户为单位的实体中。身份证制度则从以户为单位的管理转变到以个人为单位的管理。确立了个体在家庭中获得合法性的自立，为

① 张端：《新中国成立以来中国农民的变迁及走向》，博士学位论文，中共中央党校，2013年。

② 阎云翔著：《私人生活的变革：一个中国村庄里的爱情、家庭与亲密关系1949—1999》，龚小夏译，上海书店出版社2006年版。

③ 阎云翔：《家庭政治中的金钱与道义：北方农村分家模式的人类学分析》，《社会学研究》1998年第6期。

个体的社会流动提供了制度基础[①]，使“民工潮”得以可能。始于2000年的个人信用制度成为个体的第二“身份证”，将个体的经济主体地位固化下来，将个体卷入到广泛的社会经济活动中，对个体行为形成责任意义上的规约。[②]

（三）民工大挪移

始于1989年的“民工潮”——成百万上千万的农民远走他乡，涌向城市打工谋生[③]，是“农村劳动力不再满足于‘就地转移’，开始跨越城乡间的种种制度性屏障，涌入城市谋取和竞争就业机会并分享现代文明的历史过程”，暗示着潜在城市化的趋势。[④] 由于农民工的无组织性和无序性，进入城市之后一度被称为“盲流”，散居在城市的各个角落，在城市适应过程中引发一些社会治安问题，给城市居民一种负面感知。周大鸣通过调研认为农民工是顺应了城市发展的需要，是城市经济体系中不可缺少的辅助部分，为城市的发展做出了重要的贡献，应该改变对待农民工不公平的态度和妥善处理相关社会问题。[⑤] 2004年开始，从民工流入地来看，不到20年时间，“民工潮”演变为另一个词“民工荒”[⑥]，被认为是“歧视惹的祸”[⑦]，本质上是不被善待的农民工开始“用脚投票”，维权意识增强。[⑧]

“民工潮”是中国经济发展史中的一个特殊现象，在民工潮现象中，有限制度准入提供了行为主体发挥自己主体意识，实践自身生存理性的可能空间；个体在主体意识决策下基于生存理性而进行的利益最大化选择及实践促成了民工潮现象的产生及顽强存在、发展。[⑨] 在具体的择业行为过程中一般遵循着从生存理性向经济理性和社会理性选择的逻辑发展顺序，“民工荒”体现的是农民理性的增强。从“民工潮”到“民工荒”，农民

① 朱敏、王海明：《个体社会与乡村社会转型——以个体化为视角》，《晋阳学刊》2009年第4期。

② 潘清：《中国个人信用制度款款起步》，《厂长经理日报》2000年6月29日，第589期，A01。

③ 葛象贤、屈维英：《民工潮探源》（上），《瞭望周刊》1989年第44期。

④ 穆光宗：《民工潮与中国的城市化》，《社会科学家》1990年第6期。

⑤ 大鸣：《广州“外工散来”的调研与分析》，《社会学研究》1994年第4期。

⑥ 戴敦峰、陈中小路：《中国遭遇20年来首次“民工荒”》，《南方周末》2004年7月15日。

⑦ 《从“民工潮”到“民工荒”都是歧视惹的祸》，《领导决策信息》2004年第31期。

⑧ 石获涛：《农民工何时能“用手投票”》，《解放日报》2004年10月12日。

⑨ 曹继建、姜华：《生存理性——民工潮中的主体意识》，《理论研究》2007年第3期。

工的行为带有强烈的理性选择特征，反映了农民从生存理性到经济理性和社会理性的跃迁，体现了农民主体意识的增强和选择能力的提高，以及实现向上流动的强烈愿望。[①] 随着经济体制改革的深入、中西部区域经济的振兴及新农村建设、城镇化建设等整体推进，农民的活动领域和实践策略已有了更多选择和更大空间。

至此，在国家顶层设计的推动下，在市场元素的运作下，表现在农村社会的个体化路径已比较清晰了，将农民以户为单位从人民公社里面解放出来，然后一步步地将个体从家庭中分离出来，身份证制度和个人信用制度为个体化提供了法律制度支撑。个体从集体和家庭中脱嵌而出，除了极大地提升农村劳动生产率，还为个体经济发展和城市建设储备了极其重要的人力资源。但是，当个体回到家庭中时，家庭仍然是农村的经济单元；而个体作为社会成员时，才是他/她自己的全部。生产资料和生活资料以户结算的农村经济单元和农民个体在社会中的独立身份是相互矛盾的，这表明农村的个体化并不彻底，农民个体化的路径远未完成，也制约了农民在社会中获得真正独立身份和独立人格的意识和能力。

二　城市“全功能型单位”制的终结

布局于十一届三中全会，受农村经济体制改革巨大成功的鼓励，城市经济体制改革紧步其后，围绕放权让利、扩大企业自主权，开始了全方位实践探索。在中共中央《关于经济体制改革的决定》（1984 年 10 月）指导下，整个城市经济体制改革以增强国有企业活力为中心环节，包括流通体制、所有制形式、计划体制、财政、税收、金融管理体制等改革全面展开。与本书相关的重要实践是“扩大经营管理自主权”、“推行承包经营责任制”。

（一）扩大经营管理自主权

《国务院关于扩大国营工业企业经营管理自主权的若干规定》（1979 年 7 月 13 日）：“企业有权按国家劳动计划指标择优录用职工。企业根据自己的实际情况制订考工标准，经过考试招收职工。企业有权根据职工的表现进行奖惩。对那些严重违反劳动纪律，破坏规章制度，屡教不改，造成重大经济损失的，可给予开除处分。开除后，可以留厂劳动，发给生活费”；“企业在定员、定额内，有权根据精简和提高效率的原则，按照实

① 王正中：《民工潮到民工荒：当代中国农民的理性跃迁》，《求索》2006 年第 2 期。

际需要，决定自己的机构设置。”此政策为破除“工作单位”的神圣性和依附性提供了尚方宝剑，催生了一个新群体“下岗职工”。

“下岗职工”是指由于经济体制转变和企业用工制度改革、产业结构调整以及企业经营不善等原因，在职职工从原来工作岗位上剥离下来、等待重新上岗的职工。[①] 最早出现于20世纪90年代初期，当时还不叫下岗，有的地方叫“停薪留职”，有的地方叫“厂内待业”，有的叫“放长假”、“两不找”等。90年代中后期，下岗职工问题作为一种社会经济现象开始凸显，引起社会各方面广泛关注。有分析认为，下岗职工问题是我国经济发展多年积累的深层次矛盾的综合反映。主要有以下几个方面的原因，一是我国劳动力长期供大于求的一种客观反映；二是其历史根源在于以往计划经济时期实行的统包统配的就业制度；三是重复建设、盲目建设的直接后果；四是企业经营机制深层次矛盾的突出反映；五是科学技术进步和经济发展的必然趋势。[②]

在下岗职工的出路安排上，先后出台的政策有中共中央、国务院《关于切实做好国有企业下岗职工基本生活保障和再就业工作的通知》（中发［1998］10号）、劳动和社会保障部和国家经济贸易委员会、财政部等六部委联合下发的《关于加强国有企业下岗职工管理和再就业服务中心建设有关问题的通知》（劳社部发［1998］8号）等，切实保障下岗职工的基本生活及基本医疗。对于下岗职工的现就业问题，则纳入再就业服务中心进行托管。相比之前的“全功能型工作单位”，无论是在岗的还是下岗的职工，更不用说失业人员，个体除了对“国家”这个庞然大物还能有所感知外（可国家离自己又太遥远），似一叶扁舟被抛到了茫茫大海上。城市经济体制改革的同时，还有住房改革、医疗改革和教育改革，与市民生活息息相关的民生领域全方位引入市场机制，曾经“有人包管”的生活方式变成了“全部要自己管”的现实情境，对于城市来说，无疑是一场毫无心理准备的“震惊”，极大地超出了对社会主义的理解和生活经验的承受能力。个体前面已没有了看得见的挡风墙（单位），个体以最直接的方式直面来自风险社会中的社会风险。

国家给下岗职工托底了“基本生活及基本医疗”，但面对住房、教育

---

① 艾思同：《对下岗职工问题的认识与对策》，《经济与管理》1996年第5期。

② 名词解释：“下岗职工”，百度百科（http：//baike. baidu. com/view/695193. htm）。

及医疗等巨大家庭开支，其脆弱性可想而知。再就业机会的获得犹如救命稻草，事实上并不乐观，国家正处在经济体制、经济增长方式以及由以农业为主的传统经济到现代经济这三个转变过程之中，除了每年以百万计的职工从原来的企业中下岗和向新工作岗位的流动，还受到来自以亿计的需要在非农产业中就业的农村剩余劳动力的“顶托”。① 面对严峻的再就业形势，下岗职工自身的能动性在一点点地激发出来。李培林、张翼的研究发现，改革所带来的社会变迁，开创了一个社会结构与个体行动互动作用的新历史，在对外开放扩大、市场化转型和经济高速增长的大背景下，面对同样的社会事件，人们有了更大的通过调整自己的选择来改变生活的可能性。②

（二）推行承包经营责任制

1988年2月国务院发布的《全民所有制工业企业承包经营责任制暂行条例》规定：“承包经营责任制，是在坚持企业的社会主义全民所有制的基础上，按照所有权与经营权分离的原则，以承包经营合同形式，确定国家与企业的责权利关系，使企业做到自主经营、自负盈亏的经营管理制度。”旨在转变企业经营机制，增强企业活力，提高经济效益。第三条规定：“实行承包经营责任制，必须兼顾国家、企业、经营者和生产者利益，调动企业经营者和生产者的积极性，挖掘企业内部潜力，确保上缴国家利润，增强企业自我发展能力，逐步改善职工生活。”其基本形式是“两保一挂”，即企业保证完成承包合同规定的上缴税利指标，保证完成国家规定的技术改造任务，工资总额与实现利税挂钩。《关于加强国有资产管理工作的通知》（国发［1990］38号）、《国家国有资产管理局、财政部、国家经济体制改革委员会、国务院生产办公室关于加强承包经营责任制企业国有资产管理的试行办法》（国资工字［1990］52号）确立了“正确处理国家、企业和个人利益关系”的指导性原则，为一批“企业能人”的喷涌而出打下了基础。

承包经营责任制的履行状况与承包人或称企业管理者（统称企业家）的素质和能力是分不开的。承包事实与经济责任及个体经济利益直接挂钩，这要求“不仅要有敏锐的政治头脑，而且还要具有灵活的经济头脑，

① 吴敬琏：《关于国有企业下岗职工再就业问题的思考》，《理论前沿》1998年第13期。

② 李培林、张翼：《走出生活逆境的阴影——失业下岗职工再就业中的“人力资本失灵”研究》，《中国社会科学》2003年第5期。

具备良好的经济工作素质，要有驾驭经济发展的大手笔、大气魄，不怕冒风险、敢于决断的气质、竞争开放型的性格、坚韧不拔的意志，以及多谋善断的水平和能力”① 的行内人才有可能成为承包人，进而成为现代企业家。另外，企业家的成长与企业发展之间是一种互动过程，企业发展是在企业家素质、精神和能力提高的引导下得以实现的。企业的生存与发展有赖于企业的核心能力，着眼于企业家在企业核心能力构建中的特殊作用。② 鉴于企业家的重要价值，对他们进行激励，尊重他们的劳动价值的讨论也顺时展开。③ 作为企业家个体的价值在承包经营中得到了确认和尊重，企业家群体作为支撑中国规模经济大厦的有生力量做出了独特贡献，同时也凸显了企业家作为个体的主体价值。

从结果上来看，扩大企业经营自主权产生了大批下岗职工，承包经营责任制产生了数量可观的企业家，虽然他们的路径和人生有差异，但他们原来可以依靠的经验中的“单位”一无例外地终结了，全功能型单位退出了历史舞台，唯有市场才是他们的归宿和依靠，他们以个体的方式，面对市场。

三　个体经济的发展与壮大

个体经济，指在劳动者个人占有生产资料的基础上，从事个体劳动和个体经营的私有制经济。个体经济具有规模小、工具简单、操作方便、经营灵活等特点。个体经济有两个明显的特征：一是生产资料和劳动成果归个人所有；二是劳动者以自己的劳动为基础。个体经济中，生产者既是直接的劳动者，又是生产资料的私有者，劳动者主要依靠自己的劳动取得收入。④ 改革伊始，政府颁布了一系列鼓励个体经济发展的文件，为个体经济的发展提供制度保障。1980 年 8 月，中共中央颁布《关于转发全国劳动就业会议文件的通知》，1982 年 12 月，五届人大第五次会议把发展和保护个人经济写入《宪法》。1999 年 3 月通过的《中华人民共和国宪法修正案》，把个体经济的地位提高到了新的高度；江泽民在十六大报告中再次强调：“个体、私营等各种形式的非公有制经济是社会主义市场经济的

---

① 杜跃东：《现代企业经营管理者应具备的素质和能力》，《商场现代化》2005 年第 23 期。

② 袁安府：《我国企业家成长与激励研究》，博士学位论文，浙江大学，2000 年。

③ 朱恩磊：《管理层股权激励政策绩效研究——理论与实证分析》，首都经济贸易大学，硕士学位论文，2006 年。

④ 名词解释：“个体经济”，百度百科（http：//baike. baidu. com/client/view/162836. htm）。

重要组成部分，对充分调动社会各方面的积极性、加快生产力发展具有重要作用。”在各项政策措施的鼓励下，个体经济在微观经济领域全面开花，在促进经济增长、拉动社会投资、创造就业岗位、增加财政收入等方面做出了重要贡献。①

个体经济的发展与壮大，产生了另一个新群体“个体户”。个体户有两个主要来源，一是农村生产领域涌现出来的富余劳动者加入了商品流通的大潮，跨越了农村与城市的界限，并扎根于城市；二是历经国有企业分化、重组之后走上自主创业之路的下岗职工或失业人员。个体户是城市改革的第一批受益者，也是城市社会分化的第一个启动点，个体户扮演了前十年城市改革的主角，并对城市社会结构的变迁产生了深刻的影响。② 个体户的自主意识也在萌发之中，“在一个小餐馆里，有位年轻的顾客诙谐地对主人说‘你们个体户，钢镚儿就是月亮吧。’主人笑答：‘也许，小伙子。不过，我们个体户的太阳是自主！’”③

四　经济个体化所推动的社会政策和法律变革

（一）推动社会政策变革

前面考察了经济领域中农村和城市不同个体对象的生命实践和生存策略，不管是被动的还是主动的，改革开放所彰显的对于人的价值的尊重是极其重要的。常修泽认为中国改革开放 30 年，既是中国的经济力量不断壮大的 30 年，也是中国的人格力量逐步升华的 30 年。党的十一届三中全会开辟了解放生产力、解放生产关系，同时也解放人、促进“人”自身发展的新纪元。改革的重要成果之一，是人自身的发展和变化，突出表现在人的“主体性”的增强和发展方面。把以人为本、注重人的全面发展作为改革的核心价值并指导改革实践，是中国经济体制改革 30 年最宝贵的经验之一。④

从人的角度来观察 30 余年来经济领域的深刻变化，农民的首创精神已得到了充分肯定。应小丽从经验材料、具体事件入手勾勒了 1952—

① 胡家勇：《中国个体经济发展的回顾与展望》，《财经研究》2003 年第 4 期。

② 时宪民：《北京市个体户的发展历程及类别分化——北京西城区个体户研究》，《中国社会科学》1992 年第 5 期。

③ 任海成：《个体户，一串活泼的音符》，《诗刊》1986 年第 7 期。

④ 常修泽：《中国改革与人的发展——从“人”的角度研究中国改革开放 30 年》，《改革与战略》2008 年第 10 期。

1992年国家现代化进程中浙江农民的自主行为的基本形貌和变迁轨迹，考察了农民农业合作化时期的抵制行为、包产到户的改革试验与实践、农民经商、农民的多元非农经营以及农民进城、造城行为等自主行为，认为农民扮演了既非革命又非保守的积极行动者的角色，成为制度变迁的真正主体和改革的原始推动者。其价值表现在创新了农业生产经营制度、推动了商业流通领域的市场化改革、突破了单一的公有经济格局、动摇了城乡二元结构以及创新了城镇化建设之路等。[①] 源自农村的个体化生命动力成为国家正式社会政策变革的源泉，开启城市经济改革的序幕，引发了全局性的经济个体化变革。周幼平以个体化为工具对社会政策变迁进行了剖析，认为中国正式社会政策变迁的逻辑是为提高经济效率而改革国企、推进个体化，同时对社会政策进行调整以解决推进个体化所带来的问题，客观效果是维持个体化的再生产乃至推进个体化的深入。国有企业改革的实质是去单位化的不断推进，是个体化的不断发展。社会政策改革的实质是固化国有企业改革推进的个体化，甚至也作为推进个体化的手段出现，作为社会政策设计的国家支持和推进了个体化。[②]

（二）促进根本大法的更新

经济个体化，说到底是承认公民可以拥有私产，并得到根本大法的保护。1954年第一部《中华人民共和国宪法》总纲部分对所有制的规定是：主要形式有“国家所有制，即全民所有制；合作社所有制，即劳动群众集体所有制；个体劳动者所有制；资本家所有制”。对于私有制进行分类处理，对“个体农民”和“个体手工业者和其他非农业的个体劳动者”进行“指导和帮助”，对“富农经济”、“采取限制和逐步消灭”、“资本主义工商业采取利用、限制和改造的政”，通过社会主义工业化和社会主义改造，最终是消灭私有制，实现国家所有制和集体所有制。“保护公民的合法收入、储蓄、房屋和各种生活资料的所有权”、“依照法律保护公民的私有财产的继承权”。而在第三章“公民的基本权利和义务”部分，与财产相关的只有“公民的住宅不受侵犯”、“中华人民共和国的公共财产神圣不可侵犯”两条。1975年第二部和1978年第三部《中华人民共和

① 应小丽：《农民的自主行为与制度变迁——以1952—1992年浙江为例》，博士学位论文，华中师范大学，2008年。

② 周幼平：《中国社会政策变迁研究：一个演化的视角（1978—2008）》，博士学位论文，上海交通大学，2012年。

国宪法》关于所有制部分内容基本一致，总纲规定："中华人民共和国的生产资料所有制现阶段主要有两种：社会主义全民所有制和社会主义劳动群众集体所有制"；"国家允许非农业的个体劳动者在城镇街道组织、农村人民公社的生产队统一安排下，从事在法律许可范围内，不剥削他人的个体劳动，同时，要引导他们逐步走上社会主义集体化的道路。""在保证人民公社集体经济的发展和占绝对优势的条件下，人民公社社员可以经营少量的自留地和家庭副业，牧区社员可以有少量的自留畜。"规定"社会主义的公共财产不可侵犯"，"公民的人身自由和住宅不受侵犯"。1982年第四部《中华人民共和国宪法》总纲规定："社会主义经济制度的基础是生产资料的社会主义公有制，即全民所有制和劳动群众集体所有制。""农村人民公社、农业生产合作社和其他生产、供销、信用、消费等各种形式的合作经济，是社会主义劳动群众集体所有制经济。参加农村集体经济组织的劳动者，有权在法律规定的范围内经营自留地、自留山、家庭副业和饲养自留畜。城镇中的手工业、工业、建筑业、运输业、商业、服务业等行业的各种形式的合作经济，都是社会主义劳动群众集体所有制经济。""在法律规定范围内的城乡劳动者个体经济，是社会主义公有制经济的补充。国家保护个体经济的合法的权利和利益。国家通过行政管理，指导、帮助和监督个体经济。""社会主义的公共财产神圣不可侵犯。""国家保护公民的合法的收入、储蓄、房屋和其他合法财产的所有权。国家依照法律规定保护公民的私有财产的继承权。"

上面就新中国成立后四部正式宪法中所有制的规定及所有权的保护进了摘要，1954 年宪法的背景是改造私有制，体现的是一个过渡；而 1975 年和 1978 年宪法体现的是完全消灭了私有制，即使有少量的个体劳动者，也与所有权无关，公民只剩下人身自由和住宅不受侵犯；1982 年宪法反映的是改革开放后国家政策催生下的大量个体经济的客观存在，相比"公共财产神圣不可侵犯"，公民所有权属于"保护"范畴。此后，全国人大分别于 1988 年 4 月、1993 年 3 月、1999 年 3 月、2004 年 3 月对 1982 年宪法逐步进行了修改、完善。与本书相关的内容修正如下：

《中华人民共和国宪法修正案》（1988）：宪法第十一条增加规定："国家允许私营经济在法律规定的范围内存在和发展。私营经济是社会主义公有制经济的补充。国家保护私营经济的合法的权利和利益，对私营经济实行引导、监督和管理。"

《中华人民共和国宪法修正案》（1993）：宪法第八条第一款修改为："农村中的家庭联产承包为主的责任制和生产、供销、信用、消费等各种形式的合作经济，是社会主义劳动群众集体所有制经济。参加农村集体经济组织的劳动者，有权在法律规定的范围内经营自留地、自留山、家庭副业和饲养自留畜。"宪法第十五条修改为："国家实行社会主义市场经济。""国家加强经济立法，完善宏观调控。""国家依法禁止任何组织或者个人扰乱社会经济秩序。"宪法第十六条修改为："国有企业在法律规定的范围内有权自主经营。""国有企业依照法律规定，通过职工代表大会和其他形式，实行民主管理。"宪法第十七条修改为："集体经济组织在遵守有关法律的前提下，有独立进行经济活动的自主权。""集体经济组织实行民主管理，依照法律规定选举和罢免管理人员，决定经营管理的重大问题。"

《中华人民共和国宪法修正案》（1999）：宪法序言第七自然段增加了"发展社会主义市场经济"；宪法第五条增加一款，作为第一款，规定："中华人民共和国实行依法治国，建设社会主义法治国家。"宪法第六条修改为："中华人民共和国的社会主义经济制度的基础是生产资料的社会主义公有制，即全民所有制和劳动群众集体所有制。社会主义公有制消灭人剥削人的制度，实行各尽所能、按劳分配的原则。""国家在社会主义初级阶段，坚持公有制为主体、多种所有制经济共同发展的基本经济制度，坚持按劳分配为主体、多种分配方式并存的分配制度。"宪法第八条第一款修改为："农村集体经济组织实行家庭承包经营为基础、统分结合的双层经营体制。农村中的生产、供销、信用、消费等各种形式的合作经济，是社会主义劳动群众集体所有制经济。参加农村集体经济组织的劳动者，有权在法律规定的范围内经营自留地、自留山、家庭副业和饲养自留畜。"宪法第十一条修改为："在法律规定范围内的个体经济、私营经济等非公有制经济，是社会主义市场经济的重要组成部分。""国家保护个体经济、私营经济的合法的权利和利益。国家对个体经济、私营经济实行引导、监督和管理。"

《中华人民共和国宪法修正案》（2004）：宪法第十一条第二款修改为："国家保护个体经济、私营经济等非公有制经济的合法的权利和利益。国家鼓励、支持和引导非公有制经济的发展，并对非公有制经济依法实行监督和管理。"宪法第十三条修改为："公民的合法的私有财产不受侵犯。”“国家依照法律规定保护公民的私有财产权和继承权。”宪法第十四条增加一款，作为第四款：“国家建立健全同经济发展水平相适应的社会保障制度。”宪法第三十三条增加一款，作为第三款：“国家尊重和保障人权。”

宪法体现的是一个国家的根本制度，从我国四部宪法到1988年版本的四个修正案，清晰地反映了我国私人产权制度的变更脉络，从私有制的存在到消灭私有制，再到确立“公民的合法的私有财产不受侵犯”，私人产权制度的变更实质是个体命运的跌宕起伏及个体与国家之间的博弈，国家理性设计终于让位于现实实践。2004年宪法修正案的诸多内容更是创历史纪录，如“公民的合法的私有财产不受侵犯”、“建立健全同经济发展水平相适应的社会保障制度”、“国家尊重和保障人权”，赋予个体更多的权利和保障，公民权利的扩展无疑是随着财产权的确立而来的。个体财产权在宪法中的定位和声称在程序范围内完成了个体从国家和集体中脱嵌而出的法律意义上的彻底转变。

“有恒产始有恒心”。新中国成立后经济发展史是一个从去个体化到重返个体化的历程，这个历程之沉重的历史注脚便是深圳特区得以成立的前因。深圳历史上总共出现过4次大规模的逃港潮，分别是1957年、1962年、1972年和1979年，共计56万人（次）；参与者来自广东、湖南、湖北、江西、广西等全国12个省、62个市（县），主要原因是贫穷和饥荒及特定时期的政治迫害。“大逃港”事件引起了中国执政者的深思和反省，直接催生了深圳经济特区。深圳特区成立后，不但“逃港”现象消失，还引发了香港回流内地的潮流①，历史就是这样的真实而残酷，她用最朴素的、无声的语言但又最坚决的法则引导和规范实践者的行径。

第二节　高等教育领域中的个体化

恢复高考意味着重新承认知识的价值和尊重个体通过自身努力改变命运的权利，为经济改革奠定人才基础。经济体制转轨期间，单纯依靠国家

① 名语解释：“大逃港”，好搜百科（http：//baike.haosou.com/doc/63765948－6589596.html）。

的资金资助与供给无法满足高等教育不断增长的需求，政府致力于从市场中寻求资金提供者的多元化，个人付费成为最重要的来源之一。结果是国家资金投入减少，个人付费增多。从现在的时间轴来回观始于30年前的改革开放，尤其是教育体制改革，其核心是为市场经济改革服务，将教育从国家福利转变为私有化、市场化[①]，进而推进到个体化。由于发展过快，学费涨幅超过了普通家庭的承受能力，引发了一系列社会问题，尤其是教育公平问题和毕业生就业问题，影响至今。

一　恢复高考制度

1977年，由于“文化大革命”的冲击而中断了十年的中国高考制度在邓小平的主导下得以恢复，结束了“推荐上大学”的制度，中国由此重新迎来了尊重知识、尊重人才的春天。1977年9月，中国教育部在北京召开全国高等学校招生工作会议，决定恢复已经停止了10年的全国高等院校招生考试，以统一考试、择优录取的方式选拔人才上大学。这是具有转折意义的全国高校招生工作会议决定，恢复高考的招生对象是：工人农民、上山下乡和回乡知识青年、复员军人、干部和应届高中毕业生。会议还决定，录取学生时，优先保证重点院校、医学院校、师范院校和农业院校，学生毕业后由国家统一分配。

在恢复高考的纪念性文本中，可以看出中断高考的那些年，升学方面存在的严重问题：“一是埋没了人才；二是卡了工农兵子弟；三是助长了不正之风；四是严重影响了中小学学生和教师的积极性。”1977年10月11日国务院批转了教育部根据邓小平指示制定的《关于1977年高等学校招生工作的意见》，明文规定：废除推荐制度，恢复文化考试，择优录取。[②] 用考试取代家庭出身和社会关系成为选拔人才的依据，昭示着社会的思想结构回归正常的发展轨道，重新肯定了知识的价值，普通人再次拥有了把握命运的机会，在改变千百万人生命轨迹的同时，国家前途也被重新照亮。[③] 恢复高考是教育战线尤其是高等教育战线拨乱反正的重要标志，是中国改革开放的伟大起点。它对于在全社会重新树立尊重知识、尊

① 莫家豪：《中国的高等教育：从国家福利到教育的私有化和市场化》，《社会保障研究》2007年第2期。

② 查全性：《1977年恢复高考与科教工作座谈会》，《中国经济导报》2013年1月31日。

③ 周锟：《邓小平1977年恢复高考去掉“单位同意”一条》，中国新闻网（http://news.china.com/zh cn/history/all/11025807/20090908/15630785.html）。

重人才的良好风尚，对重建社会的公平与公正，对推进新时期中国现代化建设事业的向前发展均具有强烈的现实意义。① 许章润从法权政治角度，对恢复高考做了消极意义和积极意义两方面的论述。在消极意义上，等于被迫承认人的生命不能被无辜浪费掉，否定了任何体制与权力以理想的名义糟蹋个人生命价值的合法性，否认了一切世俗权威以人本身作为实现某种乌托邦的工具的正当性。在积极意义上，它肯定或者被迫变相肯定了个体享有经由个人奋斗、提升生命价值的自我实现的天然权利。关键在于个体的思想自由，可以从体制化安排中得到满足。②

从严格意义上说，恢复高考结束的是无视知识基础的“平等教育”，开启了以个人才智取胜的新纪元，树立起“考试面前人人平等”的价值观，及凭着自身努力实现向上流动的坚定信心，实现社会流动的良性循环。放到历史大视野中来看，恢复高考实质是在知识领域率先推行个体化，确立了“知识人”的尊严和地位。为后面的经济领域改革做了观念形态的铺垫，即“七十二行，行行出状元”，只要得到鼓励和条件许可，个体能动性在其他领域的释放已暗含在恢复高考的伟大先机中了。

二 高等教育收费及教育产业化

自1977年恢复高考国家提供免费高等教育并包分配工作，中间历经收费改革，到1997年全面实行收费上大学，时间刚好20年。这20年正是中国经济大腾飞时期，是部分国民财富快速累积的20年，农村经济改革和城市经济改革造就了大批相对富裕的家庭。但另一个背景是，国家逐步把原来承担的义务进行剥离，交由社会成员自行承担，这其中就包括高等教育成本个人分担问题。高等教育收费制只是中国教育改革的一部分，但这一部分却举重若轻，从长远来看，改变了中国教育发展的方向，也改变了中国人对教育的本质认知，并开始重塑国人人格。

《中国教育改革和发展纲要》（中发［1993］3号）明确规定：“改革学生上大学由国家包下来的做法，逐步实行收费制度。高等教育是非义务教育，学生上大学原则上均应缴费。”当时所面临的形势是，国内必须建立适应社会主义市场经济体制和政治、科技体制改革需要的教育体制。但教育投入不足，教师待遇偏低，办学条件较差，劳动者素质低。国际竞争

① 张乐天：《恢复高考的意义诠释》，《南京师范大学学报》（社会科学版）2007年第6期。

② 陈宝成：《阶层流动、分配正义与思想自由——就恢复高考30年专访许章润教授》，《社会科学论坛》2007年第7期上。

激烈，体现为科学技术的竞争和民族素质的竞争，说到底是人才的竞争。因此须通过改革发展教育事业，提高全民族的素质，把沉重的人口负担转化为人力资源优势。国家“教育投入不足”、“高等教育的非义务性”、“人口负担转化为人力资源优势”、改革后财富的累积这四个因素共同在推动高等教育成本分担向个人转移这一趋势。

改革开放30多年，我国高等教育收费制度变迁选择了一条渐进式改革之路，经历了双轨制、并轨改革和全面收费三个阶段。[①] 具体情形是：1978—1984年由免费教育向收费教育过渡，普通高校在国家计划招收的公费生和定向生之外，开始招收属于市场调节成分纯自费生和委培生。1984—1992年高等教育收费正式形成，确立了普通高等学校招生与毕业生就业的“双轨制”系统，正式放弃了新中国成立后长期沿用的“免费上大学”政策。1992年之后为高收费时期，到1997年，全国所有高校基本完成招生并轨和学生缴费上学改革，成本回收制度在全国高校中全面推行。[②]

高等教育收费的理论基础是人力资本理论及准公共产品理论、教育产业化等，其前提是国家投入不足[③]，允许高校在国家计划之外（计划内学生少量收费），向社会出售一部分招生指标（收费额度较大）以补充高校办学经费的不足。在未并轨之前，事实上对自费生是降分录取，即“花钱买分”。这出售的部分指标等同于“商品”，具有购买能力的人才可以得到，为教育产业化埋下了伏笔。1992年6月，中央和国务院颁布《关于加强发展第三产业的决定》，明确指出教育属于第三产业，教育对国民经济发展具有全局性、先导性影响，建议把教育事业作为加快发展第三产业的重点，更是给教育产业化提供了合法依据。工薪阶层家庭对收费有一定的承受力，收费一般占学生家庭收入20%左右，家长愿意进行智力投资，特别是来自沿海开放地区的学生更容易接受[④]，得到了大批急于上学且有一定经济基础的学生和家庭的拥护。1997年的并轨主要是指统一收费标准和录取标准，回到了形式上的公平，却深化了事实上的不公平。

针对高等教育收费及之后的教育产业化，学术界有不同的声音，总体

---

① 徐佳丽：《改革开放30年我国高等教育收费制度的变迁与反思》，《现代教育管理》2009年第1期。

② 范莉莉：《中国高等教育收费改革五十年》，《当代教育论坛》2005年第1期。

③ 马国川、赵学勤：《一九九八：高校收费改革元年》，《书摘》2008年第10期。

④ 何先鹰、刘礼堂：《校园黎明静悄悄——大学收费透视》，《学习月刊》1995年第1期。

上可分为两大类，一类是支持，另一类是反对。支持的观点占了上风，在实践中得到强力推行，此处只讨论反对的观点。并轨之后，迅猛增长的学费超过了居民的经济承受能力，引发的问题立即显现，体现以下几方面：不公平竞争导致阶层之间难以流动，在校大学生中60%以上来自农村和经济不发达地区的家庭，经济上的劣势使他们没有能力去平等地竞争一些热门专业，寒门学子的优先选择是免收或减收学费以及得到高额补助的师范、农林、地矿、航海等冷门专业和院校；供养一个大学生，拖垮全家人，加剧了居民贫富差距；应急而出的缺乏可操作性的助学贷款“叫好不叫座”。① 作为一种准公共产品的高等教育，应由政府与市场共同提供，否则会导致影响高等教育的外部效应、违背公平原则、入学率的降低、教育异化、高等教育学科专业结构性失衡等问题；教育异化问题在师生关系方面最为明显，教育价值观偏离了关注人生幸福，强化了功利主义和现实利益。② 窦影从文化公民权的角度来看高等教育产业化问题，强调保障公民平等使用物质与符号资源的权利，同时提倡文化权的实践，要以公民的身份而非消费者的身份参与到高等教育中，以人民的基本权利而非市场权利看待人民和教育之间的关系，才更有利于平等，多元的社会参与。③

尽管迫于舆论压力，高等教育产业化后来被教育部正式否定④，但并不能抹去教育产业化存在于高等教育领域的客观事实。本书无意在教育产业化方面着笔，而是致力于高等教育收费及教育产业化对于个体的价值与意义。高等教育收费的前设是，随着市场经济改革力度的加大，各行各业需要更多的人才来支撑；人们对高等教育需求量也随之增加，但国家财力有限，无法全部承担，需要寻求其他资源。最初以分数为标准，在国家计划外增加少量收费名额，这具有两方面的意义：一方面是保持对个人通过学术努力改变命运的尊重，另一方面是刺激人们的敏感神经，学术不足可

---

① 徐斐：《高校高收费：福耶、祸耶——高等教育收费政策的实证分析》，《社会》2001年第7期。

② 刘春、刘俊民、鲁美娟：《从高等教育成本的特殊性辨析教育不能产业化》，《江西教育科研》2006年第12期；武毅英、吴连海：《高校收费对教育机会均等的负面影响及反思》，《复旦教育论坛》2006年第2期；鲁莎：《论高等教育产业化、市场化之弊端》，《海南师范大学学报》（社会科学版）2008年第6期；李孟森：《论经济发展不均衡和教育产业化对国民享有高等教育机会均等性的影响》，《高教论坛》2006年第2期。

③ 窦影：《从文化公民权角度看我国高等教育产业化问题》，《兰州学刊》2007年第1期。

④ 周容、刘俊：《我国高等教育产业化以及对我国教育事业单位体制改革的启示》，《科教文汇》2007年第8期。

以通过金钱进行换购。中国是一个“万般皆下品，唯有读书高”的社会，“大学”具有神圣意义，“修身、齐家、治国、平天下”是大学的内在文化特征，也是个体进行人格涵养的殿堂，但“换购”吹皱了一池春水。到无差别的全部缴费之后，就业市场化彻底解构了“大学生天之骄子”的神话，跌落成“普通劳动者”，大学的神圣和卓越也成了明日黄花。因经济发展而提升的个体尊严在高等教育领域却是“一地鸡毛”。

三　高等教育大众化

中国高等教育大众化的代名词就是“扩招”。中国的扩招极富戏剧化，起因为应对一场金融危机，以内需拉动经济发展[①]，并非教育自身发展逻辑使然，带有很强的理性干预色彩。杨崇龙通过对1999—2005年高校扩招政策的提出、制定、执行等情况进行客观分析、评价，发现存在正负两种效应。其中正面效应是各种数据全面上升，普通高校招生数平均年增长52.3%，在校生平均年增长51.1%，大大高于扩招前年增长5%—10%的比例；高校办学条件得到一定程度的改善；人才培养大幅度增加，普通高校毕业生平均年增长38.6%；生师比则由11.62提高到16.77，办学效益提高；高等教育毛入学率由9.8%提高到21%，标志着我国飞跃式跨入高等教育大众化阶段，在规模上满足了人民群众接受高等教育的需求。负面效应是办学条件、师资的增长比例跟不上招生和在校生增长的比例；办学条件出现紧张，校园里人多为患；经费投入不足，生均经费降低21%，生均公用经费降低21%，影响了学生实践能力的培养；学费大幅度上升，贫困生增多；高校扩招恶化了普通高中教育与中等职业教育之间的均衡，压缩了职业教育发展空间；人才结构不能满足经济社会发展的需求，一方面初、中级人才短缺日益严重，另一方面本科毕业生就业困难；一些高校师资力量不足，尤其是基础课师资力量不足，难以保障教学质量。[②] 负面效应加剧了高等教育质量的下滑，最终导致扩招政策寿终正寝于2006年。

何雪莲、刘婷认为从理论上来说，高等教育与其通过扩招直接刺激消费，不如通过提升人力资本，促进社会流动，间接参与扩大内需。但从现实来看，由于体制限制尤其是高中教育机会“瓶颈”，高等教育不仅难以有效转移农村剩余劳动力，反而加剧了贫富分化；由于脱离经济

① 为应对始于1988年的亚洲金融危机，扩招成为拉动内需的手段之一。

② 杨崇龙：《我国高校扩招政策的提出和终止》，《云南民族大学学报》（哲学社会科学版）2007年第2期。

要素禀赋的仓促扩招，高等教育不仅难以优化产业结构，反而加剧了失业问题。[①] 事实上，高等教育快速扩张的结果是制造了一个体质虚胖的巨人。但从个体的角度来看，高等教育大众化具有广泛意义上促进社会流动和社会阶层重构的功能，其本意是作为工具性的应对手段，张扬的是教育的社会价值，但经由市场化和大众化的双重冲击，高等教育的个体价值得到了增强，并确立了个体价值的主体地位[②]，强化了个体对高等教育的主观感受和个体选择空间，如初中毕业后即做出放弃高中教育机会的抉择，或放弃国内高考出国留学等。撇开高等教育大众化的其他负面影响，个体通过体验大学生活，不仅可以积累大量社会资本即结识重要他人、获得更多社会支持、更强归属感，还可以促进个体生活资本的增加，如养成科学价值观，促进身心健康和获得高质量闲暇生活等[③]，这些能够让个体获得内在增值，实现个体对自身的赋权及增长自我反思能力。

四 实施学分制

学分是成功完成某项科目所获得的分值单位，国际通行的计算法是以学期计，每周上课一小时，课外自习两小时，经考核合格，可获得一个学分。学分制打破了时间限制，给予学生更大的灵活性以自主安排完成自己的学业。[④] 学分制以选课为主，教师导辅，通过绩点和学分，评估学生的学习质量及学校的教学质量，由美国哈佛大学首创于19世纪末，北京大学于1918年在国内率先实施"选课制"，1978年后，有条件的高校如清华大学、浙江大学、武汉大学、南京大学、同济大学、北京航空学院等几十所院校先后试行了学分制[⑤]，与学年制一起成为高等院校的主要教学管理模式，到目前为止，学分制教学管理已在全国普通高校占据绝对地位。1978年之后，学年制、学分制等的实施标志着我国大学教学管理制度开始进入一个新的发展时期，选课制、学分制和弹性学制等的实施是基于对

---

① 何雪莲、刘婷：《扩大内需：高等教育之困》，《现代大学教育》2010年第2期。

② 任增元、刘宏伟：《陆俞静论高等教育价值个体化的现实回归与理论确认》，《中国高教研究》2009年第4期。

③ 刘娜、向冠春：《高等教育与个体社会资本、生活资本获得研究》，《学术论坛》2010年第8期。

④ 谢妮、张子昂、姚江帆：《高校校际课程互选、学分互认研究》，《贵州师范学院学报》2014年第5期。

⑤ 周煦：《在实践中改进学分制》，《合肥工业大学学报》（社会科学版）1987年第2期。

受教育者自由发展的尊重。①

在高校推行的学分制是与我国经济建设同步的，基于市场经济发展的需要，提升人才培养效率，加快人才成长进程；同时也是另一客观现实的反映，有来自学生缴费上学对教学质量有了明确要求的现实压力。实施学分制具有六大优点：有利于优化知识结构、有利于培养各种类型的人才、有利于因材施教、发展学生个性、有利于充分利用学校教育资源、有利于激励教学质量的提高。② 学分制既是一种教学管理制度，也是建立在学生学习自由基础上的一种教育理念。当高等教育从精英教育进入大众化教育时，大学内外部环境发生变化，学分制在现代大学已超越其原生态的意义，衍生出许多新的功能。③ 其主要功能表现在使课程成为各种权利关系划分和资源配置的基础，打破“一致性”和“计划性”，使竞争机制在配置资源和确立权利规则中起主导作用，核心在于重构各种权力关系，④ 扩大受教育者的话语权，确立学生的主体性和自主性。

以选课为主的学分制在我国高校的全面实施，意味着“计划”和“标准”已无法适应市场经济对人才多元化的需求，意味着原有理性设计的有限性，更意味着集体绝对控制的退场，高等教育回归到教育自身的逻辑，教育对象的本质就是人的差异性和人的多元性，个体在学习上为自己进行谋划，即是为将来生活做预演。学分制表面上是一种“教学制度”的改革，对于个体来说，却是在高等教育的实践领域为个体哲学意义的解放奠定基础，从另一条途径推动了个体化这一客观事实。

五 就业市场化

就业市场化起源于20世纪80年代的高等教育收费“双轨制”，扩大于90年代末的高等教育产业化。所谓就业市场化是指在国家及高校指导下，大学毕业生的工作岗位以市场来配置和调节，实行自主择业。在扩招之前，高校招收少量的计划外学生，基本上能被劳动力市场消化和吸纳；扩招起因于应对20世纪90年代末的亚洲金融危机、为下岗职工腾出工作

---

① 秦小云：《大学教学管理制度的人性化问题研究》，博士学位论文，华中科技大学，2005年；韦炜：《基于以人为本理念的高校学籍管理制度改革探析》，博士学位论文，兰州大学，2006年；张舒：《以人为本的高校学籍管理制度建设研究》，硕士学位论文，天津大学，2010年。

② 杨德广：《建立中国特色的学分制》，《现代大学教育》2001年第5期。

③ 薛成龙、邬大光：《论学分制的本质与功能——兼论学分制与教学资源配置的相关性》，《北京大学教育评论》2007年第3期。

④ 邱艳萍：《学分制与高校教学管理体制改革研究》，硕士学位论文，湖南大学，2006年。

岗位，由于经济回升并不如人们预料中的顺利，首批扩招的学生于2001年秋季、2002年春季一下子涌向就业市场，与挣扎中的下岗职工合流，凸显出“大学生就业难”的时代主题，持续到现在，引发社会广泛关注和担忧。

大学生就业既受宏观经济环境的影响，也受高等教育内部因素的影响。我国总体就业形势严峻，大学生就业处于经济体制转轨排斥就业、经济发展不均衡约束就业、技术进步挤出就业岗位的格局。① 经济发展的阶段性特征明显，发展增速日趋放缓，难以保持就业岗位的持续性供给；产业结构不合理，第三产业对经济的贡献率低；我国处于全球产业链的低端，占主体的加工制造业很难创造出适合大学生就业的知识型工作岗位；区域经济不平衡，大学生就业呈现地域性相对过剩；就业环境不健全、信息不对称等均制约着大学生就业。② 另外，大学生在就业市场的竞争力弱势是不争的事实，就业能力不足问题日益突出③，反证了高等教育与就业市场之间的差距和鸿沟。

就业市场化格局中，大学生就业难，是国内与国际、国民经济发展结构、经济发展与相应制度、经济与教育等关系问题的综合反映，也是高等教育这个虚胖巨人在残酷现实中生命力脆弱的真实体现。大学毕业生以个体的方式在市场中寻求自己的位置，将高等教育领域的个体化在市场中展现无遗，同时将经济领域中的个体化连接起来，毕业生以个体生命为载体，以一种经验式的、直觉的方式或体验或共构中国社会的个体化情境。

通过对恢复高考、收费与产业化及大众化的纵向溯源和高等教育入学、培养、出口的横向分析，可以看出无论是高等教育系统与社会系统之间，还是高等教育系统内部，个体化始终是一个核心。经济领域的个体化被赋予了正当性和合法性，而高等教育领域的个体化，在我们的传统文化环境和当代政治语境中，既无正当，也不合法。不同的历史事件具有不同的个体化意义，恢复高考倡导了竞争性社会流动，突出知识个体化，给业

① 姚裕群：《我国大学生就业难问题演变与近期发展趋势》，《人口学刊》2008年第1期。

② 薛泉、刘园园：《从我国经济发展的阶段性特征看大学生就业难问题》，《教育发展研究》2010年第Z1期。

③ 王静波、王翡翡：《雇主视角下大学生就业能力状况探析》，《现代大学教育》2011年第4期。

绩社会代替先赋身份社会带来了制度性支持。① 高等教育大众化冲击的是精英教育价值，大学教育降格为一种必需品，而非稀缺资源。当大学教育成为一种必需品，以一种悖论的方式，既彰显了大学教育的贬值，又揭示了个体化生存的成本剧增。30 余年来高等教育领域所发生的一切变化，个体化脉络及轮廓与整个经济发展犬牙交错，互为一体。历史的发展带有偶然性，但历史进程一旦启动，就顺着自己的发展逻辑，而人对历史的把握，常常是既逮其要，又顺其势。

综观高等教育领域的个体化，可以得到如下结论：

（1）为社会主义市场经济改革服务的教育体制改革，以一系列的政策制度推动了个体化。恢复高考废除先赋性身份制为个体化松绑，承认知识精英个体化的合法性；高等教育改革的相关话语可以视为个体化的制度设计；高等教育收费制和毕业生的自主择业制为个体化打开了世俗之门；高等教育大众化使高等教育成为个体化生存的必需品，消解了知识精英个体的权威，以一种悖论的方式，提升了普通个体的生存成本。

（2）学分制与就业市场化将个体化置于现实世界的焦虑之中。在当前我国高等教育场域中，学分制的象征意义超过现实意义，因为现实原因，学分制还有许多有待改进的地方。学分制的实施是高等教育微观生活实践中的一个标志性事件，宏观与中观层面的制度对象常以群体为单位，而学分制所面对的单位只能是个体。就业市场化更是以个体的方式将毕业生嵌入社会结构中，个体或游刃有余，或挣扎沉浮，前置性条件既依赖于他们的天赋，也依赖于他们能够从高等教育中获得什么。

第三节　社会政治生活领域中的权利个体化

本部分选取典型社会个案进行分析，在经济领域和教育领域个体化快速推行中，社会政治生活领域的滞后性带来的是个体的苦痛和社会震荡。本章第一部分对《中华人民共和国宪法》的四个版本及 1982 年宪法的四个修正案就私人财产权和公民权利进行了对比，在集体主义至上的社会里，个体的自由和权利是被忽略不计的。公民财产权和人权很晚才写入宪

① 彭拥军：《追寻高等教育改革真相》，《江苏高教》2012 年第 2 期。

法中，至今正好10年。在很长的时间里，宪法排除了公民财产权和人权。其结果是，无论是公领域还是私领域，无论是公职人员，还是公民自身，对于个体的自由与权利既无法可依，头脑里也没有相应的观念形态。不像经济领域和教育领域个体化可以快速推进，社会政治生活领域的个体化不但缓慢，甚至还呈现出“去个体化”与个体化之间的拉锯战，给社会的长治久安埋下隐患。

一　孙志刚收容案

（一）概要

2003年3月17日晚上，任职于广州某公司的湖北青年孙志刚①在前往网吧的路上，因缺少暂住证，被警察送至广州市“三无”人员（即无身份证、无暂住证、无用工证明的外来人员）收容遣送中转站收容。次日，孙志刚被收容站送往一家收容人员救治站，受到工作人员以及其他收容人员的野蛮殴打，于3月20日死于这家收容人员救治站。4月25日经《南方都市报》详细报道公之于世，引起全国各地乃至海外各界人士强烈反响，通过互联网及报纸杂志各媒体，民众呼吁严惩凶手，要求违宪审查。后被定性为“错误收容”，直接致孙志刚死亡的罪犯受到法律制裁，与案件相关的公职人员也受到相应处分，臭名昭著的“恶法”——《城市流浪乞讨人员收容遣送办法》（1982）于同年8月1日被废止。

（二）案件背景

2003年3月，北京非典肆虐，经受天灾之苦；广州孙志刚被公权力凌辱，死于人祸。小背景是广州市公安机关正在开展“严打”的统一清查行动，“三无”人员是重点清查对象。当天下午，天河公安分局刚开了动员大会，恰逢广州市“两会”前夕。大背景是1982年国务院出台了《城市流浪乞讨人员收容遣送办法》，制止人口自由流动，维护户籍制度。1985年，开始实施暂住证制度。1991年，国务院发出通知，收容遣送对象扩大到“三无”人员。各地方制定了相应的地方法规，以维持社会稳定。②

---

①　孙志刚事件发生时，其已从学校毕业两年，孙志刚已是一个偶然性人物，又是一个必然性人物。偶然性人物是指他有合法证件，仅仅是当天没有带在身上，必然性人物是指在当时的背景下，城市高度防范外来人员，不信任外来人员。恰恰是因为孙志刚是受过大学教育的偶然性人物，才引发社会一系列关注，一个受过大学教育的人都不被信任，社会底层人物的命运就更加难以揣测。孙志刚事件的社会意义不在于些，这也是本书选择其作为案例进行分析的原因所在。

②　唐建光：《孙志刚死亡真相》，《新闻周刊》2003年第21期。

(三) 部分当时有代表性的观点（摘录）

A：作为代表公共利益的政府有关部门去做什么了？他们为什么如此冷漠？连普通人的同情心都没有。他们配做政府官员吗？对人命关天的大事都如此麻木不仁，真正是当官做老爷。如果这种作风不改变，类似于孙志刚事件的案子还会继续发生，百姓的人权依然没有保障。①

B：孙志刚事件的性质就是公民基本人权问题，而且是政权机关不受制约地滥用权力恶性侵犯人权的问题。②

C：孙志刚被惨无人道的收容制度打死，是意料之中的事。孙志刚死之前，收容对象是成千上万的弱势农民工和小县城的下岗失业者。作为大学毕业生的孙志刚被收容突破了收容对象的底线，明天被收容的可能是大学教授，这样下去除了带警衔的、穿制服的和我这样腐败模样（注：体型比较胖）的人有安全感外，其他人还有生命安全可言吗？孙志刚之死用生命警示我们这个社会存在另一种“非典”——无法无天的权力，时时刻刻威胁着我们。我们这个社会正在破碎成无数个政治经济权益体，少数人成为政治、经济利益的既得者后，就利用法律、条例、制度、职权、国家机器，维护、扩大自己的既得私利，千千万万的农民工，千千万万的下岗工人，千千万万的大学生，他们在寻求生存和发展机会的过程中，还将有多少个孙志刚啊。孙志刚今天替我们死了，如果我们漠视孙志刚之死，明天就是我们的死期。③

(四) 分析

孙志刚事件全面曝光了历史长河中个体被公权力压制和任意处置的残酷事实，以及个体的卑微和无助。孙志刚是出生于农村的大学生，也是高等教育大众化潮流中的一分子，2001 年和 2002 年已开始出现大学生就业难的全国性问题，孙志刚凭自己扎实的专业功底在广州找到了工作，丧命于暂住证和城市收容遣送制度。他身上交织着城乡二元割据、流动人员与城市居民的不平等地位、个体卑微与公权力傲慢的多重不对等关系的纠结。另外，也反映了城市的冷酷和自私，在榨取外来人员血汗的同时，将外来人员的权利剥夺殆尽。孙志刚之死刺激了社会敏感而脆弱的神经，正如李昌平所言，“如果我们漠视孙志刚之死，明天就是我们的死期”，引

① 茅于轼：《孙志刚案件我们要注意什么?》，《新闻周刊》2003 年第 21 期。

② 秦晖：《以强凌弱，于国何福？于民何利?》，《新闻周刊》2003 年第 21 期。

③ 李昌平：《孙志刚替我而死》，《领导文萃》2003 年第 7 期。

发了公民的生命安全危机。也正是孙志刚之死，开启了一条具有历史意义的通往公民权利之路，成为人类政治文明进程大背景下中国现代化进程的一个重要组成部分[①]，人们开始从容不迫地审视存在于共和国之内的歧视和樊篱[②]，在无数个体汇成的伸张公民权利的洪流中，2004 年的宪法修正案终于写上了一条“国家尊重和保障人权”。

孙志刚被害致死，在个人意义上是悲剧；在社会意义上，他以自己之死埋藏了一项与宪法相冲突限制公民人身自由的恶法，在中国法治建设的历史上写下了沉重的一笔。他是以脆弱个体成为公权力的牺牲品，却唤醒了无数个体对公民权利的关注与执着；他以生命为代价，在经济个体化和教育个体化之后，悲壮地为中国打开了社会政治领域个体化和公民权利个体化的一条缝隙。他以死亡保障了国人不再担心在自己的国土上被随意抓捕而失去自由甚至生命。

二 “乙肝斗士”

（一）概要

中国公民反乙肝歧视的行动起源于 2003 年的“周一超悲剧”。2003 年 4 月 3 日浙江大学毕业生周一超因自己是乙肝病毒携带者被拒录公务员而杀人，被判死刑，让规模超过一亿的“乙等公民”的生存状况和恐惧感浮上水面。[③] 直接被媒体冠名为“乙肝斗士”的是雷闯，但实际上是一群人，具有代表性的人物是陆军、张先著和雷闯，由于他们本身就是乙肝病毒携带者，与声援者有别，因而具有不同一般的意义。他们以不同的方式、从不同的角度共同推动了乙肝病毒携带者的正名，为乙肝病毒携带者赢得了平等的升学、工作、生活权利及作为公民应有的尊严。

（二）陆军创办反乙肝歧视 NGO

陆军是中国最大反乙肝歧视网站“肝胆相照”权益版的版主，也是反歧视公益机构——北京益仁平中心的总协调人。2003 年至今，他协助数十起反乙肝歧视诉讼案。在多年的维权行动中，他逐渐意识到，他要解

---

① 许志永：《2003：孙志刚案开启的公民权利道路》，《经济观察报》2007 年 11 月 12 日。

② 许志永、滕彪、俞江三位法学博士以孙志刚死亡为契机，将合力写成的名为“关于审查《城市流浪乞讨人员收容遣送办法》的建议书”传真至全国人大常委会法制工作委员会，开启了中国违宪审查第一案，对最终废除不合理的法规起到了不可低估的推动作用。此举具有划时代的历史意义，被时人称为“上书三博士”。上书事件之后，他们继续在为推进中国法治而努力。

③ 赵晓秋：《他们的反乙肝歧视之战》，《法律与生活》2010 年第 4 期下。

决的不仅仅是疾病问题，更是一个根深蒂固的社会问题。在继续个案维权的同时，开始建议国家加强反乙肝歧视的立法工作，协助多位全国人大代表、全国政协委员撰写了十多个反歧视提案、建议、议案，并将反乙肝歧视推向国际。开启了反乙肝歧视的职业化、专业化和组织化，被称为中国民间反乙肝歧视的领军人物。[①]

（三）张先著诉讼案

2003年6月，张先著在芜湖市人事局报名参加安徽省公务员考试，报考职位为芜湖县委办公室经济管理职位。经过笔试和面试，综合成绩在报考该职位的30名考生中名列第一，按规定进入体检程序。2003年9月17日，张先著在芜湖市人事局指定的铜陵市人民医院的体检报告显示，其乙肝两对半中的HBsAg、HBeAb、HBcAb均为阳性，主检医生依据《安徽省国家公务员录用体检实施细则（试行）》确定其体检不合格。张先著对这次体检结果不服要求复检。解放军第八六医院出具了第二次体检结果：张先著的乙肝为两对半中HBsAg、抗-HBc（流）为阳性，抗-HBs、HbeAg、抗-Hbe均为阴性，即“一、五阳”。但解放军第八六医院据此得出的结论仍然是“体检不合格”。随后，安徽省芜湖市人事局依据体检结果，口头通知张先著，根据《安徽省国家公务员录用体检标准实施细则（试行）》，因体检不合格不予录取。张先著要求芜湖市人事局出具书面答复，遭到拒绝。2003年10月18日，张先著在接到该通知后，表示不服，向安徽省人事厅递交行政复议申请书亦被拒，2003年11月10日，张先著以安徽省芜湖市人事局为被告向芜湖市新芜区人民法院提起了行政诉讼。这是我国首起因“乙肝歧视”引发的行政诉讼案，引发司法界和公众舆论大讨论。2004年4月2日，芜湖市新芜区人民法院依据最高人民法院《关于执行〈中华人民共和国行政诉讼法〉若干问题的解释》第57条第2款第二项之规定，判决确认，被告芜湖市人事局在2003年安徽省国家公务员招录过程中做出取消原告张先著进入考核程序资格的具体行政行为，主要证据不足。依照法律规定，该行政行为应予撤销。2003年11月20日，1611位公民发起联合签名，将一份违宪审查建议书以及全国31省（市）公务员录用体检标准，一同寄往全国人大常委会。在权利意识觉醒的公民的一致努力下，2004年6月，四川、江苏、浙江、广

① 赵晓秋：《他们的反乙肝歧视之战》，《法律与生活》2010年第4期。

东四省率先对公务员体检标准做出修改，取消了对无传染性的小三阳及感染乙肝病毒等情况的限制性条款。2004 年 12 月 1 日，新修订的《传染病防治法》实施。该法新增了一条规定："任何单位和个人不得歧视传染病病人、病原携带者和疑似传染病病人。"2005 年 1 月 20 日，在经过十几次反复论证后，《公务员录用体检通用标准（试行）》正式颁布实施。该标准根据公众反应及专家意见，取消了大量限制性条款，并明确规定乙肝病原携带者在体检标准中合格。2007 年 5 月 18 日，劳动部和卫生部联合发出《关于维护乙肝表面抗原携带者就业权利的意见》，要求任职体检不得强行检查乙肝病毒。至此，乙肝的"制度性歧视"问题已经基本解决。[①] 标志着个体维权模式由非理性转向拿起法律武器的理性维权转变，增加了个体的权利意识。

（四）雷闯的行为艺术

雷闯兄弟自小便被查出是乙肝病毒携带者，在升学上没有再遇到麻烦，但 2007 年其兄大学毕业后与武汉的一家公司签订合同，因系乙肝病毒携带者始终没有走进公司的大门。张先著诉讼案已从制度上消除了对乙肝病毒携带者的歧视，但雷闯兄长的遭遇表明，国家制度与公民现实生活仍相去甚远。基于家人及自身的感同身受，雷闯于 2007 年 8 月的两个周末，在杭州最繁华的延安路上肩上扛着一个牌子："乙肝传播途径为：性传播、血液和母婴传播，不会通过食物和水传播，也不会通过工作场合偶然传播！我也是一名乙肝病毒携带者，您还担心……吗?"开始了用行为艺术抗击乙肝歧视的征程，他向中科院院士寄信，向全国各个大学的校长寄信，宣传乙肝知识，于 2009 年 9 月成为全省乃至全国第一个获得从事食品行业的健康证的乙肝病毒携带者，以实际行动影响了《食品安全法实施条例》，意味着 HBVER 都有资格从事"接触直接入口食品的工作"，解除了乙肝病毒携带者的被污名化。雷闯于 2009 年获得 CCTV 中国经济年度人物提名奖，当选为 2009 年度中国正义人物。[②]

（五）分析

《乙肝"斗士"身后的歧视之路》[③] 揭开了不为人知的另一面。中国

---

① 《张先著诉芜湖市人事局公务员招考行政录用决定案》，司法案例研究网（http：//www. njucasereview. com/web/hot/hot/2010/20120229/091158. shtml）。

② 赵晓秋：《他们的反乙肝歧视之战》，《法律与生活》2010 年第 4 期。

③ 张鹭：《乙肝"斗士"身后的歧视之路》，《中国新闻周刊》2009 年第 47 期。

早在20世纪70年代就能检测乙肝标志物，但乙肝人群在就业和升学领域受到排斥，却是从20世纪90年代中期开始的。美国科学家布隆伯格早在1963年就发现了澳大利亚抗原（即乙肝表面抗原），但国家卫生标准《乙型病毒性肝炎的诊断标准及处理原则》起草人、曾任卫生部肝炎防治专家咨询委员会委员的徐道振教授对《中国新闻周刊》记者说，对澳大利亚抗原的检测技术直至20世纪70年代才传入中国，从那以后，中国医学界才能在肝炎中区分甲肝与乙肝。卫生部在1979年组织了全国第一次肝炎的流行病学调查，结果发现乙肝表面抗原的携带率是9.75%，按12亿人口推算，当时的HBVER大概是1.2亿，这个数据改变了社会对肝炎的态度。在20世纪70年代检测技术已传入中国的情况下，传染病管理条例中规定报告的病种里，传染性肝炎仍然被整体作为一个病种，并没有从病源上进行细分。1982年的《食品卫生法》在“不得参加接触直接入口食品的工作”的疾病中，乙肝被笼统地包括在“病毒性肝炎”的表述中被一起排除。加上当时制定法规并没有现在的公示制度，少数知情的肝炎专家没有机会对这个错误做出纠正。1982年的《食品卫生法》却为此后法规的表述做了一个坏的开头：1987年颁布的《公共场所卫生管理条例》和1989年颁布的《传染病防治法》，都将“病毒性肝炎”作为一个不加区分的整体。少数人垄断的立法权和知识精英的沉默致使事态不可收拾，1986年新疆的戊肝和1988年的上海甲肝大流致社会于恐慌之中，人人谈“肝”色变。

与大众对乙肝知识的无知相对的是医疗广告的刻意误导及权力部门的漠视和推波助澜。乙肝特效药和专家门诊的广告传播的“乙肝—肝硬化—肝癌”三部曲对社会公众造成的误导近乎“恐吓”。2005年，中国肝炎防治基金会调查显示，约37.5%的被调查者不愿与乙肝病原携带者同时办公、同桌就餐；55.36%不愿与之组织家庭。在专科医生中，能准确回答所有肝炎问题的人几乎没有；在非专科医生中，仅有不到一半的人能完全正确地回答乙肝传播途径，能正确回答所有问题的人只占0.3%，有11.6%的人不愿治疗肝炎患者。1994年是一个“分水岭”，是乙肝病毒携带者噩梦的开始，这一年启动国家公务员制度改革，对公务员的招录开始实施“逢进必考”，劳动就业领域的体检筛查也由此开始。1994年的《中央国家行政机关录用公务员体检项目和标准》（下称《标准》）中规定，“乙型肝炎表面抗原（HbsAg）或乙肝两对半阳性而肝功正常者可录用”，但在实际执行过程中，完全走样，演变成“只要是两对半阳性就拒绝录用”，乙肝病毒携带者实际上被排除在公务员职业之外，进而扩展到事业单位和外企，在社会生活的方方面面造成一种根植于社会心理层面的“事实上的排斥”。破除就业歧视外，降低抗病毒药物的价格、将乙肝治疗纳入医保之中、消除个别医疗机构对乙肝病人隐私的侵犯等，都是乙肝群体在积极争取的。而这些努力的最终目的，是通过影响立法机关和行政部门，最终促成相关法律、政策的变化。[①]

孙志刚收容案和“乙肝斗士”是中国现代化进程中公民争取权利运动并取得成功的典型案例，殊途同归，但是这两个案例经由的途径和本身所蕴含的信息却有很大的不同。如果说孙志刚收容案终结的是国家对个体生命的任意践踏，保障了个体的自由流动和生命安全，使个体免予国家的胁迫和强制；那么“乙肝斗士们”面对的则是一个隐秘的、深耕于日常生活世界，无处不在，而又难以上升到“革命性质”的层面。暴力制造的死亡容易引发兔死狐悲，能够迅速激发社会动能，收容遣送法出台于1982年，到2003年时，已存在了21年；从孙志刚死亡日期到此法被废除，只相隔了4个月。歧视乙肝病毒携带者的法规有《食品卫生法》(1982)、《公共场所卫生管理条例》(1987)和《传染病防治法》(1989)，及后来的《中央国家行政机关录用公务员体检项目和标准》(1994)等，张先著诉讼案始于2003年，2004年打赢官司，虽从制度上终结了歧视，但仍弥漫在日常生活中，直到雷闯于2009年9月拿到全省乃至全国第一张从事食品行业的健康证。1982年到2003年共21个年头，从2003年到2009年，经过了6年。

仅从两个案例发展的时间就可以看出，人们对明显的国家暴力事件已没有容忍空间，国家层面的处理和应对要来得快，这正是改革开放给中国带来的政治进步和法制进步。正如哈耶克所言，没有经济的自由，就不会有个人和政治的自由。[②] 但是反乙肝歧视的曲折道路及其所带有的反复性和长期性则表明，弥散在日常生活中不致人死亡的歧视、如果大众也不质疑这种歧视且加入其中，就难以得到同等的对待，自然被歧视群体内部的

---

① 郭铁：《反乙肝歧视民间十年行动》，《民生周刊》(http://finance.ifeng.com/news/macro/20120723/6800906.shtml)。

② [英] 弗里德里希·奥古斯特·哈耶克：《通往奴役之路》，王明毅等译，中国社会科学出版社2013年版，第40页。

持续努力就成为关键。从孙志刚到“乙肝斗士”，他们无一例外地都具有大学生身份。孙志刚的身份没有保住他的生命，却震醒了大学生的同盟者——知识精英，他们帮助他讨回了公道，也保护了自己，开启了公民权利新道路。“乙肝斗士”分三个方面共同着力，一是与法律较劲，致力于法律的纠偏；二是诉讼，对簿公堂，形塑焦点事件，引发社会讨论；三是走进底层，于日常生活中开民智，去民敝，重塑社会心理结构。从层次上来看，最容易做到的是修改制度，如废除收容遣送制度，修改与乙肝歧视相关的法规等，目标已全部实现；较难的是打官司，程序复杂，旷日持久，当有法可依时，公权力运作方面就会相对规范些；最难的是底层的改变，居江湖之远，未必知庙堂之规，文书制度对于底层民众来说，既无从知晓，也难以关心，只有与日常生活切实相关时才会引起注意，如乙肝的谬传和恐慌。底层的认知如不能改变，其反作用却是颠覆性的和令人窒息的。如果从思维层面来说，可以将底层认知冠之以“民间思维”，民间思维有如树根，纵横于地层深处，盘根错节，无论是受过教育的人，还是没受过教育的人，民间思维根植于个体的灵魂深处。

大学生，这个曾经的天之骄子，现今的普通劳动者，在中国现代化文明进程中，仍具有不可替代的力量。在他们对于公民权利的维护和抗争中，个体化抗争与有组织的集体行动相呼应，充分利用一切资源和手段，如网络等新媒体、行为艺术、司法等，在开展辩论的同时，沉入底层，走向实践路径，将知识与实践紧密结合，充分体现了大学生在当代政治民主活动中的优势和价值，折射出个体化的一些本质属性：为自己而活的同时对自己负责，兼顾公共利益，维护社会正义。这个群体与阎云翔基于中国乡村社会研究而得出的“无公德的个人”结论具有完全不一样的内涵。①

第四节　中国个体化的矛盾性和复杂性

个体化理论是贝克关于第二现代性理论的一部分，包含三个综合论断：制度性个体化、风险社会及全球化，三者之间是相互强化的。从前面

① 阎云翔：《私人生活的变革：一个中国村庄里的爱情、家庭与亲密关系（1949—1999）》，龚小夏译，上海书店出版社2006年版。

分别对经济领域、高等教育领域和社会政治生活领域的分析中可以得出，中国社会的个体化趋势是普遍性的，同时也是不可逆转的，因为中国社会个体化趋势与经济全球化和风险社会密切相关，个人越来越依赖于就业市场提供生活保障，而就业市场越来越依赖经济的全球化。个体化、全球化与各种不可知的风险交织在一起，使个体化充满了矛盾性与复杂性。

一　矛盾性

从整个社会系统来看，存在于经济领域中上下互动的主动个体化与社会政治领域中被动个体化的矛盾；从国家与大众的关系来看，存在国家有预谋地急于甩包袱与大众先天准备不足的矛盾；从公权力与私权力关系来看，存在公权力凌驾于宪法之上和普通大众卑微低贱无以制衡的矛盾；从社会进化来看，存在观念先行和实践乏力的矛盾。这些矛盾的存在，使我国个体化实践呈现出多元化特征，急风暴雨式的运动可以获得一时的快感，却不能从根本上重构社会基础。国家显性暴力已受到极大制约，集团式、运动式的维权失去了土壤；广泛存在于社会心理深处的是类似乙肝之类的排斥和隔离，既有认知匮乏，也有出于本能的焦虑和恐惧。这种情境难以培植出“负责任的个体”，只会造就两类人，要么是懦夫，要么是屠夫。负责任的个体只有嵌入日常生活中，走群众路线，开启民智，和大众一起，从社会基础工程做起，方可在矛盾丛林中不迷失方向。而矛盾的根源在于政府与大众之间的不对等，政府很不情愿把权利归还给大众，这种拉锯还远未结束。

二　复杂性

复杂性特指中国社会生态复杂，经济领域改革单兵突进，其他领域不匹配，从前文的分析来看，经济领域的个体化是政府与市场双重推动的结果，而其他领域在市场的裹胁下，出现了自发的及被动的个体化，但因为政治改革和社会改革跟不上及利益集团的阻挠，中国社会多年来已陷入阶层冲突和贫富分化之中，少数人垄断政治和经济权力，财富高度集中，底层人民生活困难。大量的群体性事件和公民维权事件在最近十年里几乎占据了绝对位置。就世界范围来看，少有像中国这样的大国，公民还在为基本权利而挣扎。传统的集体主义文化观和现行的政治制度，从根本上是去个体化的，给大众权利被剥夺提供了注解。但基于民生和国际竞争压力的市场经济体制却必须以个体化为前提，个体权利意识的复苏是后者的必然逻辑。而市场经济的基础是规则和法治，这又回到了个体的基点上。

复杂性还体现在，正如“经济个体化推动的社会政策变革”和“社会政治生活领域中的权利个体化”所分析的，改革开放前没有公民财产权一说，也无公民权利，国家管制了一切，个人是国家可以任意处置的财产。改革开放后的所有活力均来自于个体这一关键要素，国家才逐渐给个体松绑，因为公民自发的维权行动，国家被迫不断地“让权”，结果是让部分人通过这种方式获得“特权”，给社会一种错觉，“会闹的孩子有奶吃”，变相鼓励了人们的非理性行为。不同群体呈现出不一样的个体化表征，这绝非是理性的及有利于社会健康发展的个体化。中国个体化的表征方式是分裂的，方向是相反的，容易让挣扎中的个体陷入焦虑及人格分裂。

2012 年中国高层换届，给社会带来了亮色。以反腐败全面深化改革，整顿秩序，让大众看到了希望，2014 年周永康被查成为标志性事件，“查办周永康意义不逊于粉碎“四人帮”。[①] 从公开报道的信息来看，周永康的专业是石油，但他掌控了中国政法系统近十年，成为政法系统的最高主宰者。随着周永康的倒掉，上至高层，下至平民，都在思考一个问题，依法治国是否可能，如何杜绝坏人当政?[②] 这里涉及对“坏人”的定义，既是纯粹道德意义上的社会定义，也是关于道德的个体方面的定义。在哈耶克的论述中，是这样描述“坏人”的：冷酷、强化“有用的习惯”而非养成道德品格、毫无保留地委身于领导者本人、绝不能有自己想要实现的理想、不持可能会妨碍领导者意图的是非观念、唯一得到满足的嗜好来自权力本身、残酷无情、寡廉鲜耻。如果拿“坏人”的标准来测评在反腐风暴中落马的官员，竟有惊人的相似之处。而对“好人”的描述则是这样的：宽容和尊重其他的个人及其意见、独立精神、正直的性格和维护自己的意见而不为上级所左右的意愿、对于弱者和衰老者的体恤、对权力的极度鄙视与憎恨、和蔼和幽默感、个人谦逊、尊重别人的隐私和对邻人的善意怀有信任。[③] 哈耶克关于“好人”的描述，不仅领导者应该具备，即使是普通大众也应该具备，恰恰是这样的个体，才能构成市场经济社会的

---

① 郑浩：“审查周永康意义不亚于‘四人帮’”，凤凰卫视（http：//v. ifeng. com/news/opinion/201407/012da4da - b4e4 - 46bd - 9039 - f39a4574c738. shtml）。

② ［英］弗里德里希·奥古斯特·哈耶克著：《通往奴役之路》，王明毅等译，中国社会科学出版社 2013 年版，第 151 页。

③ 同上书，第 154—167 页。

根基，通过个体真正发挥市场在资源配置中的决定性作用。

三 个体化法治基础

来自民间的个体化的内在驱力与国家去个体化之间的拉锯战构成了中国改革开放以来最为显著的社会政治生活景观，公权力过度膨胀带给社会深深的伤害，人们的安全感日益下降，将“权力关进笼子”成为迫切的呼声。于2014年10月20日至23日在北京召开的以“依法治国”为主题的中共十八届四中全会终于在国家层面首次对个体权利要求做出了明确回应与确认。

“依法保障公民权利，加快完善体现权利公平、机会公平、规则公平的法律制度，保障公民人身权、财产权、基本政治权利等各项权利不受侵犯，保障公民经济、文化、社会等各方面权利得到落实，实现公民权利保障法治化。增强全社会尊重和保障人权意识，健全公民权利救济渠道和方式。”进一步确认“社会主义市场经济本质上是法治经济”。焦洪昌认为十八届四中全会首次提出“建设中国特色社会主义法治体系”的论断，标志着中央的法治思想从“法制体系”到“法治体系”的深化和发展①，也标志着为解决个体化的矛盾性和复杂性提供了法治框架，为重塑民间思维和深耕社会基础提供了路径指向。

尽管个体化的法治基础姗姗而来，作为“中国梦”的一部分，无疑给中国社会打开了一扇通往可以预期的未来之窗。从社会治理角度来说，制度设计只是一个导向，更为细致的是日常生活世界中人的实践，是人作为主体在生活世界中构建出一种将法治作为生存方式的主体间性实践，这恰恰是挑战性所在。

第五节 个体化对高等教育的挑战

个体化观察中，经济领域是国家层面最先发动的，高等教育领域及社会政治生活领域中的个体化是经济改革过程中为应对经济问题而相继出现的。经济领域最先解放个体，激发个体的能动性；社会政策改革与法律更

① 《从“法制体系”向“法治体系”迈进》，腾讯新闻（http://news.qq.com/a/20141103/028772.htm）。

新则在于调整和保障经济改革所需要的“个体”属性；经济改革需要庞大而持久的各种各样的劳动力，随着经济全球化和国际竞争的日趋激烈，尤其需要高素质和有能力的劳动力，高等教育无疑是最好的“价值工具”。这个逻辑序列揭示了一个原理，即服务于经济，为经济开道，功利主义是其哲学思想。功利主义在中国畅行了30多年，带给社会的是，个体并没有因经济发展而获得幸福，反而在社会风险面前束手无措。

毫无疑问，我们所处的社会是风险社会，我国学者也在探索风险社会中人的生存问题。风险社会理论的积极意义在于提醒人们要从风险产生的制度化层面进行深刻反思，认识到以国家和政府为中心的单一治理结构已经无力应对，应顺应社会结构的深层变化，回归社会大众的日常生活，关照社会秩序的感性基础，协调理性化设计与基层民众的深层感性意识。① 对于风险的理解不仅应包括个体的自然性生存，还要包括人的社会性生存，在全球化时代，风险成了人的一种生存状态，人所面对的社会性生存风险远大于自然性生存风险，即贝克所谓的“存在性焦虑”，体现在人际关系层面是“信任危机”。② 所有风险都具有人际关系上的根源，迫使人们在风险之中去思考如何重塑自我与他人的关系。③ 风险社会的不确定性、多元性与开放性也为个体提供了另一种可能，“一是为个体提供发展机遇，二是促进个体作反思性选择”。④ 对个体而言，意味着风险管理的全方位发展和获得，但这些能力并非生而即有，只有通过后天持之以恒的强化、练习和实践才能日渐形成，⑤ 因此高校必须高度重视大学生危机意识教育，尊重大学生在教育中的主体地位，整合教育资源，提高大学生的危机应对能力。⑥

“个体化”、“全球化”及“风险社会”相关理论对个体命运的关注暗含了教育的重要性，齐格蒙特·鲍曼认为教育的永恒不变的任务，首先必须培养人们日常生活的能力，培养与不确定性和矛盾重重和平相处的能

① 李诚：《转型期我国社会风险及其治理的理论分析》，《长白学刊》2011年第3期。

② 庄友刚：《人的社会性生存：风险社会的另一种理解——兼论当代空间生产与城市问题》2011年第8期。

③ 张康之：《在风险社会中重塑自我与他人的关系》，《东南学术》2011年第1期。

④ 田国秀：《风险社会环境对当代个体生存的双重影响——吉登斯、贝克风险社会理论解读》，《哲学研究》2007年第6期。

⑤ 庞波：《社会风险与行为主体的伦理责任》，《求索》2011年第4期。

⑥ 庞波：《风险社会视域下的大学生危机意识教育》，《中国高教研究》2011年第7期。

力，培养与多样观点以及准确无误和值得信赖的权威和平相处的能力；对差异的忍耐和尊重保持差异的权利的决心必须得以灌注；必须提高批评和自我批评的能力，增强承担自己的选择及其后果的勇气；必须培养“改变框架”的潜能，并培养潜能以便抵制逃离自由的诱惑以及自由所带来的对优柔寡断的忧虑。① 个体在后现代社会的生存更多地取决于自我认知、自我决策和其他社会性存在技能。鲍曼的这些观点建立在完全成熟的市场经济基础之上，要求个体具有或保持适应市场经济生活的能力和人格特质。

我国高等教育要做什么？能做什么？2013 年 11 月召开的中国共产党第十八届中央委员会第三次会议审议通过了《关于全面深化改革若干重大问题的决定》，总目标是“完善和发展中国特色社会主义制度，推进国家治理体系和治理能力现代化”，核心内容是“加快发展社会主义市场经济、民主政治、先进文化、和谐社会、生态文明，让一切劳动、知识、技术、管理、资本的活力竞相迸发，让一切创造社会财富的源泉充分涌流，让发展成果更多更公平惠及全体人民”，方式与途径是“使市场在资源配置中起决定性作用”。尤其是“市场在资源配置中起决定性作用”得到社会高度评价，杨伟民认为：“是《决定》最大亮点和最大理论创新，是我国社会主义市场经济内涵‘质’的提升，是思想解放的重大突破，也是深化经济体制改革以及引领其他领域改革的基本方针”。② “《决定》中有 21 个‘允许’，而 10 年前的《决定》只有 1 个‘允许’，自由了不少，也就是行动的自由。告别‘允许’式改革，进入‘必须’式改革……这就是法治政府的真正意义所在。”③ 胡释之认为：“是一个有决定性意义的决定，正式确立‘由市场决定’的原则性地位；这个决定有根本性突破，将带来根本性转变。”④ 张迎维认为，“市场包含了一个很重要的哲学，这个哲学就是自由。市场实际上真正给了每个人自由，每个人可以有自由的

---

① ［英］齐格蒙特·鲍曼著：《个体化社会》，范祥涛译，生活·读书·新知三联书店 2002 年版，第 173 页。

② 杨伟民：《详解十八届三中全会精神》，中国改革论坛网（http：//www. chinareform. org. cn/Explore/explore/201312/t20131202_ 181953. htm）。

③ 《三论：告别“允许”式改革三论》，《财知道（十论改革决定）》（第 173 期），凤凰财经（http：//finance. ifeng. com/news/special/caizhidao173/）。

④ 《一论：决定性的决定》，《财知道（十论改革决定）》（第 171 期），凤凰财经（http：//finance. ifeng. com/news/special/caizhidao171/）。

选择。没有市场的地方，实际上就没有自由。市场不仅仅是一个工具，其实是我们的一种理念，是我们的一种生活方式。所以市场和自由是一个意思”。①

市场在资源配置中起决定性作用。大学生是一种资源已是社会共识，他们未来的生活质量将受到就业市场的评估和检测。另外，作为资源的大学生具有的独特性是，他们不是被动地制于就业市场，还能够主动地作用于就业市场。除了他们必须具备某类职业所需要的知识能力外，还要是一个如同哈耶克所描述的“好人”，而不是“坏人”。十八届三中全会审议通过的《关于全面深化改革若干重大问题的决定》是决定我国较长时期内社会走向的纲领性文件，以“建设社会主义法治国家”来回应社会的个体化。其所蕴含的思想解放和自由价值应当引起高等教育的高度关注，高等教育所面临的核心挑战在于：重塑国民性格，培养具有自由精神、独立人格的个体，在为自己而活对自己负责的同时，兼顾公共利益，维护社会正义；规避个体成为“坏人”。

① 《十论：改革不能闭门造车》，《财知道（十论改革决定）》（第180期），凤凰财经（http：//finance. ifeng. com/news/special/caizhidao180）。

第三章　教学剧场的符码表征

前文从对历史线索进行整理的角度，分析了高等教育与整个社会互动的关系，探讨了功利主义价值观主导下的高等教育自身宏观和中观层面的变化与高等教育工具性功能的扩张，及其被动应对。本章将从微观层面延续前面的分析路径，检视大学教学的实然状况及与个体化之间的互动。引入剧场概念，有助于展现高等教育微观世界的线条轮廓。剧场既是人类文明的一种高度浓缩，某种程度上也是人类借以自省的视窗。就大学教育而言，教学剧场具有典型的实体意义和象征意义。就实体而言，场域内国家层面的控制虽然无孔不入，但教学空间仍是最主要的，且具有很大的不可控性，因其以教师与课程为载体。象征方面，教学场域内，聚集着以角色为符码的一切要素，如空间、时间、演员、观众、预先有准备的台词等。而一旦离开这个特定场域，要素便随时发生流动，意义也跟着流转。但是，我们不能简单地将教师与学生定位为“观众与演员”，因为教学剧场有着更为丰富的表征意义。

本部分有两套互为支持的数据，一套是厦门大学史秋衡教授主持的国家重点项目“大学生学习情况调查”（以下简称NCSS）的调查数据[①]，史教授授权研究者使用全部数据；另一套是个案学校（G校）与清华大学教育研究院合作进行的由史静寰教授主持的“大学生学习与发展追踪研究”（以下简称CCSS），清华大学提供了全国层面上的各指标的平均数据，及G校的原始数据。关于调查工具的详细说明分别参见：《我国大学生学情状态与影响机制的实证分析》[②]、《国际比较视野中的高等教育测

---

① 国家社会科学基金（教育学科）国家重点课题“大学生学习情况调查研究”（课题批准号：AIA100007）。

② 史秋衡、郭建鹏：《我国大学生学情状态与影响机制的实证分析》，《教育研究》2012年第2期。

量——NSSE－China 工具的开发：文化适应与信度、效度报告》①，此处不重复。两套数据均对学校类别进行了区分："985"、"211"、地方普通本科院校及高职高专。G 校参加了清华大学组织的 2010 年、2011 年、2012 年及 2013 年的调查，参加了厦门大学组织的 2012 年调查。分析思路上，既以清华大学组织的调查数据做 G 校的纵向分析，同时兼顾两套数据的横向比较（见图 2－1）。鉴于本书的个案样本——G 校为地方普通本科院校，故在数据提取上，只考虑地方普通本科院校，以保持个案和整体数据的一致性和可比性。两套数据在具体指标的名称上有差异，但本质是一样的，均是从学生学习的角度来反证高等教育教学质量，对高等教育质量进行"客观"评估，尤其是切入到教学的微观实践中，重在考察学生的学习收获，打开教学剧场的黑匣子。CCSS 共有 34 所地方普通本科高校、NCSS 共有 33 所地方普通本科高校参加了调研，参与学校均为随机抽样，覆盖全国所有区域，调查学生包括 2007 级、2008 级、2010 级和 2011 级四个年级。作为与 G 校一同参加了 2012 年 CCSS 调查的另一所地方院校 S 校，将在第五章进行讨论，以其为案例探寻地方普通本科院校促进个体化发展的教学适切性的可能路径。

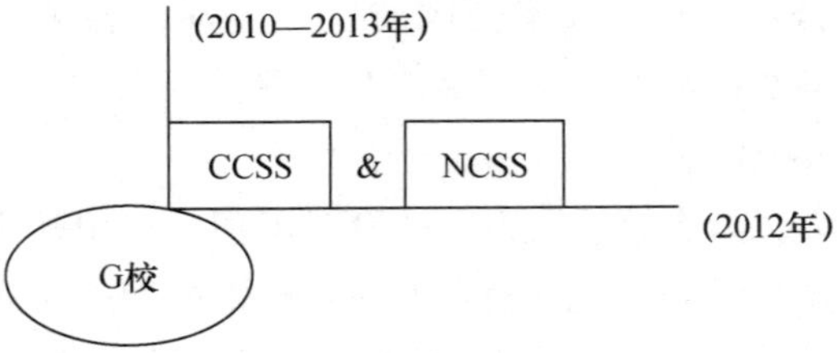

图 3－1　数据图

第一节　教学剧场写真

本部分既进行数据分析，了解地方普通本科高校的总体情况及 G 校的

① 罗燕、海蒂·罗斯、岑逾豪：《国际比较视野中的高等教育测量——NSSE－China 工具的开发：文化适应与信度、效度报告》，《复旦教育论坛》2009 年第 5 期。

情况，同时结合课堂观察，全面了解当前大学教学的真实状况。

一　地方普通本科院校的总体数据分析

此处使用 2012 年的 NCSS 和 CCSS 数据进行分析，两套数据各尽其能，通过 NCSS 来了解这类学校的总体概貌，通过 CCSS 详细分析个案学校。数据处理上，NCSS 工具采用的是六点量表，以均值处理为主，涉及频率的，以百分比处理；CCSS 工具基本上以考察频率为主，提供的样本数据已进行了百分制转换，构建出分类样本的常模，本书中所使用的数据即为常模；数据分析软件是 SPSS20.0。

（一）样本基本信息

表 3-1　　地方普通本科院校学生样本的基本信息

	有效		频率	百分比（%）	有效百分比（%）	累积百分比（%）
性别		男	14775	48.10	48.10	48.1
		女	15940	51.90	51.90	100
家庭所在地		城市	8627	28.10	28.10	28.1
		农村	22088	71.90	71.90	100
独生与非独生		独生子女	9053	29.50	29.50	29.5
		非独生子女	21662	70.50	70.50	100
所学专业是否为第一志愿报考专业且入校后未转过志愿		是	17401	56.70	56.70	56.7
		否	13314	43.30	43.30	100
父亲受教育程度		初中及以下	18034	58.70	58.70	58.7
		高中及中专	8264	26.90	26.90	85.6
		大学（包括大专和本科）	4148	13.50	13.50	99.1
		硕士及以上	269	0.90	0.90	100
母亲受教育程度		初中及以下	22055	71.80	71.80	71.8
		高中及中专	5651	18.40	18.40	90.2
		大学（包括大专和本科）	2858	9.30	9.30	99.5
		硕士及以上	151	0.50	0.50	100

续表

	有效		频率	百分比	有效百分比	累积百分比
家庭经济总收入（月）		低收入（ <2000）	12193	39.70	39.70	39.7
		中等收入（2000—10000 元）	16993	55.30	55.30	95
		高收入（ >10000 元）	1529	5.00	5.00	100
从母亲看是否第一代大学生		第一代大学生	27706	90.20	90.20	90.2
		非第一代大学生	3009	9.80	9.80	100
从父亲看是否第一代大学生		第一代大学生	26298	85.60	85.60	85.6
		非第一代大学生	4417	14.40	14.40	100
民族		汉族	28038	91.30	91.40	91.4
		少数民族	2624	8.50	8.60	100

从表表 3－1 可知：地方普通本科高校的女生（51.90%）多于男生（48.10%）；农村学生占绝大多数（71.90%）；非独生子女占绝大多数（70.50%）；所学专业是为第一志愿报考专业且入校后未转过志愿的占 56.70%；父亲、母亲受教育程度初中及以下文化各占 58.70%、71.80%；家庭经济总收入（月）低于 2000 元的占 39.70%；学生为家中第一代大学生的占到 85.60% 以上；少数民族学生占 8.50%。总体上可以说，地方普通本科高校的学生特点是以女生、农村学生、汉族学生及非独生子女为主体。父母文化层次低、近四成的家庭月总收入低于 2000 元，85.60% 以上的学生为家中第一代大学生。

（二）学生学习动力

表 3－2　　　　地方普通本科院校学生的学习动力（NCSS）

	样本量（N）	均值（Mean）	标准误差（SD）
兴趣	11281690	60.72	24.54
就业/升学	11270276	70.35	24.24
父母期望	11240634	67.35	23.95
学校及同学影响	11259196	54.99	25.50
挑战/提升自我	11274177	65.70	25.03
国家社会责任	11252406	47.37	27.98

表3-3　　地方普通本科院校学生的学习动力（NCSS）

	样本量（N）	均值（Mean）	标准误差（SD）
经济富裕	30715	2.56	1.247
家庭和睦	30715	4.4	0.787
受人尊敬	30715	2.52	0.969
服务社会	30715	1.74	0.936
身心健康	30715	3.78	1.195

从表3-2数据中可以看出，学生把“就业/升学”作为自己的优先考虑，其次是“父母的期望”，然后才是“挑战/提升自我”、“兴趣”、“学校及同学影响”和“国家社会责任”。表3-2反映了相同的特征，即学生优先考虑的是“家庭和睦”、“身心健康”，其次是“经济富裕”和“受人尊敬”，最后才是“服务社会”。两份独立的调查，无一例外地显示学生把自身关注放在前面，把对社会的关注放在最末，反映出高等教育大众化和高学费背景下个体化在学生身上的真实体现及学生的现实考虑，通过上大学改变经济状况和生活质量是他们的现实需求。

（三）课堂教学

1. 教师与学生对课程学习的要求

表3-4　　教师对课程学习的要求（CCSS）

	样本量（N）	均值（Mean）	标准误差（SD）
记忆	11371991	57.71	24.93
分析	11382219	59.07	24.18
综合	11370628	53.31	26.66
判断	11382118	53.23	26.68
运用	11367717	58.53	27.10

表3-5　　学生对课程学习的要求（NCSS）

	样本量（N）	均值（Mean）	标准误差（SD）
提高自己的综合能力	30715	4.91	0.946
实现自我发展	30715	4.80	0.974

续表

	样本量（N）	均值（Mean）	标准误差（SD）
需要的时候能够用到所学的知识	30715	4.62	0.991
解决实际问题	30715	4.51	1.064
获得信息和知识	30715	4.23	1.135
记住知识	30715	3.42	1.241

表3－4显示教师比较重视学生分析、运用和记忆知识，而对知识的综合与判断重视程度不足。表3－5显示，学生渴望提高自己的综合能力，通过学习实现自我发展和能够解决实际问题，“记住知识”是最低层次的学习，学生不满足于此，期望更高层次的学习和对知识的整合。教师的教学与学生的学习之间有较大的差异，彼此关注的焦点存在分歧，学生发展能力倾向非常明显。

2. 教师对课程要求的严格程度

表3－6　　教师对课程的要求（CCSS）

	样本量（N）	均值（Mean）	标准误差（SD）
独立作业促进作用	11320622	62.24	27.07
小组合作	11323218	59.99	27.27
考试促进作用	11324056	58.69	33.11
阅读—指定书籍	11359719	50.08	22.46
课程论文要求—深入引证	11324430	48.55	27.81
课程论文要求—提出论证观点	11337361	48.49	25.71
频率—努力学习达到课程要求	11385980	48.13	25.93
实验报告促进作用	11296415	47.95	27.06
论文/报告促进作用	11343253	46.79	28.25
课程论文要求—反复讨论	11324134	40.22	26.28
写作量—短篇（2000字）	11336527	34.61	22.51
阅读—专业期刊	11347252	34.01	24.93
写作量—中篇（2000—5000字）	11335520	27.23	20.09
写作量—长篇（5000字）	11325023	18.21	20.61

表3－7　　学生完成学习任务情况（NCSS）

	样本量（N）	均值（Mean）	标准误差（SD）
老师允许学生用不同的方式来完成课程作业	30715	3.67	1.196
在课外花很多时间来完成老师布置的作业	30715	3.57	1.076
学生可以自由选择学习任务	30715	3.49	1.231
老师上课讲的内容学生经常感到难以理解	30715	3.43	1.08
老师布置的作业经常很难	30715	3.27	1.026

表3－8　　与专业相关的阅读与写作量（一学期内）

	频率		百分比（%）		有效百分比（%）		累积百分比（%）	
	阅读	写作	阅读	写作	阅读	写作	阅读	写作
少于1篇	5025	11505	16.4	37.5	16.4	37.5	16.4	37.5
1—3篇	14626	12826	47.6	41.8	47.6	41.8	64	79.3
4—6篇	6665	4340	21.7	14.1	21.7	14.1	85.7	93.3
7—9篇	2386	1258	7.8	4.1	7.8	4.1	93.4	97.4
10—12篇	950	439	3.1	1.4	3.1	1.4	96.5	98.9
12篇以上	1063	347	3.5	1.1	3.5	1.1	100	100
合计	30715	30715	100	100	100	100		

表3－6显示出现频率低的是写作长篇、中篇、短篇作业、阅读专业期刊及对课程论文进行反复讨论，出现频率较高的是独立作业、小组合作、考试及阅读指定书籍。表3－7显示教师教学的难度排在最末，教师对学生较为宽松；一个学期内，学生阅读与专业相关的书籍在3本以内的高达64%，论文写作不超过3篇的占79.3%。教师在教学方面对学生没有严格意义上的学术要求。

3. 学生课堂学习行为

表 3－9　学生课堂学习情况（CCSS）

	样本量（N）	均值（Mean）	标准误差（SD）
课堂提问	11376494	41.96	24.68
积极回答问题	11363935	47.17	23.82
口头报告	11323861	39.55	25.75
合作完成任务/作业	11346603	59.14	25.47
课上质疑老师观点	11354511	64.97	24.76
课上有侧重地做笔记	11359845	37.15	22.21
课上集中精力听老师讲解	11372349	63.37	23.36

表 3－10　学生课堂学习情况（NCSS）

	在课堂上作报告（%）以 3 次为标准	参加课堂讨论（%）以 3 次为标准	迟到、早退和旷课（%）以 3 次为标准
从来没有	14.1	2.9	24.9
很少	32.2	19.8	42.7
比较少	19.6	17.5	11
有时	24.8	36.2	15.2
比较经常	6.9	18.0	4.4
经常	2.4	5.6	1.8
合计	100.0	100.0	100

表 3－9 显示学生课上有侧重地做笔记、口头报告、课堂提问、积极回答问题出现的频率较低。表 3－10 显示，65.9% 的学生在课堂上作报告不足 3 次；40.2% 的学生参加课堂讨论不足 3 次；迟到、早退和旷课在 3 次及以上的达 21.4%。这表明学生在课堂上的表现机会和空间不足。

4. 深度学习/深层次学习

表 3－11　学生深层学习情况（CCSS）

	样本量（N）	均值（Mean）	标准误差（SD）
反思并评价学习	11351962	56.06	24.87
融合不同课程观点/概念	11365051	50.57	24.50
课程强调—分析	11382219	59.07	24.18

续表

	样本量（N）	均值（Mean）	标准误差（SD）
课程强调——综合	11370628	53.31	26.66
课程强调——判断	11382118	53.23	26.68
课程强调——运用	11367717	58.53	27.10
师生课外讨论学习	11359043	34.00	27.77
课余与非本班同学/朋友讨论	11382350	43.95	27.07
反思并评价学习	11332788	53.68	23.77
改变理解	11304268	55.46	23.62
挑战已有看法	11323706	48.89	25.14
换位思考	11314652	62.81	24.59
综合考虑	11174673	49.07	23.99
整合信息观点	11318087	54.19	25.06

表3-12　学生深层次学习情况（NCSS）

	样本量（N）	均值（Mean）	标准误差（SD）
为了提高自己的综合能力	30715	4.91	0.946
为了更加全面地看待问题	30715	4.82	0.927
为了实现自我发展	30715	4.80	0.974
从不同的视角来看问题	30715	4.65	0.957
提高自身素质	30715	4.64	1.039
在需要的时候能够用到所学的知识	30715	4.62	0.991
为了能够解决实际问题	30715	4.51	1.064
探究不同知识之间的内在联系	30715	4.41	0.996
获得信息和知识	30715	4.23	1.135
知识量的增加	30715	4.12	1.257
能够让我获得强烈的满足感	30715	4.10	1.133
很好地记住知识	30715	3.42	1.241

表3-11显示师生课外讨论学习、课余与非本班同学/朋友讨论、挑战已有看法、综合考虑等项出现频率偏低，在深度学习上有欠缺。表3-12显示学生总体上偏向深层次学习，但对增加知识量等浅层学习也有一定的偏好。

（四）课外拓展学习

表 3－13　学生课处拓展学习（CCSS）

	样本量（N）	均值（Mean）	标准误差（SD）
听各类讲座报告	11384679	41.80	25.39
师生参与课外活动	11352094	30.76	28.18
学习团体参与	11330396	49.90	50.00
与老师一起研究	11322805	14.33	35.03
语言学习	11307222	17.60	38.08
海外学习	11309909	3.07	17.26
竞赛参与	11280529	16.33	36.96
证书报考	11298907	38.59	48.68
选/辅修	11318908	8.61	28.05
学术类投稿	11308569	4.94	21.68

表 3－14　学生课外拓展学习发生频率（以3次为标准）

	与老师在课外的沟通交流	参加学术沙龙、工作坊或实验室活动	老师请校内外专家给我们上课	参加学术会议或论坛
从来没有	8.2	23.8	22.8	21.8
很少	30	27.4	27.8	30.2
比较少	24.6	17.9	16.6	16.2
有时	26	21.1	24.1	22.1
比较经常	8.1	7	6.4	7
经常	3	2.7	2.4	2.7
合计	100	100	100	100

表 3－15　学生参与课外拓展学习的次数

	到国内的其他学校交流学习的经历	到国外交流学习的经历	参与老师的科研课题的经历	申请到科研课题的经历	参与同学主持的科研课题	参加各种科创竞赛（如挑战杯或专业技能比赛）
0	77.8	93.8	75.3	83.9	71.2	61.8
1	9.5	1.8	14.8	9.5	16.8	21.5
2	5.8	1.4	5.3	3.2	6.7	9.3

续表

	到国内的其他学校交流学习的经历	到国外交流学习的经历	参与老师的科研课题的经历	申请到科研课题的经历	参与同学主持的科研课题	参加各种科创竞赛（如挑战杯或专业技能比赛）
3	3.2	1.5	2.6	1.9	2.9	4.1
4	1.4	0.8	1	0.8	1.1	1.3
5次及以上	2.3	0.6	1.1	0.6	1.3	2

表3－13显示学习团体参与、听各类讲座报告、证书报考和师生参与课外活动出现频率较高，而海外学习、学术类投稿、选/辅修等频率很低。表3－14显示62.8%的学生几乎与老师无课外沟通交流；69.1%的学生几乎没参加学术沙龙、工作坊及实验室活动；67.2%的学生很难听到校内外专家的讲课；68.2%的学生未参加学术会议或论坛。表3－15显示对于地方普通本科高校的学生来说，绝大多数学生缺乏课外拓展学习的机会，除61.8%的学生未参加科创竞争外，71%以上的学生未参加其他任何课外拓展学习，说学生就读经历贫乏，一点也不为过。

（五）实习与实践

表3－16　　学生参与实习与实践的方式（CCSS）

	样本量（N）	均值（Mean）	标准误差（SD）
与任课老师一起参加课外活动	11352094	30.76	28.18
艺术活动	11331368	45.95	26.94
实践调查	11332391	40.35	49.06
志愿服务	11336815	36.00	48.00
学校组织集体活动	1282004	61.14	26.11

表3－17　　学生对实习与实践的认同度（NCSS）

	样本量（N）	均值（Mean）	标准误差（SD）
实习/实践课收获很大	30715	4.01	1.209
实习/实践课指导教师能给学生耐心的指导	30715	3.94	1.139
实习/实践课指导教师的实践经验丰富	30715	3.82	1.167
学校的实践基地/实习单位条件很好	30715	3.43	1.235
学校为学生提供很多实习/实践机会	30715	3.42	1.253

从表3－16和表3－17中可看出共同的信息，学校给学生提供的实践与实习机会不多，即使有少量，质量上也不能满足学生需求。

（六）学生学习支持体系

表3－18　　学生对学校提供的学习支持体系的认可程度（CCSS）

	样本量（N）	均值（Mean）	标准误差（SD）
与任课教师讨论职业规划	11379269	32.49	28.21
与辅导员讨论职业规划	11357363	28.85	27.21
与任课老师讨论人生观	11335460	30.08	27.78
与辅导员讨论人生观	11343618	27.84	27.69
与任课老师参与活动课外活动	1352094	30.76	28.18
与行政人员的关系	11334044	52.56	29.75
学校帮助人际交往	11257053	51.26	27.53
学校鼓励学生接触	11277232	52.35	28.49
学校帮助学业	11275940	58.41	23.80
学校组织集体活动	11282004	61.14	26.11
学校帮助解决经济负担	11288373	61.70	27.44
学校强调学业时间	11292382	60.66	25.01
与任课老师关系	11335454	64.93	25.73
与班主任/辅导员关系	11338721	64.51	27.38
与同学关系	11322942	78.58	21.10

表3－19　　学生对学校提供的学习支持体系的认可程度（NCSS）

	样本量（N）	均值（Mean）	标准误差（SD）
学校的餐饮	30715	3.42	1.308
学校的选课系统	30715	3.42	1.342
学校自习室的数量	30715	3.55	1.355
学校的奖学金制度	30715	3.66	1.258
学校的住宿条件	30715	3.75	1.307
对心理咨询中心的服务	30715	3.78	1.148
学校的助学金制度	30715	3.81	1.212
宿舍住宿人数	30715	3.87	1.304
学校图书馆工作人员的服务	30715	4.05	1.138

续表

	样本量（N）	均值（Mean）	标准误差（SD）
学校的图书资源	30715	4.11	1.236
学校图书馆的学习环境	30715	4.15	1.207
与辅导员的关系	30715	4.25	1.071
与任课老师的关系	30715	4.35	0.896
与专业指导老师（毕业设计/论文、课题组、实习）	30715	4.37	0.948
与其他同学的关系	30715	4.69	0.843
与室友的关系	30715	4.81	0.946

表3－18显示学生在职业规划和人生观方面很少获得任课教师与辅导员的支持；关系处理上，与同学关系最好。表3－19显示学生对餐饮、选课系统、自习室数量、奖学金制度、住宿条件、心理咨询中心服务等不认可；最认可的是室友和同学关系，其次是与专业指导老师和任课老师。反映了大规模扩招之后，师生关系的疏离和学校基础性资源的紧张。

（七）学生自我报告的学习收获

表3－20　　学生自我报告的学习收获（CCSS）

	样本量（N）	均值（Mean）	标准误差（SD）
提高书面表达能力	11216700	49.53	27.03
提高组织领导能力	11215956	51.10	28.17
提高口头表达能力	11229632	55.78	25.58
提高信息技术能力	11224998	56.68	25.23
提高批判思维	11225012	56.76	26.29
提高专业知识能力	11239084	57.50	25.40
提高解决问题能力	11226191	58.03	25.56
提高知识涉猎能力	11254004	59.00	25.21
提高理解不同文化和价值观	11243033	59.16	26.72
提高自主学习能力	11213550	63.35	27.15
提高明确未来发展规划	11239353	61.27	27.26

续表

	样本量（N）	均值（Mean）	标准误差（SD）
提高有效合作能力	11224148	63.05	24.72
提高价值观确立能力	11233513	64.30	26.51
提高认识自我能力	11216010	66.67	25.26

表3-21　　学生自我报告的学习收获（NCSS）

	样本量（N）	均值（Mean）	标准误差（SD）
掌握了本专业的前沿知识	30715	3.98	1.061
具备了本专业的实际操作技能	30715	4.07	1.040
激发了学习兴趣	30715	4.13	1.096
掌握了一套适合自己的学习方法	30715	4.16	1.024
系统地掌握了本专业的基本理论	30715	4.25	0.978
掌握了与工作相关的知识和技能	30715	4.25	0.991
具备了攻读更高学位的能力	30715	4.30	1.022
批判性思维得到了发展	30715	4.36	0.958
更加有效地进行自主学习	30715	4.41	0.981
形成了自己的价值观和世界观	30715	4.43	0.968
具备了更强的社会责任感	30715	4.49	0.980
更好地理解不同背景的人	30715	4.53	0.934
更清楚和有效地表达自己的想法	30715	4.59	0.870
更好地与他人进行团队合作	30715	4.63	0.875
自我反思能力增强了	30715	4.65	0.892

从学生的自我报告来看，共同点是通过大学教育，收获最大的是关于自我的认知和反思能力的提升；在不足方面，两份数据有些差异，表3-20显示书面表达能力、组织领导能力、口头表达能力、信息技术能力和批判思维得分偏低。表3-21显示掌握本专业的前沿知识、具备本专业的实践操作技能、激发学习兴趣、掌握一套适合自己的学习方法、系统地掌握本专业的基本理论和掌握与工作相关的知识和技能等，学生的认同度较低。学生自我报告的学习收获结果进一步验证了前面的一些

数据，如学生在课堂上缺乏表现机会、与专业相关的阅读和写作量有限，实践实习既缺乏机会，质量也得不到保证，课外拓展学习机会极其缺乏、深度学习不够等。

（八）时间管理

表 3－22　　学生时间管理（CCSS）

	样本量（N）	均值（Mean）	标准误差（SD）
课外学习时间/周	9989305	50.16	20.46
兼职时间/周	11086686	19.94	23.45
课外活动时间/周	11067856	27.83	21.08
休闲时间/周	10665368	61.13	20.14
健身锻炼时间/周	11006001	31.67	19.75

表 3－23　　学生时间管理（NCSS）　　单位：小时

	平均每天课后花在专业学习上的时间	平均每天上网用来学习的时间	平均每天用来上网的时间	平均每天花在英语学习上的时间
0	15.70	47.30	19.10	56.80
1—3 小时	50.30	42.50	55.40	34.40
4—6 小时	22.60	6.40	19.70	5.20
7—9 小时	8.20	2.50	4.10	2.20
10—12 小时	2.20	0.80	1.20	0.90
12 小时以上	1.00	0.50	0.60	0.40

表 3－22 显示的是每周的时间分配，学生在兼职、课外活动及健身锻炼上花的时间最少，而休闲和课外学习的时间相对较多。表 3－23 显示的是每天的时间分配，可以更详细地了解学生的时间管理状况，15.70% 的学生不会在课后进行专业学习；47.30% 的学生没有上网学习；19.10% 的学生不上网；56.80% 的学生不会在英语学习上花时间。每天课后坚持学习 1—3 小时的占到 50.30%，在网上学习的占到 42.50%，学英语的占 34.40%，这说明学生在学习上仍花了较多时间。

（九）学生满意度

表 3－24　　学生满意度（CCSS）

	样本量（N）	均值（Mean）	标准误差（SD）
学业	11226351	56.04	22.04
就读经历	11228653	58.00	21.74
重新选择该学校	11219339	45.07	28.76

表 3－25　　学生满意度（NCSS）

	样本量（N）	均值（Mean）	标准误差（SD）
教师与学生的课外交流与沟通	30715	3.8	1.115
教师的教学方法	30715	3.87	1.007
本专业的课程设置	30715	3.9	1.083
教师对学生学习的评价标准	30715	3.96	0.984
老师给予的关于作业等学习情况的反馈	30715	3.97	1.024
教师的教学内容	30715	3.98	0.959
教师的教学准备	30715	4.22	0.928

表 3－24 显示对自己的学业、就读经历满意度不高，对重新选择该学校更是偏低。表 3－25 则从另一个角度做出了解释，教师与学生的课外交流与沟通、教学方法、专业课程设置及教师对学生学习评价标准等满意度偏低，这些是构成教师教学的重要组成部分，而学生满意度是最能衡量一个学校综合情况的核心指标。

地方普通本科院校的教育教学总体状况如下：

（1）学生构成。以女生、农村、汉族及非独生子女学生为主体。父母文化层次低，近四成的家庭月总收入低于 2000 元，85.6% 以上的学生为家中第一代大学生。

（2）学习动力。高等教育大众化和高学费背景下，通过上大学改变经济状况和生活质量是学生学习的动力来源，对自身关注的重要性和优先性超过对社会的关注。

（3）课堂教学。教师比较重视学生分析、运用和记忆知识，而对知识的综合与判断重视程度不足；而学生渴望提高自己的综合能力，期望更高层次的学习和对知识的整合。师生彼此关注的焦点存在分歧，教师偏重知识传授，而学生需要发展能力。体现在教学方法和考核方面，教师不太重视学生的学术性写作和反复讨论，没有提升学生深层次学习能力，教学和考核不具有挑战性，学生在课堂上缺乏表现的机会和空间。

（4）课外拓展学习。学生在校内能有一定程度的满足，但具有学术性质的拓展和校外机会非常有限，总体上，地方普通本科院校的学生就读经历贫乏。

（5）实习实践。学校给学生提供的实践与实习机会不多，即使有少量，但质量上也不能满足学生需求。

（6）学生学习支持体系。大规模扩招之后，师生关系相对疏离，学校基础性资源紧张。学生最认可的是室友和同学关系；学生能获得一定程度的专业指导，但在职业规划和人生观方面很少获得支持；其他如餐饮、选课系统、自习室、奖学金制度、住宿条件、心理咨询中心服务等也存在问题。

（7）学生自我报告的学习收获。通过大学教育，收获最大的是关于自我的认知和反思能力的提升；书面表达能力、组织领导能力、口头表达能力、信息技术能力和批判思维、掌握本专业的前沿知识、具备本专业的实践操作技能、激发学习兴趣、掌握一套适合自己的学习方法、系统地掌握本专业的基本理论和掌握与工作相关的知识和技能等较为欠缺。

（8）时间管理。从每周时间看，学生在兼职、课外活动及健身锻炼上花的时间最少，而休闲和课外学习的时间相对较多。从每天时间看，每天课后坚持学习 1—3 小时的占到 50.30%，在网上学习的占到 42.50%，学英语的占到 34.4%。

（9）满意度。总体上学生对自己的学业、就读经历满意度不高，对于重新选择该学校更是偏低；具体表现在教师与学生的课外交流与沟通、教学方法、专业课程设置及教师对学生学习评价标准等方面。

以上总体情况表明，地方普通本科院校在帮助学生应对风险社会、全球化等方面，没有显示出大学该有的战略性和超前性，相反严重滞后于社会结构的变化，在为学生应对未来提供经验和知识准备方面，尤其不足，这正是导致学生对大学教育满意度偏低的问题所在。学校教育与社会脱节的另一个方面是对互联网反应迟钝，对 90 后学生与互联网的关系熟视无睹。2014 年 4 月，腾讯公司和易观智库公司面向全国的 90 后学生共发放 8041 份有效问卷，对其价值取向、生活态度、社会认知、网络行为等 4 个方面进行了调查分析，结果显示，超过 75% 的 90 后喜欢在社交网络上发布自己的信息，互联网已彻底改变了信息的传播方式，90后是互联网上最活跃的一群人。总体上，得益于互联网的开放性。学生的自主性得到了发展，21.3%的90后表示找工作时会更看重自己的兴趣，比80后提升了9.6个百分点；“热情健康、有创造力、极具生命力、多元化”是他们的群体特征，[①] 而这种特征在当前的高校却成了一种“无处安放的青春”。

二 G校个案分析

G校地处西部经济欠发达地区的贵州省，建于1958年，既具有地方院校的普遍性特征，也因其是财经类高校，相比其他普通高校，在生源竞争上又具有相对优势。贵州省高等教育毛入学率长期低于全国水平，扩招前为3.6%，扩招后于2010年达到15%，2013年达到27.4%，预计于2020年提高到40%，达到全国平均水平。[②] 为了扩大教育容量，贵州省于2011年开始大规模修建大学城，除了贵阳花溪大学城外，还在各地州修建大学城。就全国来看，其他省份基本上已完成规模扩张，进入内涵建设期，而贵州正在走规模扩张之路。G校即是在此背景下建新校区，增加学生人数，2011年先让其他省属高校进入大学城，当年新生人数即为2010年的2倍，达到4500人，以后的招生稳中略升，维持在5000人左右。新校区按照2万人的规模修建而成，基础设施方面完全可以满足扩容后的师生需求。但是在教学设施、师资保障、教学质量和实践实习等方面，正在经历急速膨胀后的阵痛。G校从2011年开始扩招到现在已经4年，高等教育大众化之后，对学生来说，意味着什么呢？此部分使用的是G校2010—2013年参加CCSS调查的数据，纵向解析个案高校扩招后的动态变化。连续四年抽样均是从大一到大三三个年级，大四也有抽样，因样本太少，故被剔除。样本全部来自随机抽样，每个年级平均抽取400个学生，合计1200个样本/年。

（一）样本基本信息

1. 2010—2013年性别、是否独生子女及户口性质（见表3－26）

---

① 《联网时代：“宅”90后大学生挑战高校管理》，凤凰教育（http：//edu.ifeng.com/a/20141208/40895791_0.shtml）。

② 贵州省教育厅：《贵州省高等教育事业发展“十二五”规划》，道客巴巴（http：//www.doc88.com/p－5055475995818.html）。

表3－26　　G校2010—2013年抽样学生的家庭情况

			2010年		2011年		2012年		2013年	
			频率	百分比（%）	频率	百分比（%）	频率	百分比（%）	频率	百分比（%）
性别	有效	男	551	48.1	506	45.5	477	44.2	475	41.8
		女	589	51.4	595	53.5	596	55.2	635	55.8
		合计	1140	99.6	1101	98.9	1073	99.4	1110	97.6
	缺失	系统	5	0.4	12	1.1	6	0.6	27	2.4
	合计		1145	100	1113	100	1079	100	1137	100
是否独生子女	有效	是	364	31.8	343	30.8	296	27.4	307	27
		否	773	67.5	761	68.4	772	71.5	801	70.4
		合计	1137	99.3	1104	99.2	1068	99	1108	97.4
	缺失	系统	8	0.7	9	0.8	11	1	29	2.6
	合计		1145	100	1113	100	1079	100	1137	100
户口性质	有效	农业	634	55.4	630	56.6	675	62.6	699	61.5
		非农业	503	43.9	462	41.5	390	36.1	418	36.8
		其他			6	0.5	1	0.1	6	0.5
		合计	1137	99.3	1098	98.7	1066	98.8	1123	98.8
	缺失	系统	8	0.7	15	1.3	13	1.2	14	1.2
	合计		1145	100	1113	100	1079	100	1137	100

从性别角度看，男生人数呈下降趋势，四年中下降了6.3个百分点，截至2013年女生达到55.8%，比男生多14个百分点。从是否独生子女角度看，学校非独生子女呈上升趋势，从2010年的67.5%上升到2013年的70.4%。从户口性质看，来自农村的学生呈上升趋势，从2010年的55.4%上升到2013年的61.5%。

2. 民族（见表3－27）

表3－27　　G校2010—2013年抽样学生的民族构成情况

民族种类	2010年		2011年		2012年		2013年	
	频率	百分比（%）	频率	百分比（%）	频率	百分比（%）	频率	百分比（%）
汉	817	71.4	809	72.7	715	66.3	740	65.1
蒙	3	0.3	9	0.8	7	0.6	3	0.3
满	4	0.3	5	0.4	4	0.4	5	0.4
回	8	0.7	5	0.4	11	1	7	0.6

续表

	2010 年		2011 年		2012 年		2013 年	
	频率	百分比（%）	频率	百分比（%）	频率	百分比（%）	频率	百分比（%）
壮	6	0.5	6	0.5	2	0.2	4	0.4
藏	2	0.2	1	0.1	1	0.1		
其他	165	14.4	198	17.8	327	30.3	351	31
多选	1	0.1						
合计	1006	87.9	1033	92.8	1068	99	1110	97.6
系统	139	12.1	80	7.2	11	1	27	2.4
	1145	100	1113	100	1079	100	1137	100

注：因 CCSS 工具中对于民族的选项只提供了人口统计中较大规模的汉、蒙、满、回、壮和藏；贵州少数民族主要为苗、侗、布依等，被归类到“其他”中。

总体而言，学生的民族构成上，汉族学生在下降，从 2010 年的 71.4% 下降到 2013 年的 65.1%，相应地，民族学生数量在增加。

可以得出这样的结论，高等教育大众化让更多的女性、农村孩子、非独生子女和民族学生走进大学校园，与 NCSS 所得出的地方普通本科院校的生源结构特征高度吻合，只是在量上有所区别。从阶层分析来看，保障了弱势群体接受高等教育的机会。

3. 生源素质

表 3－28　　G 校最后一个学期抽样学生的成绩总排名

		2010 年		2011 年		2013 年	
		频率	百分比（%）	频率	百分比（%）	频率	百分比（%）
有效	全班前 5%	285	24.9	261	23.5	261	23
	全班前 5%—20%	492	43	490	44	497	43.7
	全班前 20%—50%	252	22	237	21.3	233	20.5
	全班前 50%—80%	60	5.2	58	5.2	71	6.2
	全班后 20%	31	2.7	38	3.4	34	3
	合计	1120	97.8	1084	97.4	1096	96.4
缺失	系统	25	2.2	29	2.6	41	3.6
合计		1145	100	1113	100	1137	100

表3－28中所呈现的数据要客观分析，因为学校不同、班级不同，自然会造成学生的排名有差异，具有统计学上的意义。但也能反映一些基本规律，G校作为地方财经类二本高校，从连续三年的数据来看，以班级前5%—20%的学生为主体，稳定在44%上下，前20%的学生共约67%，全班排名50%以后的生源不到10%。说明生源素质总体上保持不变。

4. 家长的受教育程度（见表3－29）

表3－29　　G校2010—2013年抽样学生家长的受教育情况

			2010年		2011年		2012年		2013年	
			频率	百分比（%）	频率	百分比（%）	频率	百分比（%）	频率	百分比（%）
父亲最高学历	有效	没上过学	30	2.6	21	1.9	24	2.2	24	2.1
		小学毕业	154	13.4	158	14.2	187	17.3	180	15.8
		初中毕业	405	35.4	407	36.6	408	37.8	463	40.7
		高中/中专/技校毕业	270	23.6	257	23.1	223	20.7	194	17.1
		大专毕业	132	11.5	136	12.3	125	4.4	142	12.5
		本科毕业	102	8.9	93	8.4	81	7.5	87	7.7
		硕士毕业	8	0.7	5	0.4	6	0.6	4	0.4
		博士毕业	4	0.3	3	0.3			3	0.3
		其他	20	1.7	4	0.4				
		合计	1125	98.3	1084	97.4	1054	97.7	1097	96.5
	缺失	系统	20	1.7	29	2.6	25	2.3	40	3.5
	合计		1145	100	1113	100	1079	100	1137	100
母亲最高学历	有效	没上过学	156	13.6	107	9.6	116	10.8	132	11.6
		小学毕业	258	22.5	293	26.3	354	32.8	352	31
		初中毕业	322	28.1	309	27.8	276	25.6	287	25.2
		高中/中专/技校毕业	200	17.5	195	17.5	154	14.3	156	13.7
		大专毕业	96	8.4	107	99.6	104	3.4	113	3.6
		本科毕业	60	5.2	58	5.2	47	4.4		
		硕士毕业	3	0.3	5	0.4	2	0.2		
		博士毕业	1	0.1	6	0.5			2	0.2
		其他	22	1.9	1	0.1				
		合计	1118	97.6	1081	97.1	1053	97.6	1097	96.5
	缺失	系统	27	2.4	32	2.9	26	2.4	40	3.5
	合计		1145	100	1113	100	1079	100	1137	100

从表 3 - 29 可知，父亲文化程度在初中及以下，由 2010 年的 51.4% 上升到 2013 年的 58.6%；母亲文化程度在初中及以下，由 2010 年的 64.2% 上升到 2013 年的 67.8%。四年中，学生家长低文化程度跟农村生源保持一致，呈上升趋势。这意味着越来越多的家庭有了第一代大学生，与表 3 - 1 中 85.60% 的学生为家中第一代大学生结论相符。

（二）五大可比指标

CCSS 借鉴了美国 NSSE 课题组构建的跨院校五大可比指标，分别是：学业挑战度（LAC）、主动合作学习的水平（ACL）、师生互动（SFI）、教育经验丰富程度（EEE）及院校环境支持度（SCE），既可进行跨院校横向比较，又可以对 G 校进行纵向比较。其中，学业挑战度（LAC）包括：一学期长篇论文/报告写作量；一学期中篇论文/报告写作量；一学期短篇论文/报告写作量；分析某个观点、经验或理论的基本要素，了解其构成；综合不同观点、信息或经验，形成新的或更复杂的解释；评价某观点、结论或信息来源；运用理论或概念解决实际问题，或将其运用于新的情况；非常努力学习才能达到课程要求；在学业方面投入大量时间等。主动合作学习的水平（ACL）包括：课堂上主动提问或参与讨论的频率；课堂上就某一个研究主题作口头报告的频率；课堂上和同学合作完成老师布置的任务的频率；课后和同学讨论作业/实验的频率；课余和家人、朋友讨论学习中的观点和问题的频率。师生互动（SFI）包括：和老师反复讨论；和任课老师讨论自己职业计划；和辅导员/班主任讨论自己的职业计划；和任课老师讨论人生观和价值观等问题；和辅导员/班主任讨论人生观和价值观等问题；学习表现得到任课老师及时反馈（口头/书面）；和任课老师一起参与课程以外的工作（比如，社团活动、迎新等）在课程要求之外，和老师一起做研究等。教育经验丰富程度（EEE）包括：与宗教观、政治观或人生观很不相同的学生深入交谈的频率；与城/乡背景、民族背景和自己不同的学生深入交谈的频率；大学是否强调帮助你应对人际关系或情感问题；一周花在参加课外活动的时间；使用网络媒介讨论作业的频数；是否参加或将要参加实习、社会实践或田野调查；是否参加或将要参加社区服务或志愿者；是否组织或参与某个社团或学习团体；是否参加或将要参加课程要求以外的语言学习；是否参加或将要参加海外学习；是否参加或将要参加辅修第二学位/专业；是否参加或将要参加各类学术、专业或设计竞赛；是否参报考专业资格证书/技能等级证书；是否在学业中使用计算机。院校环境支持度（SCE）包括：与其他学生的关系；与任课教师的关系；与学生系统工作人员（如辅导员）的关系；与行政管理人员（如教务处等）的关系；在学业方面投入大量时间；为学生学业提供支持与帮助（如学业指导、写作中心）；为学生身心健康提供支持与服务（如医疗保健、心理咨询等）；为学生就业提供指导与帮助；鼓励来自不同城乡、民族、家庭背景的学生相互接触；参加各类校园文体活动（如艺术表演、运动竞赛等）；帮助你应对经济问题，完成学业；在学业中使用计算机等。①

1. 学校内部五大可比指标

（1）学业挑战度（LAC）

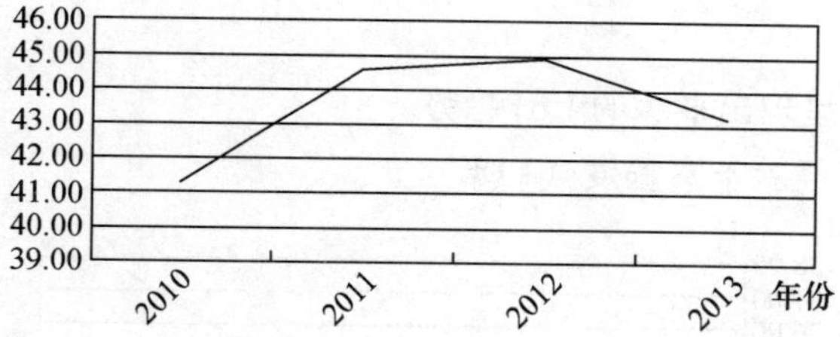

图 3-2　2010—2013 年学业挑战度 LAC-Mean 比较

2010—2011 年是一个明显的上升趋势，2011—2012 年比较平缓，而 2012—2013 年急剧下降。

（2）主动合作学习的水平（ACL）

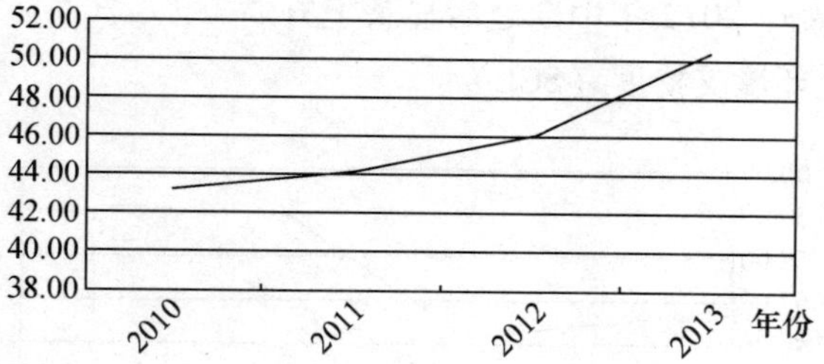

图 3-3　2010—2013 年主动合作学习水平 ACL-Mean 比较

① 清华大学教育研究院：《NSSE-China 2010 问卷使用手册》（2011）。

整体呈现上升趋势，2012 年之前比较平缓，而 2011 年之后上升明显。

（3）师生互动（SFI）

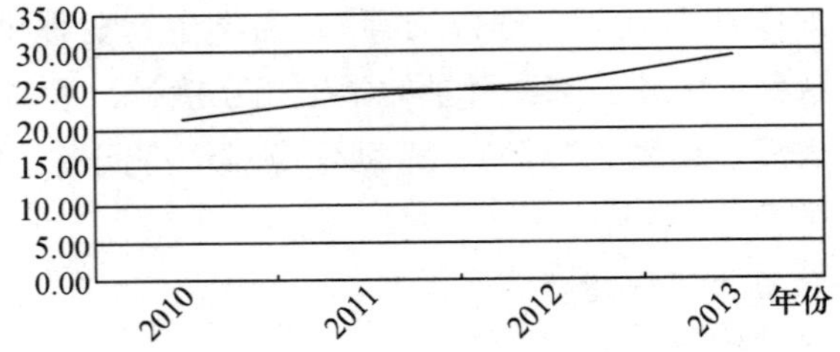

图 3－4　2010—2013 年师生互动 SFI－Mean 比较

师生互动呈现出平缓的上升趋势。

（4）教育经验丰富程度（EEE）

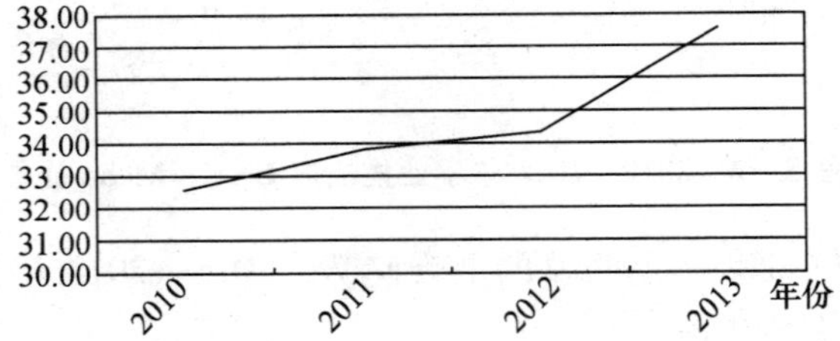

图 3－5　2010—2013 年教育经验丰富程度 EEE－Mean 比较

呈上升趋势，2012 年中期之后显著上升。

（5）院校环境支持度（SCE）

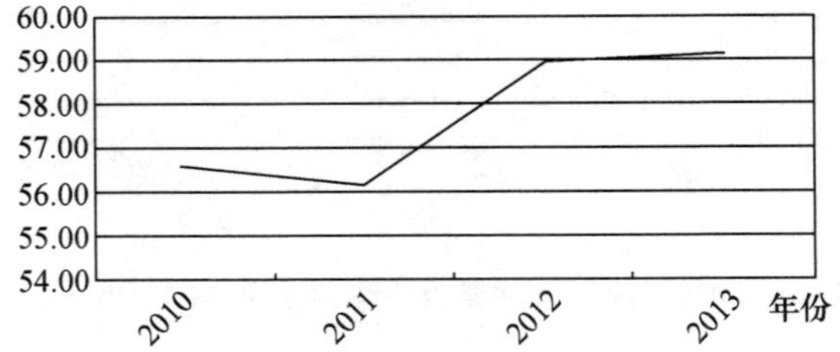

图 3－6　2010—2013 年院校环境支持度 SCE－Mean 比较

起伏比较大，2010—2011 年呈下降趋势，2011—2012 年呈上升趋势，2012 年之后状况较为稳定。

五大指标中，主动合作学习的水平（ACL）和教育经验丰富程度（EEE）这两大指标呈上升幅度大，说明情况越来越好；师生互动（SFI）虽保持上升趋势，但不是很明显；学业挑战度（LAC）和院校环境支持度（SCE）这两大指标起伏不定，学业挑战度（LAC）下降明显，院校环境支持度（SCE）达到“瓶颈”状态。下面对这三大指标进行进一步分析。

2. 学业挑战度（LAC）、师生互动（SFI）和院校环境支持度（SCE）检测

（1）学业挑战度（LAC）

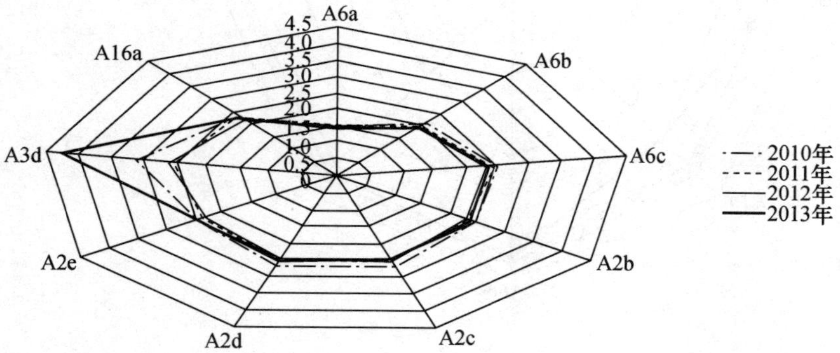

图 3-7 学业挑战度（Mean-LAC）各指标年度比较

A6a 代表“长篇课程论文/报告（5000 字以上）（篇）”，A6b 代表“中篇课程论文/报告（2000—5000 字左右）（篇）”，A6c 代表“短篇课程论文/报告（2000 字以下）（篇）”，A2b 代表“分析某个观点、经验或理论的基本要素，了解其构成”，A2c 代表“综合不同观点、信息或经验，形成新的或更复杂的解释”，A2d 代表“评价某观点、结论或信息来源”，A2e 代表“运用理论或概念解决实际问题，或将其运用于新的情况”，A3d 代表“非常努力学习才能达到课程要求”，A16a 代表“在学业方面投入大量时间”。由图 3-7 可知，学业挑战度整体水平偏低，在 2.5 的范围以内。A3d 是核心因素，“非常努力学习才能达到课程要求”让“学业挑战度”（LAC）在 2011 年后急剧下降，2013 年更甚。G 校于 2011

年9月扩招，从2012年起，扩招后的2011级和2012级学生已进入调查范围。

（2）师生互动（SFI）

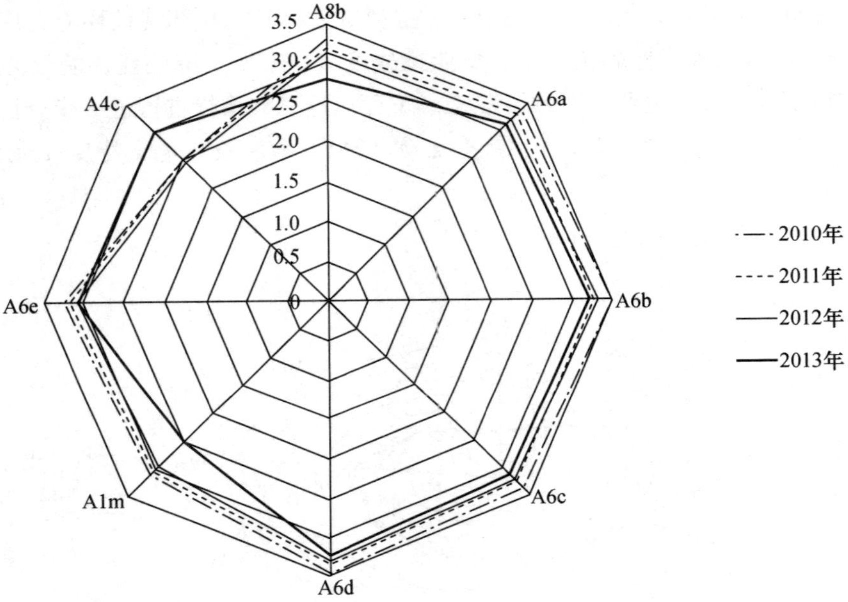

图3-8 师生互动（SFI-Mean）各指标年度比较

A8b代表“和老师反复讨论”，A6a代表“和任课老师讨论自己职业计划”，A6b代表“和辅导员/班主任讨论自己的职业计划”，A6c代表“和任课老师讨论人生观和价值观等问题”，A6d代表“和辅导员/班主任讨论人生观和价值观等问题”，A1m代表“学习表现得到任课老师及时反馈（口头/书面）”，A6e代表“和任课老师一起参与课程以外的工作（比如社团活动、迎新等）”，A4c代表“在课程要求之外，和老师一起做研究”。图3-8显示，师生互动整体水平偏低，2010年和2011年的整体状况要比2012年和2013年好一些。2013年除A4c“在课程要求之外，和老师一起做研究”外，其他指标均低，尤其是A1m“学习表现得到任课老师及时反馈（口头/书面）”和A8b“和老师反复讨论”。

（3）院校环境支持度（SCE）

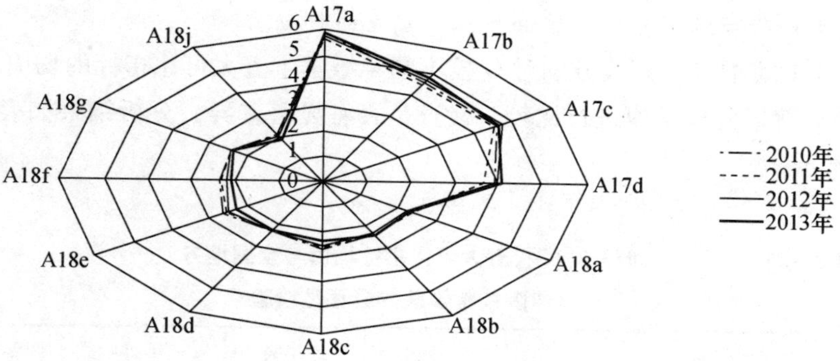

图3－9　院校环境支持度（SCE－Mean）各指标年度比较

A17a 表示“与其他学生的关系”，A17b 表示“与任课教师的关系”，A17c 表示“与学生系统工作人员（如辅导员）的关系”，A17d 表示“与行政管理人员（如教务处等）的关系”，A18a 表示“在学业方面投入大量时间”，A18b 表示“为你的学业提供支持与帮助（如学业指导、写作中心）”，A18c 表示“为你的身心健康提供支持与服务（如医疗保健、心理咨询等）”，A18d 表示“为你的就业提供指导与帮助”，A18e 表示“鼓励来自不同城乡、民族、家庭背景的学生相互接触”，A18g 表示“参加各类校园文体活动（如艺术表演、运动竞赛等）”，A18h 表示“帮助你应对经济问题，完成学业”，A18j 表示“在学业中使用计算机”。图2－9 显示，年度差异不明显；2011 年院校环境支持度（SCE）下降主要是 A17d“与行政管理人员（如教务处等）的关系”拖累了整个指标，2013 年上升不明显，13 个指标中，只有 4 个指标均值较为理想（A17a、A17b、A17c、A17d）；其他 9 个指标均值偏低，需要得到改进（A18a、A18b、A18c、A18d、A18e、A18g、A18h、A18j）。

通过对学业挑战度（LAC）、师生互动（SFI）和院校环境支持度（SCE）三个指标的分别检测，发现扩招后的学生在适应大学教育方面存在一定困难，需要非常努力才能达到课程教学要求；面对大量学生，教师难以做到对学生的学习表现给予及时反馈（口头/书面）和跟学生进行反复讨论；学校在支持学生方面，很难做到给学生提供实质性的帮助，而这恰恰是精英教育时最为宝贵的大学财富。在高等教育大众化的冲击下，大学资源被严重稀释，大学的内在吸引力也在丧失。

3. G校与地方普通本科高校五大可比指标分析

利用单样本t检验分别对G校不同年级学生五大可比指标的均值与全国地方普通院校常模进行比较，检查是否有显著差异，分析结果如表3－30所示：

表3－30　2013年G校五大可比指标均值与全国地方普通院校常模差异显著性检验

		合计	一年级（2012级）	二年级（2011级）	三年级（2010级）	四年级（2009级）
学业挑战度（LAC）	G校	43.18	42.25	42.60	43.98	44.98
	地方院校	44.05	43.01	43.30	44.18	46.20
	*P*值	0.021*	0.263	0.122	0.793	0.252
主动合作学习的水平（ACL）	G校	50.22	50.12	49.10	50.53	52.25
	地方院校	52.14	50.75	51.39	52.63	54.30
	*P*值	0.000**	0.438	0.005**	0.007**	0.121
师生互动（SFI）	G校	29.34	23.39	27.85	31.02	43.23
	地方院校	34.21	29.74	31.69	33.83	43.58
	*P*值	0.000**	0.000**	0.000**	0.016*	0.084
教育经验丰富程度（EEE）	G校	37.50	35.48	37.00	38.75	40.82
	地方院校	37.77	35.14	37.24	39.04	40.33
	*P*值	0.498	0.587	0.748	0.717	0.705
院校环境支持度（SCE）	G校	59.14	60.89	57.62	57.51	61.44
	地方院校	62.05	63.11	60.90	60.80	63.57
	*P*值	0.000**	0.013*	0.000**	0.001**	0.103

注：**表示在0.01显著性水平上显著；*表示在0.05显著性水平上显著。

从表3－30的结果来看，考察四个年级总体情况，G校与全国地方普通院校常模存在全方位的差距。单总体t检验的结果表明，五大可比指标中除了“教育经验丰富程度”之外，其他四项均与全国地方普通院校常模存在显著差异。如果单独考察每个年级的情况，则在“主动合作学习的水平”（ACL）、“师生互动”（SFI）、“院校环境支持度”（SCE）。

从校区分布来看，2013 年 5 月进行调查时，大一（2012 级）、大二（2011 级）、大三（2010 级）在花溪校区（远郊）、大四（2009 级）在北校区（城区）。[①] 从横向比较结果来看，大四学生表现出了显著优于其他三个年级的结果，没有任何一项指标在与全国地方普通院校常模的比较中有显著差距。这个结果表明，扩招后学校与全国同类学校的差距在拉大。

（三）教育环节诊断指标

为了对具体的教学环节进行诊断，为教育改进提供坚实基础，CCSS 对问卷的题目进行了重新组合，形成了八大教育环节诊断分析指标，分别是：课程教育认知目标、课程要求严格程度、课程学习行为、课程外拓展性学习行为、向学/厌学；自我报告教育收获、在校满意度、深度学习。[②]

1. 总体情况

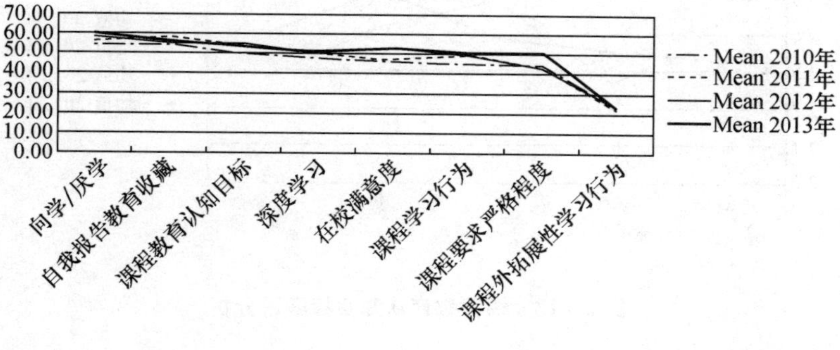

图 3－10　八大教育环节诊断指标均值（Mean）总体情况

图 3－10 显示，教育环节诊断的八个指标中，课程外拓展性学习行为处于明显的弱势，是整个教育过程中最为薄弱的地方，其次是课程要求严格程度。

2. 八大指标的分项情况

（1）课程的教育认知目标

① 2010 年学生于 2012 年 2 月从城区搬到远郊了大学城，2009 级学生则留守城区直至 6 月毕业离校。

② 清华大学教育研究院：《NSSE－China 2010 问卷使用手册（2011）》。

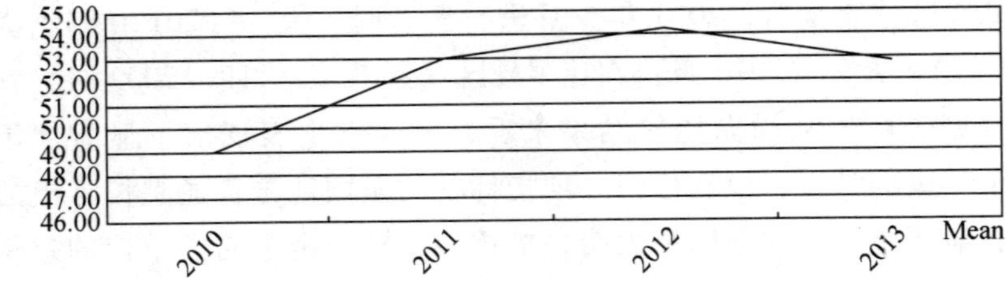

图 3－11 课程教育认知目标均值（Mean）

课程教育认知目标由记忆、分析、综合、判断、运用五个因素构成，图 3－11 显示 2010—2012 三年间呈上升趋势，但 2012—2013 年却是下降趋势。通过对五个因素的分析，可以发现内部关系。

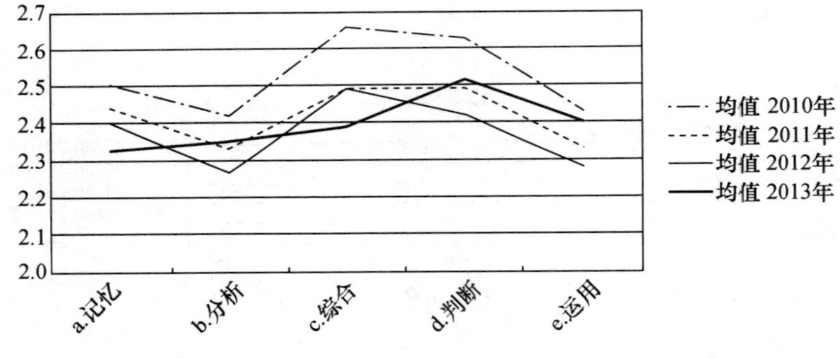

图 3－12 课程教育认知目标因素分析

从图 3－12 上看，2010 年认知目标全面高于其他年份，尤其是高阶能力目标。这说明从 2010—2013 年，整体教育认知目标在下降，即课程教学降低了能力要求，重点体现在综合、判断、运用等高阶能力目标上，记忆和分析能力目标相对受到重视；而运用能力则在整体上较弱。

（2）课程要求的严格程度

课程要求的严格程度由长篇学术论文（5000 字以上），中篇学术论文（2000—5000 字），短篇学术论文（2000 字以下），提出并论证自己观点或想法，和师生反复讨论，深入引证相关文献和数据、考试、论文、实验报告，个人独立完成的课程作业及小组合作完成的课程作业等构成。图 3－13 显示，2010—2012 年保持较为平稳的状况，2012—2013 年呈明显的上升趋势。内部因素分析如下：

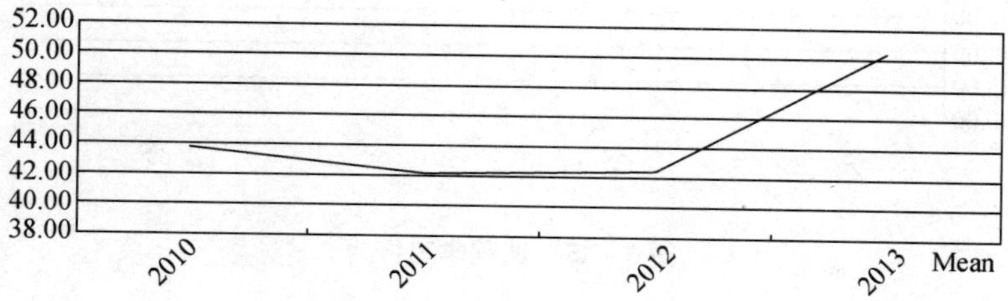

图 3－13　课程要求严格程度均值（Mean）

从图 3－14 来看，在课程教学方面，2012 年起加大了对考试、论文、实验报告、个人独立完成课程作业、小组合作完成课程作业的要求；但就整个情形来看，有明确要求的课程论文写作训练最弱；其次是提出并论证自己的观点或想法、深入引证相关文献和数据及和师生反复讨论。这些因素指向的恰恰是学生综合运用所学知识，进行创造性思维训练的深层次学习。

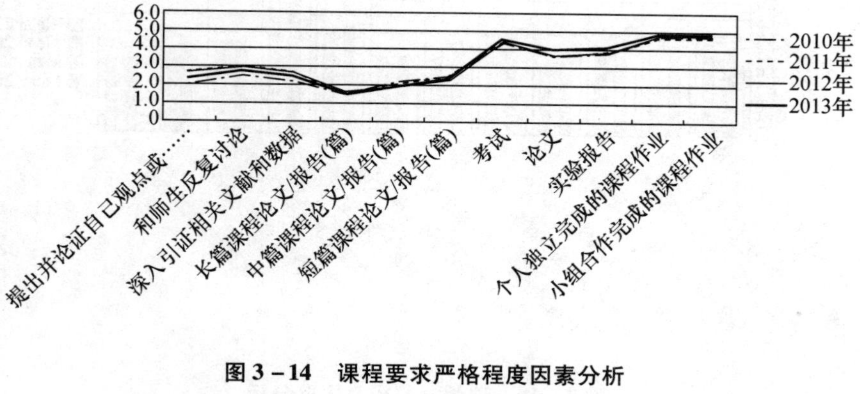

图 3－14　课程要求严格程度因素分析

3. 课程学习行为

课程学习行为包括课堂上主动提问或参与讨论、课堂上积极回答/思考老师没有既定答案的提问、课堂上就某一研究主题做有预先准备的报告、与其他同学合作完成课程任务或作业、上课前没有完成规定的阅读或

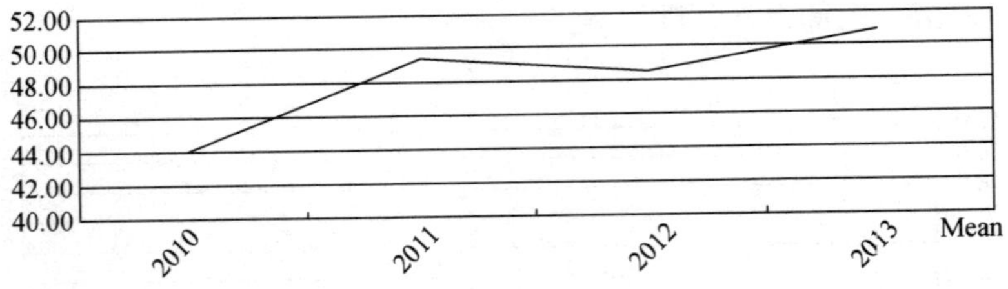

图 3 – 15　课程学习行为

作业、课余和非本班的同学、朋友讨论学习中的观点和问题、使用网络媒介讨论或完成作业（如网络学堂、网络论坛、聊天工具等）、课外和任课教师讨论课程中的主题、观点或概念、学习（不包括上课，但包括预习、复习、读相关文献或专业期刊、做作业/实验等）、在课业上帮助其他同学、课堂上质疑老师的观点、课堂上有侧重地做笔记等。图 3 – 15 显示，课程学习行为在 2010—2011 年呈上升趋势，而 2011—2013 年比较平稳。内部因素分析如下：

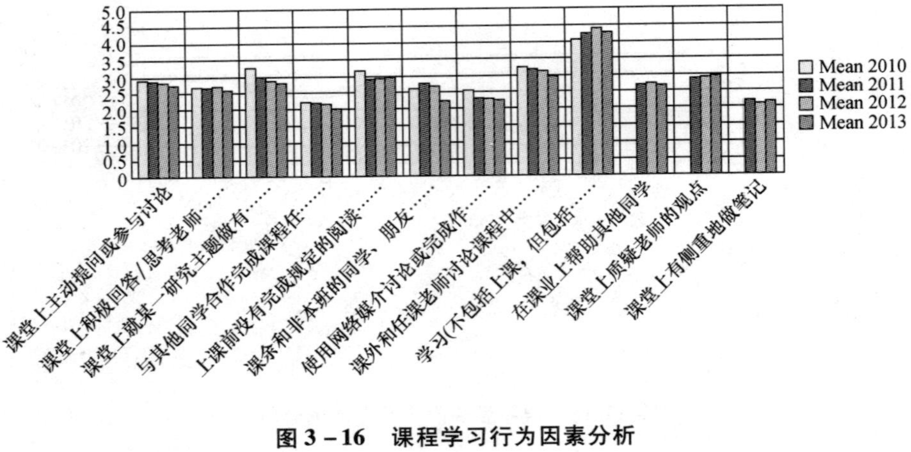

图 3 – 16　课程学习行为因素分析

图 3 – 16 中，均值低于 2.5 的因素有：与其他同学合作完成课程任务或作业、使用网络媒介讨论或完成作业（如网络学堂、网络论坛、聊天工具等）及课堂上有侧重地做笔记。数据表示 2010 年的多项指标要优于其他年份。

4. 深度学习

深度学习由反思并对自己的学习过程进行自我评价、做作业或讨论时，能融合不同课程所学的观点或概念、分析某个观点、经验或理论的基本要素，了解其构成、综合不同观点、信息或经验，形成新的或更复杂的解释、判断信息、论点或方法的价值（如考察他人如何收集、解释数据，并评价其结论、运用理论或概念解决实际问题，或将其运用于新的情况、课外和任课老师讨论课堂或阅读中的问题、反思并评价自己的学习过程、通过学习，改变了对某个问题/概念的理解、挑战自己对问题的已有看法、通过换位思考更好地理解他人观点等因素构成）。深度学习指向个体认知的方法论、知识论及本体论，强调对知识的反思和对已有观念的挑战，强调个体自身在世界体系中的独特价值。内部因素分析如下：

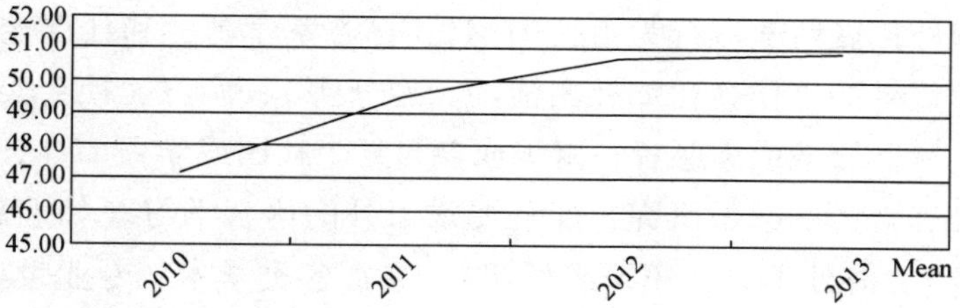

图 3-17　深度学习

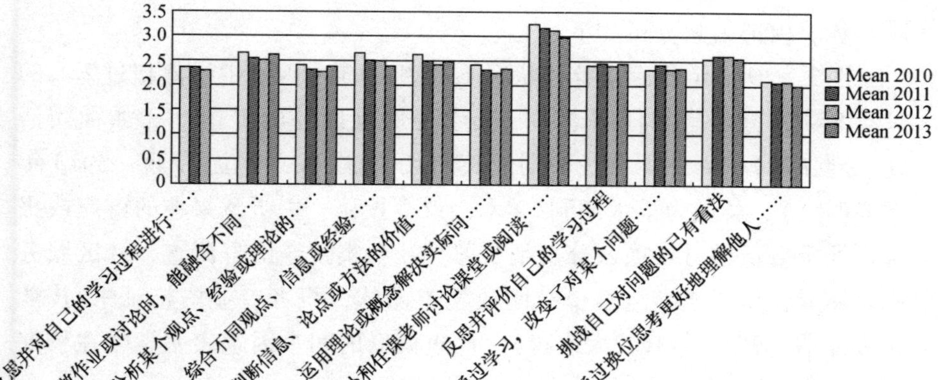

图 3-18　深度学习因素分析

图3－18中，只有“课外和任课老师讨论课堂或阅读中的问题”一项均值高于2.5，其他均偏低，表明学生在深度学习方面的潜力和空间没有得到有效拓展。

5. 课程外拓展性学习行为

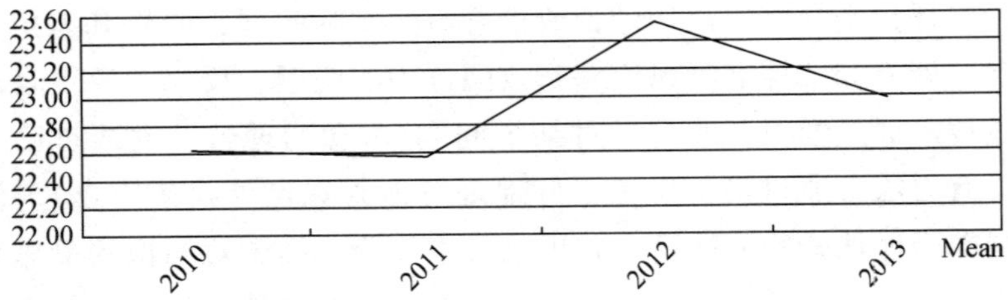

图3－19 课程外拓展性学习行为

课程外拓展性学习行为由去图书馆/自习室学习，和任课老师一起参与课程以外的工作（比如社团活动、迎新等），实习、社会实践或田野调查，社区服务或志愿者，组织或参与某个社团或学习团体，在课程要求之外和老师一起做研究，课程要求以外的语言学习（如上新东方、修二外等），海外学习（短期或长期），参加各类学术、专业设计竞赛，报考专业资格证书/技能等级证书，辅修第二学位/专业，尝试为学术期刊/学术会议等投稿，去听感兴趣的讲座或报告等构成。图3－19显示，2010—2011年稳定不变，2011—2012年大幅上升，2012—2013年呈下降趋势。内部因素分析如下：

图3－20显示各因素整体状况不理想，13项因素中均值超过2.5的只有5项，分别是和任课老师一起参与课程以外的工作（比如社团活动、迎新等）、海外学习（短期或长期）、辅修第二学位/专业（2013年下降明显）、尝试为学术期刊/学术会议等投稿、去听感兴趣的讲座或报告；严重偏低的有4项，分别是实习、社会实践或田野调查，社区服务或志愿者，组织或参与某个社团或学习团体，报考专业资格证书/技能等级证书（2013年有较大改善）。严重偏低的四个因素表明学生在校期间跟社会关联度不高。

6. 向学/厌学

向学/厌学由本学年你的学习动力如何、我喜欢学习因为它使我不断成长、很多时候我不知道我所学的东西对我而言到底有什么意义、学习遇到困难时我总是会想尽办法克服、我专心致志学习时内心充满了快乐、你对目前就读的专业有兴趣吗、你认为所就读的专业对你未来过上满意的生活有帮助吗等因素构成。向学/厌学考察的是学生对学习感知的总体状况。图 3 - 21 显示其呈平缓的上升趋势。内部因素分析如下：

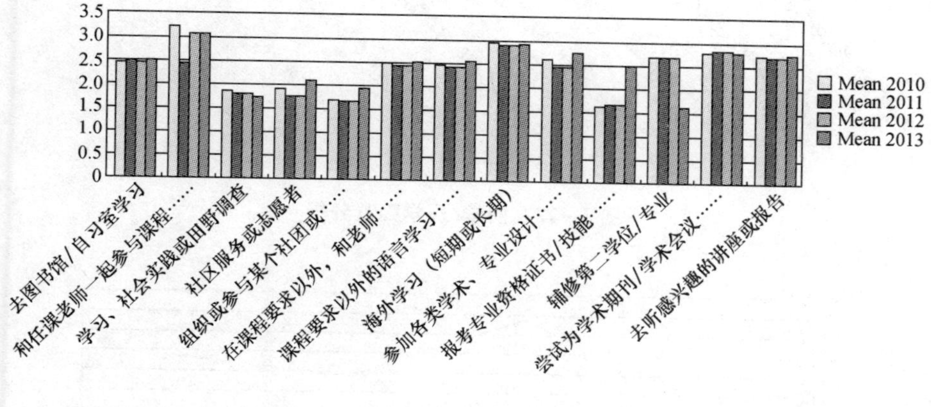

图 3 - 20 课程外拓展性学习行为因素分析

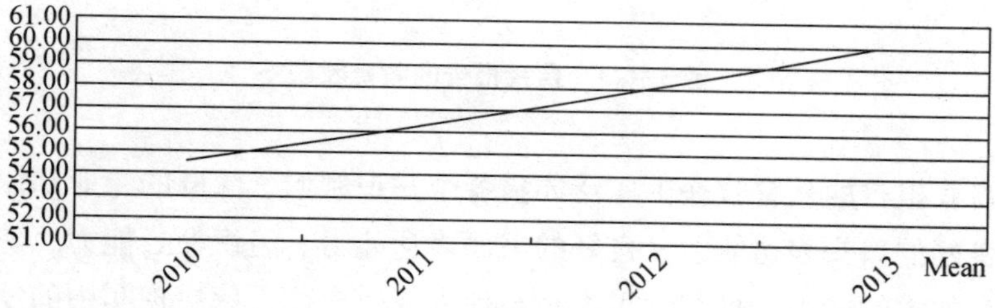

图 3 - 21 向学/厌学

图 3 - 22 显示，向学/厌学 7 个因素中，除“本年度学习动力”均值较高外，其他均不高。值得注意的是，“我不知道我所学的东西对我而言到底有什么意义”的均值居第二，这是学生对整个大学教育的怀疑及对未来缺乏信心的表现。

7. 自我报告的教育收获

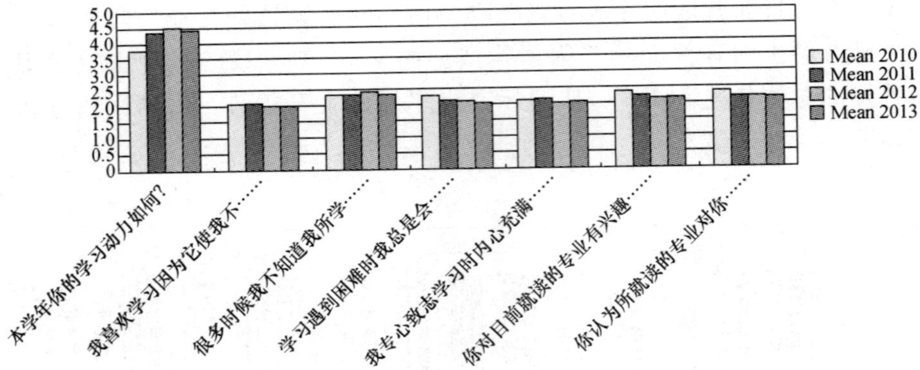

图3-22 向学/厌学因素分析

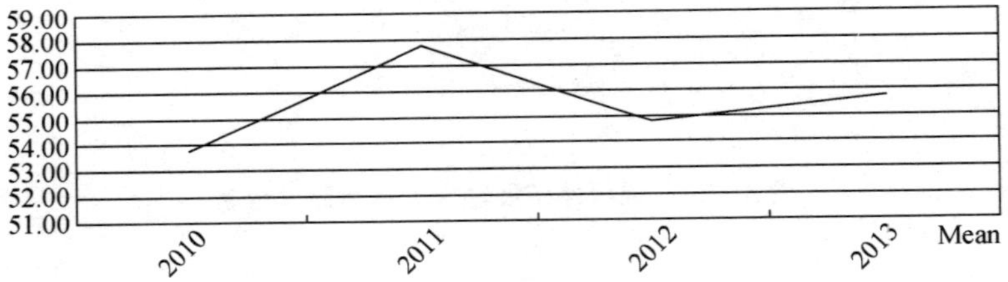

图3-23 自我报告的教育收获

自我报告的教育收获由广泛涉猎各个知识领域、深厚的专业知识与技能、良好的口头表达能力、良好的书面表达能力、组织领导能力、熟练运用信息技术的能力、批判性思维、与他人有效合作、解决现实中的复杂问题、自主学习、认识自我、个人人生观及价值观的确立、明确自己未来的发展规划、理解不同群体的文化和价值观等构成。这14个因素反映的是全球化背景下，个体在风险社会中应对不确性、获得良好生存状态的必备技能。由图3-23可知，"自我报告的教育收获"2010—2011年呈上升趋势，2011—2013年呈下降趋势。内部因素分析如下：

由图3-24可知，学生自我报告的教育收获方面，除了"良好的书面表达能力"均值高于2.5外，其他均不理想，尤其是"与他人有效合作"、"认识自我"和"个人人生观及价值观的确立"，这三个因素是自我定位与处理人际坐标的核心，也是进行自我认知和自我决策的关键。

8. 在校满意度

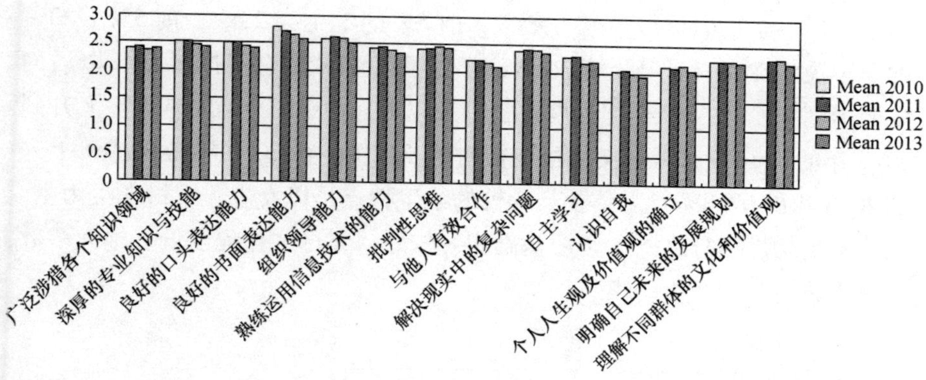

图 3－24　自我报告的教育收获因素分析

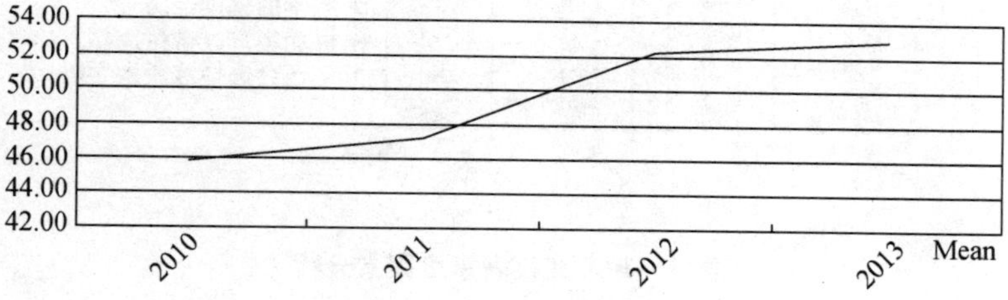

图 3－25　在校满意度

在校满意度是一个总体性主观感受的指标，由“整体来说，这所大学给予你的学业指导”、“整体来说，你在这所大学的就读经历”、“如果可以重新选择，你还会选择这所大学吗”构成。图 3－25 显示，学生对学校的满意度在 2010—2013 年之间，提升幅度较大，尤其是 2011 年之后。内部因素分析如下：

图 3－26 可以看到，在校满意度的三个因素自 2012 年起，提升幅度非常明显。2012 年和 2013 年，在整体提升的基础上，三个因素之间有所变化。

至此，经过四年数据的纵向剖析，G 校的基本状况已得到清晰呈现：

（1）学生情况。G 校女生呈上升趋势，截至 2013 年女生达到

55.8%；非独生子女从2010年的67.5%上升到2013年的70.4%；来自农村的学生从2010年的55.4%上升到2013年的61.5%；民族学生从2010年的28.6%上升到2013年的34.9%；生源素质总体上保持不变，以高中最后一学期的班级排名为参考，前5%的学生为23%，前5%—20%的学生稳定在44%上下，前20%的学生共占67%，全班排名50%以后的生源不到10%。父亲文化程度在初中及以下，由2010年的51.4%上升到2013年的58.6%；母亲文化程度在初中及以下，由2010年的64.2%上升到2013年的67.8%。总体上，G校的学生特点是以女生、农村学生为主、民族学生超过三分之一、学习基础相对较好、父母文化程度低、绝大多数为家中第一代大学生。

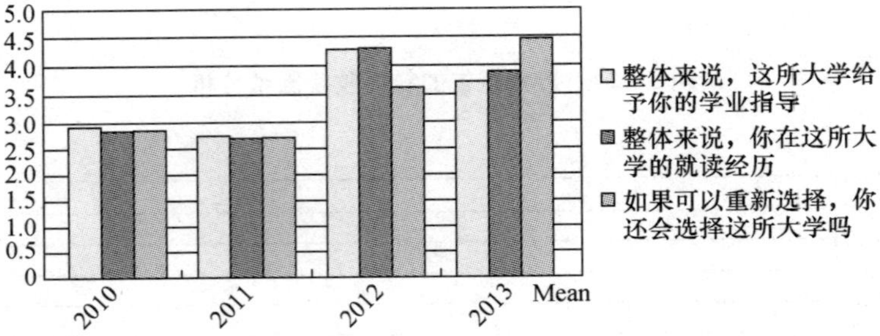

图3-26　在校满意度因素分析

（2）五大可比指标（2010—2013）

五大指标中，主动合作学习的水平（ACL）和教育经验丰富程度（EEE）这两大指标呈上升幅度大，说明情况越来越好；师生互动（SFI）虽保持上升趋势，但不是很明显；学业挑战度（LAC）和院校环境支持度（SCE）两大指标起伏不定，学业挑战度（LAC）下降明显，院校环境支持度（SCE）达到“瓶颈”状态。通过对这三个指标的进一步分析发现：2011年扩招后的学生在适应大学教育方面存在一定困难，需要非常努力才能达到课程教学要求；面对大量学生，教师难以做到对学生的学习表现给予及时反馈（口头/书面）和跟学生进行反复讨论；学校支持方面，难以做到给学生提供实质性的帮助。

利用单样本t检验对G校不同年级学生五大可比指标的均值与全国地方普通院校常模进行比较后发现，G校与全国地方普通院校常模存在全方位的差距，除了“教育经验丰富程度”之外，其他四项均与全国地方普通院校常模存在显著差异。单独考察每个年级，则体现在“主动合作学习的水平”（ACL）、“师生互动”（SFI）、“院校环境支持度”（SCE）。校区结果显示，大四学生（2009 级）表现出了显著优于其他三个年级的结果，没有任何一项指标在与全国地方普通院校常模的比较中有显著差距。这个结果表明，扩招后学校与全国同类学校的差距在拉大。

（3）教育环节的诊断结果

总体上，教育环节的八大诊断指标中，最弱的是课程外拓展性学习行为，其次是课程要求严格程度。具体存在的问题有：

①课程教育认知目标，记忆和分析等低阶能力目标相对受到重视，综合、判断、运用等高阶能力目标没有得到应有重视；运用能力则在整体上很弱。

②课程要求的严格程度，指向综合运用所学知识，进行创造性思维训练的深层次学习没有得到训练，体现在缺乏明确要求的课程论文写作、提出并论证自己的观点或想法、深入引证相关文献和数据、师生反复讨论等训练。

③课程学习行为，与其他同学合作完成课程任务或作业、使用网络媒介讨论或完成作业（如网络学堂、网络论坛、聊天工具等）及课堂上有侧重地做笔记等行为没有成为大学生的习惯性学习行为。

④深度学习，学生学习尚未向意义生成和知识建构发展，而是处于记忆、分析等浅层次状态。

⑤课程外拓展性学习，学生在校期间跟社会关联度不高，缺少实习、社会实践或田野调查、社区服务或志愿者、组织或参与某个社团或学习团体、报考专业资格证书/技能等级证书等经历与体验。

⑥向学/厌学，学生不能确认自己所学知识的意义和价值，对大学教育缺乏信心和信任。

⑦自我报告的学习收获，学生认为在“与他人有效合作”、“认识自我”和“个人人生观及价值观的确立”方面，没有明显的收获感。

三　教学剧场的空壳化

无论是地方普通本科院校的普遍性描述，还是 G 校的深度分析，此类学校的共同点如下：

（1）生源以社会弱势群体为主。地方普通本科院校以女生、农村学生为主，民族学生增加较快；学生父母文化程度低，绝大多数为家中第一代大学生。他们担负着改变家庭整体社会地位和个人命运的重任，尤其是在 2014 年多数高校提高学费的情况下，这种期望显得更为沉重。①

（2）课堂教学方面，深层次教学不足。大学教育在一定程度上保持着中学教育的灌输与僵化，师生仍将知识记忆视为教学的全部，思维训练没有得到应有的重视与强调。

（3）实习实践缺乏，学生与社会的接触度不高。大学教育本身与社会有着强大的联系纽带，甚至“专业”就是为社会而设置的，但学生却不能与社会有广泛的沟通渠道，所学知识无法通过社会环节来检验和转化。学生保持着一种“豆芽”菜般的青葱与柔软，质地不够坚硬。

（4）学生学习体验普遍贫乏。大规模扩招之后，地方普通本科院校基础性资源日趋紧张，生师比超过常规，学校疲于应付日常教学事务，无法为学生提供更多的、丰富的和有挑战性的体验环境。

（5）学生能获得一定程度的专业指导，但在职业规划和人生观方面很少获得支持；人际关系方面，普遍认可室友和同学关系，师生关系相对疏离。学生在意义探讨和价值引导方面缺乏来自教师的关注。

（6）学生认为在校收获最大的是关于自我的认知和反思能力的提升；而需运用于实际工作的书面表达能力、组织领导能力、口头表达能力、信息技术能力和批判思维较为欠缺；所期待的本专业前沿知识、具备本专业的实践操作技能、激发学习兴趣、掌握一套适合自己的学习方法、系统掌握本专业的基本理论和掌握与工作相关的知识和技能等存在较大落差。

（7）学生总体上对自己的学业、就读经历满意度不高，对于重新选择该学校更是偏低；具体表现在教师与学生的课外交流与沟通、教学方法、专业课程设置及教师对学生学习评价标准等方面。

如果简单地以剧场观之，学生观众在这个剧场中获得的多为负面体验，很少有快乐可言。生源分析揭示了剧场中“观众”群体日趋多样化

---

① 《全国多地高校学费将上涨，最高涨幅超过 50%》，腾讯新闻（http：//news. qq. com/a/20140808/005985. htm）。全国多地公布了高校学费上涨标准，部分地区平均涨幅高达 50%，这些高校多是地方院校。宁夏文史类学生每人每学年由 2600 元调整到 4000 元，理工农类由 2800 元调整到 4400 元，医学类由 3000 元调整到 5300 元，艺术类由 6500 元调整到 8000 元。其中，文史类、理工农类、医学类的学费涨幅均超过 50%。江苏、贵州、浙江等都公布秋季普通高校学费新的执行标准。2013 年，福建、广西、山东、湖北、湖南等普通高校学费均有上调。

与异质化，但剧场提供的剧目并未因为观众的多样性而具有可选择性，结果是剧场的空壳化和无趣化。这剧场与外界几乎不互动，呈现出静态的桃花源式的自足自给。正如前面所说，我们不能简单地将教学剧场的教师和学生定位为“演员”与“观众”，他们之间不是一曲终了之后的偶尔回味，而是4年的生命交集。这4年对于来自社会底层的弱势学生来说，是他们一生的依托和命运的兜底。

2006年中国青年报社会调查中心与“腾讯新闻中心”联合开展的一项网络调查（共有8777人参与）结果显示，34.7%的受访者在谈到自己的大学生活时，都觉得“后悔”；51.5%的人认为自己在大学里“没学到什么有用的东西”；让这些人感到“后悔”的原因中，有39.2%的人选择了“念了四年，出来还是找不到工作”，19.0%的人因为“学费太高，得不偿失”而后悔上大学。① 龚雪等根据这个调查结果的网友跟帖进行了分析，发现种种“读大学无用”观已深入人心，如知识（读大学）不能改变命运、大学所授的与现实需求脱节、大学是滋生堕落的“温巢”等，折射出大学的价值已呈虚空化势态，大学教育促进社会流动的功能日渐弱化，“划算”和“实用”成为评判大学价值的标准，大学已是失去“灵魂”的教育场域。②

第二节　教学剧场的形塑机制

本部分主要是对教学剧场进行建制分析，教学剧场作为一种社会现象，既离不开人们理性设计的冲动与热情，也离不开现有制度的互动与整合。

一　定型化的专业设置

新中国成立以来我国大学本科专业设置和调整的历史演变表明，在不同的经济体制和高等教育发展的不同阶段，大学专业设置和调整虽具有不

① 《民调显示34.7%受访者后悔上大学》，新浪新闻（http：//news.sina.com.cn/c/2006－08－14/16209745960s.shtml）。

② 龚雪、余秀兰、乔俊鸽：《读大学无用：大学价值的时代遭遇》，《中国教育学会教育社会学年会论文集》，中国教育学会教育社会学专业委员会第十三届年会，2014年9月，第137—142页。

同的特点，但其在专业调整的决策上，计划色彩仍然明显，大学本科专业目录的修订和调整的主导权仍掌握在国家教育主管部门手中。[①] 专业设置类似于剧场的支架，带有很强的控制性和设计性。我国高校专业设置制度路径依赖特征显著，经历了激进性制度变迁与试误性制度变迁两个阶段，成为一种定型化的设置模式，其中贯彻两条线，一条是权力配置制度的变迁，另一条是专业划分标准的变迁，但计划经济的思维方式没有得到根本的转换。我国专业设置深受计划经济体制、集权管理模式、社会本位的文化模式等深层结构的影响。[②] 专业制度在观念制度层面被理解为国家认定的产物，并经常与学科的概念混淆；在制度选择层面有国家统一的专业目录、采用刚性的中央集权模式进行管理；高校内部的制度操作层面上，专业与一定的实体紧密相连。[③] 专业不是一个教育学意义上的术语，而是一个管理学意义上的话语单元，即专业“成为一个拥有各种实质资源，拥有人、财、物系统的独立王国”，具有封闭性、死板性和实体性等特点，是小科学时代、精英高等教育时代和计划经济时代的产物，不能完全适应今天的大科学时代、高等教育大众化时代和市场经济时代的要求。[④]

国家通过专业设置，把其影响施加于高等教育之中，对进入大学的知识进行控制，形成一种官方认可的合法性知识的体系，这种官方知识的控制既通过对知识内容的直接控制，也通过一系列专业设置的程序性要求来间接达到对知识的控制[⑤]，体现的始终是国家的刚性意志。这种定型化的专业设置，及与之相绑定的管理实体，是当前高校管理生态的一个显著特征。多数高校实行的是校、院、系三级管理，教师和学生依附于专业，被圈定在一个个的格子里，相互之间界限分明，老死不相往来，剧场之无趣可见一斑。

二　程式化的教学管理

对当前高校教学管理产生深刻影响的政府文件是《高等学校教学管

---

① 汪晓村、鲍健强等：《我国大学本科专业设置与调整的历史演变和现实思考》，《高等教育研究》2006 年第 11 期。

② 周光礼、吴越：《我国高校专业设置政策六十年回顾与反思——基于历史制度主义的分析》，《高等工程教育研究》2009 年第 5 期。

③ 何淑通：《专业制度对大学生就业的消极影响》，《教育学术月刊》2011 年第 6 期。

④ 刘小强、王锋：《关于 60 年来我国专业制度的反思》，《高等工程教育研究》2010 年第 1 期。

⑤ 樊平军：《专业设置：一种官方知识的控制》，《中国高教研究》2010 年第 7 期。

理要点》（教高司［1998］33号），文件没有对教学管理做出规范性定义，但进行了描述："一般包括教学计划管理、教学运行管理、教学质量管理与评价，以及学科、专业、课程、教材、实验室、实践教学基地、学风、教学队伍、教学管理制度等教学基本建设的管理。"这个描述的出发点是"为实现高等学校教学的科学化和规范化管理，切实提高管理水平、教学质量和办学效益，保障高等学校人才培养目标的实现，"偏重的是教学管理的工具性价值，引导了教学管理的技术手段更新，充分显示出教学管理的程式化特点。

张红静从学生主体性发展角度研究发现，在计划经济体制下形成的以管理者为本位、重控制、轻疏通的教学管理制度，严重制约着学生主体性的发展，忽视大学生主体地位和个性差异，已不能充分满足学生主体性发展需求。主要体现在：人才培养机制方面，学生自主选课没有真正实现，转专业困难，课程设置重理论、轻应用，学籍管理弹性不足；课堂教学的组织与管理方面，教师主导课堂教学内容，教学方法单一，课程重理论、轻应用，课时安排过于集中，课堂考勤制度刚性过强；教学管理方式方面，管理自上而下，信息反馈机制缺失。① 高校里自上而下的、单向的程式化教学管理已成了高校发展的"瓶颈"，但是留存于高校教学管理中的教学管理思想错位、路径依赖、行政集权化三大难题对教学管理的改革产生了阻碍。②

三　无处不在的实用主义

高校中的实用主义体现为过分强调大学教育的社会功能、过分强调大学教育的外在灌输和过分强调教育价值的物化标准。③ 表现在多个方面，就学生而言，入学伊始就带着功利的种子而来，"这个专业有用吗？将来能就业吗？""学校开设的这些课对我的专业有用吗？""能成为我未来求职的筹码吗？"学生学习动机、政治追求、生涯规划、人际交往等充满功利色彩。④ 高等教育大众化将大学去神圣化，让大学屈尊为职业培训机构，被迫成为学生兑现现实利益的物质场所。就教师而言，教师只是众多

---

① 张红静：《普通高校教学管理问题的质性研究——学生主体性发展视角》，硕士学位论文，曲阜师范大学，2012年。

② 孙忠梅：《高校教学管理改革的社会学分析——以广东省S校为例》，硕士学位论文，吉林大学，2011年。

③ 吕晓英：《游走在理想与现实之间——对大学教育功利化趋向的理性思考》，《教育理论与实践》2004年第1期。

④ 吴进：《当前大学生功利主义行为的伦理审思及应对》，《江苏高教》2013年第1期。

职业的一种，在国家普遍投入不足的情况下，教师不能通过正常的职业行为获得体面的生活，不得不投入到“非正常”的生涯谋划中，教师的实用性学术研究和教学选择成为应景之策。学生和教师的心思没有出现“不谋而合”的奇迹，有时甚至背道而驰。就学校而言，教育靠的是慢工出细活，但过分行政化、就业率考评、科研经费攀比、大学领导的行政任命制和任职周期的有限性等使得很多大学领导难以青睐“细活”，而倾向于“立竿见影”的各类工程与项目。[①] 实用主义主导下的高等教育，让人无暇去思考大学的理想和终极关怀，“有用”成为弥漫于教学剧场中的空气粒子，而“有用”的评判标准却是市场准则，即利益的最大化。

第三节　教学剧场的运行法则

由定型化的专业设置制度、程式化的教学管理制度和实用主义思想共同建构而成的教学剧场，内部运行如何，需要我们进一步考察。

一　经济考量中的大班教学

班级规模一直是教育质量研究所关注的重要因素，我国高等教育扩招以后，班级规模膨胀明显，但具体情形如何，并没有一个全面性的数据。杨静、姚利民通过对某省七所高校的研究，其中重点高校两所、一般高校两所、新建高校两所、专科学校一所，揭示了一个省的基本情况，具有一定的普遍性。研究者将班级规模类别界定为：1—30 人为小班、31—60 人为正常班、61 人以上为大班。研究发现，该省高校班级平均为 65. 91 人，基本上是大班。其中，31—60 人的班级占 44. 65%，61—90 人的班级占 19. 92%，91—120 人的班级占 14. 27%，小班占 12. 19%，121—150 人的班级占 5. 41%，151 人以上的班级占 3. 56%。这个数据显示，人数在 60 人的正常班级为 56. 84%，43. 16% 的班级大于正常规模，90 人以上的超大班占 23. 24%。就高校类别而言，30 人的班级，重点高校为 25. 02%，一般高校为 9. 77%，新建高校为 1. 88%，专科学校为 12. 01%；31—60 人的班，重点高校为 32. 16%，一般高校为 42. 65%，新建高校为 41. 92%，专科学校为 79. 08%；61—90 人的班，重点高校为 24. 3%，一般高校为 26. 79%，新建

① 黄保安：《高等教育过分功利化的文化内因》，《长春理工大学学报》2013 年第 6 期。

高校为15.94%，专科学校为5.38%；91人以上的班，重点高校为18.53%，一般高校为20.79%，新建高校为40.28%，专科学校为3.54%。就课程教学而言，政治理论类、高等数学、大学英语、计算机导论、体育五类公共课程的平均班级规模分别是86.01人、94.74人、57.08人、58.71人、53.52人，平均班级规模是70.01人；文学类、理科类、土木类、材料类、医学类五类专业类课程的平均班级规模分别是75.61人、69.29人、74.22人、60.48人、97.51人，平均班级规模是75.42人。[①] 这种班级状况与国际上具有博士学位、硕士学位和学士学位的高校相比[②]，实在是难以望其项背，更不要说能与其比肩。

高校中普遍存在的大班教学，无论是专业课教学，还是公共课教学，将个体完全淹没在茫茫群氓之中。造成这种状况的因素，王德才认为根本原因是有限的教育资源与高速度高效率培养人才之间的矛盾，直接原因则是学校育人效益与社会经济效益之间的矛盾，传统原因则是教师讲授方式与学生学习方式之间的矛盾。[③] 除此之外，还有一个重要原因，高等教育大众化带来了大学生源的多样化及学生需求的多元化；市场经济催生了人的主体性，极其需要主体性充分发展的个体。面对这种变化，高等教育的反应是迟缓的，高校中还存在一定的经济取向，大班是压缩教师人数和降低课酬基数的最简便方式。但是，班级规模过大，教师教学失效，教学评价执行乏力、师生互动阙如等已极大地消解了大班教学所期望的经济效益，带给学生个体的是大学教育的失真和失望，呈现在教学剧场中的是教师的无力和学生的无助。

这是一堂很典型的我们称为“思政课”的超过120人的通识课，教师一人在讲台上很卖力讲解，讲台下面犹如一个自由市场，学生们各自忙碌着。20分钟后，进入教师预设的讨论阶段，教师要求学生就某个问题开展讨论5分钟，之后要挑代表发言。学生们仍然是各玩各的，绝大部分似乎不受影响，也有一小部分同学似乎在就教师的问题进行讨论。教师面无表情地看着学生，5分钟后开始随机挑选学生回答（只是随机挑选，没有说出学生的名字或专业，甚至没让学生做自我介绍）。大多学生神情尴

① 杨静、姚利民：《关于高校班级规模的调查分析》，《高等教育研究》2012年第7期。

② 张弛、张斌贤：《美国大学和学院的生师比与班级规模》，《教育发展研究》2002年第1期。

③ 王德才：《高校大班教学的问题及其解决对策》，《教育研究与实验》2009年第4期。

尬，被迫回答，寥寥几句。当被问到某男生时，犹如炸开了锅，哄笑声起，所有人都以一种观演的方式看着这位男生。单从专业知识来说，这位学生回答得很到位，而且有很多自己的见解。但是整个过程，其他学生都在窃窃私语，甚至会有些学生一直在笑。约 10 分钟后，教师结束这一轮对答，未作过多点评，又回到自己的教学安排上。①

单就资源节省的角度来看，一个教师在同一个时空里对 120 人以上的大班，的确做到了经济学上的资源最大效益原则。但如果对这个微小空间进行进一步分析就会发现，120 个学生真正听完这堂课，从中受益的可能并不多。反倒是学生纷纷隐藏在这个大班中，公然藐视身体在场的秩序及其尊严，演绎着灵魂出窍的背叛与偷来的快感，型构着表里不一致的双重人格，只要条件许可，可以随时处于分裂与错乱之中。这对于极需“负责任的个体”社会而言，着实让人忧虑。

二　未尽事宜的教师绩效考核

G 校于 2013 年 12 月 31 日完成了为期三年的教师绩效考核。考核标准是学校人事处根据省人事部门出台的相关制度制定的《G 校人事制度改革方案——人员聘用管理办法》（暂行）（2009 年 12 月）。按岗位类别分为专业教师、图书资料、实验、编辑、经济、会计、工程、档案、卫生、出版十大系列。其中，副高及以上职称专业教师系列又分为教学为主型、教学科研型、科研为主型三大类，教师可以根据自己的专长自主进行选择；讲师和助教不分类；艺术类、大学生思想品德课教师、“双肩挑”人员作为单独类别列出，以区分其工作性质的独特性。下面以“教学为主”的岗位考核指标为例进行分析。

“教学为主”型教师岗位的主要职责是教学，聘用和考核的主要指标以教学为主、科研为辅。表 3－31 中，教授和副教授本科教学时数没有差异，每年不低于 320 学时，每年为本科生上课 1—3 门。教授还要求为本科生和研究生做学术讲座及指导研究生或担任研究生课程，副教授则无此要求，但本科教学任务却没有区别。至于科研工作量，又分为人文社科和自然科学类，教授和副教授不同级别的科研要求有差异，但区分度并不是太明显；人文社会科学类和自然科学类，只在科研到账经费上有差异，而积分则完全一致。对于这个文件，既没有解释是如何制定的，也没有说明

① 2013 年 10 月 14 日的一次课堂观察。

表 3－31　　　　　　贵州某高校教学为主的岗位考核指标

	科研要求		教学要求
	人文社科类	自然科学类	
二级教授	主持省部级科研项目或国家级教改项目1项以上；在省级以上刊物发表论文6篇以上；年均到账科研经费达1.5万元（中文、历史、哲学、外语、体育学科为0.8万元）；年均科研积分达50分以上	主持省部级科研项目或国家级教改项目1项以上；年均到账科研经费达4万元以上；年均科研积分达50分以上	本科教学时数每年不低于320学时，每年为本科生上课1—3门，教授至少在校内给本科生、研究生做3次公开学术讲座；二级教授指导硕士研究生不低于3人，三级教授指导硕士研究生不低于2人，四级教授指导硕士研究生不低于1人或为研究生上课1—2门
三级教授	主持省部级科研项目或国家级教改项目1项以上；在省级以上刊物发表论文5篇以上；年均到账科研经费达1万元（中文、历史、哲学、外语、体育学科为0.6万元）；年均科研积分达40分以上	主持省部级科研项目或国家级教改项目1项以上；年均到账科研经费达3万元以上；年均科研积分达40分以上	
四级教授	主持科研项目或省级教改项目1项以上；在省级以上刊物发表论文4篇以上；年均到账科研经费达0.6万元（中文、历史、哲学、外语、体育学科为0.4万元）以上；年均科研积分达35分以上	主持科研项目或省级教改项目1项以上；年均到账科研经费达2万元以上；年均科研积分35分以上	
一级副教授	主持科研项目或省级教改项目1项以上；发表论文3篇以上；年均到账科研经费达0.2万元以上；年均科研积分达25分以上	主持科研项目或省级教改项目1项以上；年均到账科研经费达1万元以上；年均科研积分达25分以上	
二级副教授	参加科研项目或省级教改项目1项以上；发表论文2篇以上；年均到账科研经费达0.15万元以上；年均科研积分达20分以上	参加科研项目或省级教改项目1项以上；年均到账科研经费达0.5万元以上；年均科研积分达20分以上	
三级副教授	参加科研项目或省级教改项目1项以上；发表论文1篇以上；年均到账科研经费达0.10万元以上；年均科研积分达15分以上	参加科研项目或省级教改项目1项以上；年均到账科研经费达0.3万元以上；年均科研积分达15分以上	

各个档次之间的差异是如何计算的。人事部门只是强调，这是一个很低的标准，绝大多数教师都可以达到，对于核心问题，未做更多解释。至于科研积分，则另有一套课题立项、论文著作、获奖等的折算标准。第一轮考核的结果，共有100余人未完成工作量，部分是本科教学工作量未完成，部分是科研未完成，少部分是两者都未完成（达20余人）。教学未完成的，主要是小学院、专业课少的教师；科研未完成的，主要是低职称、低学历的教师，两者都未完成的则集合了低职称、低学历和无专业教学可承担的教师。

考核在某种程度上对高校的教学状况进行了摸底，清理了一批低效和无效的教师，对教师的岗位意识和完成一定任务起到了促进作用。但并不能对教师的敬业心、爱心、责任心等进行同样的考核，绩效考核定位不明确，考核指标的确立缺乏科学性；考核指标雷同，缺乏针对性；[①] 存在"重数量轻质量"、"重业务轻师德"、"重结果轻素质"[②]、重外部评价轻教师自评、重终极性轻发展性等问题，考核过程背离了最本真的目标。[③] 教师绩效考核将教师的关注点集中到可以测度的、有明确规定的指标上，而教育教学过程中存在着很多难以量化，且至关重要的教育要素[④]，但这些因素没有进入，或根本进入不了考核指标体系，而被慢慢逐出教师的视野。在数量化考核的引导下，教师的去个体化是显而易见的，尤其是青年教师，极易沦落为教学剧场中的"工蜂"。

三　学生管理的"维稳主义"

不知从何时起，"稳定压倒一切，不能出任何事"成为大学校园的最高法则，"安全"成为检验评判高校工作不可缺乏的硬性指标，学生成为需要"严加看管"的对象，高校承担着神圣而又繁重的看管重任，部分省教育厅内部专门设有"安全稳定工作处"，负责统筹协调维护学校安全稳定工作；督促、指导学校落实安全稳定防范措施；协调处置安全稳定重大事件；协助指导学校社会治安综合治理工作。[⑤] 下面摘录的是江西师范

① 陈如东、单正丰：《高校教师绩效考核存在的问题及建议》，《国家教育行政学院学报》2010年第10期。

② 吕志霞、陈伟：《高校教师绩效考核：现状、问题与对策》，《现代教育管理》2013年第8期。

③ 查永军：《高校教师考核目标的背离与纠偏》，《教育发展研究》2011年第23期。

④ 廉思主编：《工蜂——大学青年教师生存实录》，中信出版社2012年版。

⑤ 新疆、贵州、江西等省均设有类似机构。

大学《学校安全稳定工作的特点》的主要内容，具有一定代表性，从中可以窥见中国高校“维稳主义”的核心内容。

校园安全工作具有六个特征：一是政治性，政治上出了问题是最大的安全问题，要做到“五防”，防止“普世价值”的思潮、防“宪政民主”的政治思潮、防“历史虚无主义”的思潮、防“新自由主义”的思潮、防“质疑改革开放、质疑中国特色社会主义的社会主义性质”的错误思潮。二是全局性，学校是个小社会，平安是关键，全方位确保人身安全、财产安全。三是综合性，渗透学校各项工作中，“管人”、“办事”与“看门”三位一体，要在人防、物防和技防上下工夫，做到群防群治，层层落实责任。四是可控性，只要尊重客观规律，坚持科学防范，就能消除隐患、有效控制。五是应急性，表现为突然发生，造成或者可能造成严重危害，危及学校师生员工生命财产安全或影响我校乃至社会稳定的紧急事件。六是长期性，如网络舆情监控问题、学校各项改革、实验室安全问题、学生集体宿舍安全管理问题、校园治安问题、安全隐患问题，等等。保学校平安，维护学校稳定，是学校各级领导的政治责任，要从政治和全局的高度，充分认识维护学校安全稳定的极端重要性，进一步增强维护学校安全稳定的责任感和紧迫感。在安全稳定工作上实行“零容忍”，严格落实安全稳定工作考核制和责任追究制，坚决实行“一票否决”制度，对因敷衍塞责、工作不力酿成影响安全稳定重大问题的地方、部门和单位，要严肃追究有关领导人员的责任，绝不姑息迁就。

近年来，发生在幼儿园、中小学校园中的学生伤害事件层出不穷，着着实实敲响了确保未成年生命安全的警钟。而高校中的安全稳定与幼儿园及中小学校相比，具有质的差异。与加强对未成人的保护相比，高校中的安全稳定更多的是“预防和禁止”，上升到政治层面。校园安全工作特征中政治性居于首位，是属于思想性的，其他则属于技术层面。常识告诉我们，思想是最难管控的，尤其是大学生这样一个特定的群体，思维活动是他们的天性，对于思想，应该用思想的方法来解决。但包含在高校安全稳定工作中的学生管理，却是一种近乎高压的预防和禁止，强调外力的威慑和管理的效能，把学校管理人员一并绑在严防的战车上，将大学教育者“城管”化，试图将学生隔离在一个真空之中，将学生打造为“纯粹”的不受社会污染的人。

恰恰是这样的一种“净化”教育，带来的后果却不堪承受。2014

年暑假连续四起女大学生遇害事件[①]，引起了人们对教育的反思。稳维主义主导下的大学校园，学生只能被动地接受学校灌输的知识，政治上的禁区没有价值观讨论和思想激辩的空间，学生的自我成长缺乏足够的磨砺。对学生人身安全的畏惧，大大压缩了学生参加社会活动的可能性，探索和好奇的冲动受到抑制。学生被圈养在大学围墙之内，面对外面的世界束手无策，甚至连自我保护的意识和能力都匮乏，成为偷猎者枪口下的绵羊。

第四节　教学剧场的静态与无趣

前面的分析已勾勒出教学剧场的情境，剧场内部，教师和学生两大群体之间泾渭分明，各自有各自的运行法则和道路轨迹，空壳化严重，缺乏生命的内在热情与冲动。定型化的专业设置、程式化的教学管理及无处不在的实用主义构建了剧场的内部肌理，使得剧场如同一个巨大的穹隆，顶端空旷而人渺于其中。高校对于急剧扩张的学生规模呈现出难以招架的态势，班级规模的臃肿稀释掉大学教育的内涵，量化绩效考核下的教师成为“工蜂”，才华与生命消磨于生计的琐碎中。维稳主义主导下的大学校园，教师与学生被圈定于安全领地之内，一切循规蹈矩，不得有半步差池。教学剧场里晃动的是社会化和总体化的“无面人”，没有五官、没有表情，没有人会留意到他的存在，他也不会去留意别人的存在。一拨一拨的人，忙着进，忙着出。剧场一如既往地保持着其静态与无趣，对社会变革麻木而无动于衷。

从第一章的个体化考察中已知，中国社会最初在经济领域出现的个体化，同样出现在高等教育和社会政治生活领域。所不同的是，经济领域和高等教育领域是国家力量自上而下的推动，社会政治生活领域更多的是自下而上的倒逼，与全球化缠绕在一起，中国个体化呈现出矛盾性和复杂性，宏观层面的个体化来势汹涌，但大学教学的中观和微观层面却是反其

---

① 2014年8月9日，20岁的女大学生高渝在重庆“搭错车”不幸遇害；8月21日，22岁的女大学生小金在济南被黑车司机绑架、囚禁4天，并惨遭殴打、性虐；8月28日凌晨，江苏吴江19岁女大学生高秋曦失联半个月后确认遭抢劫被杀害；8月29日，失联的杭州女大学生王某，于失踪当晚遇害。

道而行之，不但无益于个体化，反而对个体化形成一种强大的阻隔，显示出来自社会结构深层的阻力和障碍，反映出当前大学教学的滞后性和对惯习的顽固性依赖。问题在于，正如高等教育领域的个体化所反映出来的一个现实，教育民主化改变了生源结构，让更多弱势群体有了接受高等教育的机会，作为弱势家庭的第一代大学生，他们身上承载的是整个家族的希冀，大学教育之于他们，除了增加其生存能力，更多的应是强健其精神，对他们的家庭命运改变起到引领作用。

固化与保守的教学剧场其实正在经受着躁动与不安，尤其是成长于市场经济改革浪潮中的大学生，他们身上带着市场经济的基因，他们明白家庭在他们身上投注的每一分钱的价值和作用；同时他们经历了广泛意义上的基础教育课程改革[①]的洗礼，进入大学前虽有高考压力，但在基础教育各阶段，均不同程度地参与了课程改革的某些情境。他们对大学也曾充满热切的想象，37.3%的学生认为大学中的学习氛围应该十分浓厚，51.7%的学生认为大学老师应该是学识渊博的专家，39.2%的学生认为大学老师年轻幽默，是自己的良师益友，68.8%的学生想象中的授课方式是能将知识性与趣味性融为一体，采用多种形式的授课方式。但是进校后，63.9%的学生对学校的学习氛围存在不满，43%的学生对师资感到失望。这种落差的结果是：54.4%的学生很长一段时间感到非常失落、沮丧，生活没有目标；44.1%的学生不想去上课，没有学习的激情；30.4%的学生感到孤

---

① 1999年召开的第三次全国教育工作会议和2001年召开的全国基础教育工作会议先后提出了转变人才培养模式，建立新的基础教育课程体系的建设任务。2001年，教育部正式启动了新一轮基础教育课程改革，颁发了《基础教育课程改革纲要（试行）》等一系列政策文件，从1999年开始着手调查研究，组织全国高层次专家进行了顶层设计，2010年全部铺开。普通高中新课程实验已基本上覆盖全国。基础教育课程改革的具体目标：一是改变课程过于注重知识传授的倾向，强调形成积极主动的学习态度，使获得基础知识与基本技能的过程同时成为学会学习和形成正确价值观的过程。二是改变课程结构过于强调学科本位、科目过多和缺乏整合的现状，整体设置九年一贯的课程门类和课时比例，并设置综合课程，以适应不同地区和学生发展的需求，体现课程结构的均衡性、综合性和选择性。三是改变课程内容“难、繁、偏、旧”和过于注重书本知识的现状，加强课程内容与学生生活以及现代社会和科技发展的联系，关注学生的学习兴趣和经验，精选终身学习必备的基础知识和技能。四是改变课程实施过于强调接受学习、死记硬背、机械训练的现状，倡导学生主动参与、乐于探究、勤于动手，培养学生搜集和处理信息的能力、获取新知识的能力、分析和解决问题的能力以及交流与合作的能力。五是改变课程评价过分强调甄别与选拔的功能，发挥评价促进学生发展、教师提高和改进教学实践的功能。六是改变课程管理过于集中的状况，实行国家、地方、学校三级课程管理，增强课程对地方、学校及学生的适应性。百度百科（http://baike.baidu.com/view/2978735.htm?fr=aladdin）。

独，没有安全感；17.1%的学生产生过退学的念头。[①] 高等教育无视基础教育发生的显著变化，二者之间存在显著的断裂。

教学剧场作为人生旅途中的驿站，作为先于旅居者而存在的时空场所，其形态样貌已由其独特的“规矩”建构而成，如同人体的经络交互深嵌在人的血肉之中。规矩的功能在于承载着维持秩序、达成认同、社会控制等社会期望；规矩还是权力的直接载体，以实现社会所赋予的价值和意义。而规矩源于大学教育制度的支持，是社会意识形态在大学教学组织中的具体化，复制了意识形态，实现社会控制再生产，[②] 将教学剧场中的旅居者规训成“无面人”。但是，“无面人”并不意味着就是无生命、无思维之人，能够长久容忍虚无化的存在。作为高级社会性动物的人，无面之下不乏暗流涌动，时刻寻找突破社会化和总体化的时机，发展出个体化的动能。

“作为新生（2014 级），我们满怀热情地来到了大学，可这学期开的课，让我们大失所望。英语、数学课听不懂，老师只管自己上完课就完事，根本不管我们听懂没听懂。军事理论课的老师不是放视频，就是照着 PPT 念。我们不反对开这样的课，可课是这样的教法，大多数学生不感兴趣，只好在课堂上睡觉。这跟浪费我们的生命有什么区别？”[③]

第五节　教学剧场外的另类生存

前面已对地方普通高校的普遍性情况进行了扫描，虽然对概貌有了大致的观感，除了已呈现出来的表面上的静态和无趣外，大学深处另有一种风景。本部分将以深描的方式，或叙事、或特写、或抓拍，多角度、多层次地呈现释放于教学剧场外的个体化脉络，聚集学生多样化的个体化生存，分析资料主要来自观察、访谈、学生自传等。

① 姚怡萍：《大一新生对大学想象的调查研究——以 G 校为例》，学士学位论文，贵州财经大学，2012 年。

② 谢妮：《教育与身体——学校日常生活中的身体》，贵州人民出版社 2010 年版，第 163 页。

③ 2014 年月 11 月 4 日，G 校某学院的教学工作中期检查学生座谈会。

一　以今天赌明天的创业者

市场经济体系中的大学及学费成本家庭分担制，使市场意识深深地渗透在大学生的成长过程中，他们对自己的生活有着非常强的目标性，他们在进入大学时，并非一张白纸。

已迈开创业步子的A

A是来自贵州农村的经济学专业的2011级学生，他在学校后街经营了一家烤鱼店。他本人从2006年就开始创业了，从那以后就没花过家里的钱。读高中时，因和别人打了一架，被迫离校去打工，接连换了两份工作。第一份很辛苦，第二份比较轻松，但发现富人花钱如流水，太刺激自己的自尊，他发誓一定要回去读书，将来挣大钱，自己当老板。回学校后，他的高中读得有些费劲，高一、高三是来回倒腾的，终于考上大学了。

2011年他们是第一批进大学城的学生，当时的大学城就是荒郊野岭，一无所有，与他同来的学生哭鼻子，求家长留下陪他们，甚至还有退学的。而他面对这一切，却哈哈大笑，充满乐观，相信自己与大学城一样，一无所有，但处处是机会，自己能创造出一切！毕业时有自己的店，就是一个成功的大学生！烤鱼店2013年9月12日开业，签约五年；梦想在毕业前开两家分店。他给自己的规划是，只要勤恳地去做，20年后，保守估计资产达1000万元是没问题的。自己在家里还包了50亩地，全部种上树，20年后光卖树就有1000万元！

他寄语新生，一定要记住，创业很辛苦，要能吃苦耐劳；好好读书，把书读好，每学一样东西都是有用的；同时还要有头脑，多跟别人交流，你交什么样的朋友，就决定你有什么样的未来，自己的周围聚集了一批创业的同学朋友，个个都很精彩。一定要珍惜大学生活！

正在摸索创业的B

B是2012级心理学专业学生，同样来自农村。父亲是畜牧局一个普通的工作人员，母亲虽是文盲，但是聪明能干、吃苦耐劳，所以家里内部事务都做得井井有条。B小学四年级从乡村小学转入镇上的小学，由于成绩太差，四年级复读了一年。父母忙家里的地和农田，只有每周去镇上赶集的时候才会来看他一次。父亲在镇上租了一间门面和二楼一间简陋的卧室，门面用来做饲料生意。B认为自己没有出生在一个很富有或身世显赫的家庭，但家庭的影响却是最多的。父亲的警示“当家不得不紧细，待客不得不风流”对B启示很大。

小学寄宿，母亲不在身边，自己的生活质量不好，只在课堂学习，私下就是玩；那时候三元钱一瓶的葡萄饮料对自己来说都是一种奢侈品。五年级时，镇上一个原来放垃圾的地皮要卖，B稀里糊涂劝父亲买一个，由于当时家里的经济条件比较差，但是那时候的地价很便宜。母亲犹豫了很多次，最后父亲为了满足B就硬着头皮买下了，在修房子时为了节约钱，很多体力活都是自己家人做。有一次B问母亲要钱，母亲从兜里掏出两角钱。最终还是熬过来了，新房修好没钱装修，就做了一个简单的粉刷。后来母亲利用家里的门面做起了小生意，父亲开始时认为母亲是文盲，肯定是弄不好的，叫她回老家做农活，为此两个人还争论了一番，最后母亲还是坚持了自己的决定。慢慢地，家里的经济来源比在农村的时候好了很多，家里的生活质量也有了可观的改变 。

姐姐的成绩一直很好，是爸妈的骄傲，而B的成绩很差，当时爸妈似乎有了放弃他的想法。初一时，B在镇上的初中上学，不知道学习的重要性，整天玩耍。幺娘家在广东还把她儿子送来和B一起上学，那时候学会抽烟、赌博。但冥冥中似乎有神启，B竟然主动向父亲提出要到市里上学的想法，因为他知道如果再这样继续瞎混下去的话，这一辈子就毁了。刚刚开始时父亲认为他还太小，不太放心，另外其成绩一直很差也没有希望可以考上好的中学，私立的学校学费太贵就拒绝了B。B继续在镇上的中学混了一学期，后再一次向父亲提起转学的事，因为邻居家也有小孩在市里上学，终于B可以去一所新办的私立中学，学费很贵，父亲尽力支持他。

八年级，B到了所谓的市里中学念书。由于惧怕，周末就不出学校，除了学习还是学习。一个学期后成绩名列前茅，这一学期除了学习几乎没有什么童年记忆，没有一个朋友，只有同学。下学期被学校安排在了好班。在这个班遇到了改变他也是对他影响最大的班主任。虽成绩进步不大，但有了朋友，学会了怎样做人，学会感恩，也开始接触网络，胆子也变大了，不再那么畏惧。

高中得到了学校保送高中部好班的机会，但是心思也没有用在学习上。也是在那时候，B学会了上网，渐渐地迷恋上了网络游戏，父亲很生气，但是离家远。他也只能在电话里教导。B开始走上了叛逆的道路，高二那年就沦落到了差班，学习下滑到年级倒数。B知道父母很担心，但一直以谎言对他们。可是在高中三年中，认识了目前心中最要好的朋友，第一次高考落榜，心里并不是很失落，心中存有一丝懊悔，但是心想读什么学校都一样了。他把做事做人放在了第一位，认为学习并不是最重要的。

高考完后和父亲产生很大的矛盾，B选择三本，父让他回去补习，双方僵持了一个月，最后选择了补习，由于基础太差。补习了几个月悔心又不复存在了，又开始玩了，但是成绩也有了一定的提升，最终考上了G校。

及时补习了一年，学会了一些忍耐、煎熬，仍然是个幼稚的孩子。大学报名时，姐姐和母亲一起送B。报名时遇到了学姐问他是哪个学院的，他当时就糊涂了，心想报名不像高中一样吗？是什么学院他自己都不知道，还是姐姐帮他回答了这个问题，当时觉得自己很傻，什么都不懂。在10余天的军训之后，大学第一年的记忆就已经模糊了。只记得第一年和班上的同学喝了很多酒，节假日也就出去外面走走，找高中的朋友玩，不知道什么时候，他就有了想创业的想法。

大一下学期的时候，寝室的室友说天气热就拉起他一起卖凉席，说了就做了，开始在学校摆地摊，觉得很丢脸，但是心想要锻炼自己，也就坚持下来了，后来一个好兄弟在云南读大学说叫他一起开店，经过仔细几个月的筹划，他不敢向家里提，只向姐姐借了两万元钱，再向同学借了部分，假期要装修，就骗父亲说老师要叫自己参加一个专业培训，做好后父母都还是不知道。直到后来姐姐说了，父亲还生了气。回学校后就找了几个同学一起为学生送包裹，每天下午背着一大书包的包裹在校园行走，做了几个月得的钱不到500元，后面也就放弃了。但是他把学校踏遍了，大二下学期他就提到电动车租赁，做了一个学期，由于学校说到安全问题，后来又被迫放弃。然后就和一个朋友租了一个商铺卖起了冷饮，之后开始做教育培训。相比之前的“简单劳动”，培训显然要正规些，完全采用公司模式运作，并有了更长远的规划。

大学校园的创业者正如雨后春笋。财经类高校的天然环境更是催生了一批跃跃欲试的创业者。A和B来自农村，属于典型的“草根”，经历过家庭的贫困，见证过父母的辛苦。他们各自演绎出不同的成长路径，显示了个体化内涵的独特性。A有过坎坷的打工经历，血的教训让他明白知识改变命运，大学是一道必须跨过去的门槛。大学对于A来说，就是人生的全部希望所在。经历过社会打磨的A对自己的大学和未来有着非常清晰的筹划，显示出很强的目的性和对自己负责的主体性。A的社会历练让A在大学有一种主场的气势，牢牢把握着自己的命运。作为第一批进入大学城的学生，A的周围很快就聚集起一批来自各院系的创业同伴，他们相互支持，互通信息，把大学城当作自己练兵的沙场。

相比A的老练和自信，B明显显得稚嫩且摸着石头过河，但是B清晰地显示了个体成长的痕迹及心路历程。即使是在一个波澜不惊的环境中长大，对大学的向往仍是个体生活的重心。B有过复读的挫折，青春期的叛逆，但大抵还是顺利的，对自己的反思也在逐渐增强。最初创业时的几项尝试表明A自己并没有太强的思考和计划，类似于“创业游戏”，同学对他影响比较大，真正走上创业之路的是从做教育培训开始。B所在大学对英语非常重视，对学生考取相应的英语能力证明有明确要求，尤其是英语四级考试。学生绝大多数来自省内，英语基础极为薄弱。同时，中小学的教师资格证考试已变成国家统一考试，通过率受到限制，需要系统培训才可能取得教师资格证，B捕捉到了这个商机。英语和教师资格证考试培训成为B在大学城的细分市场，而他本人心理学学科背景给他带来了真正的帮助。从简单的“创业游戏”上升到公司式的“知识经营”，B的综合能力得到极大提升。

难能可贵的是，类似于A和B这样的“草根”在校园里不孤单，他们更加珍惜教学剧场空隙中的另类体验，同时也在创业过程中，吸收教学剧场不能提供的，又是他们自己所需的知识和经验。大学生创业因就业市场的压力，而获得了合法化身份，并且被列“质量工程”中的“大学生创新创业训练与实践项目”，鼓励更多学生进行创业训练和实践。这些涌动于教学剧场外的“非主流们”自创了一个动态、有趣的迥异的学习社区，他们尝试着做自己的主人，为毕业后的生计提前做准备。一方面是经济发展下行压力带来就业市场的不景气，另一方面可能是鉴于大学校园里日益出现的大学生自主创业热潮，教育部要求高校把创新创业教育作为推进高等教育综合改革的重要抓手，并贯穿人才培养全过程，给全体学生提供创新创业教育专门课程，纳入学分管理，高校要建立弹性学制，允许在校学生休学创业。[①] 如果先前学校对学生的自主创业半睁着眼，不支持也不反对，这个政策之后，高校只能支持，并进行内部改造，以展现支持的效果。

二　心中有梦的翘课者

（一）访谈翘课者

教育民主化的结果是促进高等院校大规模扩大学生规模，学生生源多元化，学生的需求日益多元化。静默和固化的教学剧场在教育民主化的冲突下显得笨拙而迟缓，“翘课者”异军突起，“必修课选逃，选修课必逃”正成为高等院校的一种流行病症。一份以分层抽样的方式对 G 学校一至四年级本科学生进行的翘课调查，共发放调查问卷 400 份，每个年级 100 份，回收问卷 378 份，问卷有效率为 91.5%。结果显示，“从来没有翘过课”的占 15.6%，“很少翘课”的占 51.6%，“经常翘课”的占 24.9%，“几乎大部分时间翘课”的占 7.9%。G 校正常上课的学生占 67.2%，经常翘课和几乎大部分时间翘课的学生占 32.8%。“公共必修课”翘课率为 18.6%，“文理必修课”翘课率为 23.2%，“学科共同课”翘课率为 17.2%，“专业必修课”翘课率为 17.8%，“选修课”翘课率为 23.2%。“睡觉”、“打游戏”、“逛街”为三大翘课原因，分别占 25.7%、24%、20%。[②]

研究者随机访谈了两名经常翘课的学生：C 同学，女，2011 级，贵州贵阳人，资源环境与城市规划管理专业；D 同学，男，2013 级，贵州毕节人，经济学专业。发现他们翘课只是一种行为表演，翘课本身及背后有着不为外人知的丰富内涵。

C 同学：“我经常翘课是因为我根本不喜欢这个专业。当时上大学的时候我选的不是这个专业，由于分数不够所以调剂到现在这个专业了，我们这个专业的学生也基本都是这样调剂过来的。我的兴趣本来就不在这个专业，而且这个专业以后的就业方向也不是我喜欢的。”

---

① 《教育部关于做好 2015 年全国普通高等学校毕业生就业创业工作的通知》（教学［2014］15 号），中华人民共和国教育部（http：//www. moe. gov. cn/publicfiles/business/htmlfiles/moe/s3265/201412/180810. html）。

② 万力、苏海通：《高校本科生逃课现象的调查研究——对 G 校本科生的问卷调查》，《科技视界》2012 年第 28 期。

“我虽然没有去上课，但是我期末一科也没有挂。考试的内容都还比较简单，我利用期末考试前半个月左右的时间自学一下教材就能过了。因为我对现在这个专业不感兴趣，我的兴趣在金融方面。我只花很少的一部分时间在本专业的学习上，我认识金融专业的几个同学，我经常跟他们去一起上课，最近还在学习炒股，我觉得金融比我现在学的知识有趣得多了，听说学校还会举办创业大赛，我们也很有兴趣参加呢。”

D同学：“老师经常给我们计算翘课的成本，以老师的计算方式，我们每翘课一天的话，我们的成本就是100元。老师又说，我们父母每天辛辛苦苦赚钱来供我们读书，我们反而这么不珍惜他们的劳动成果，那些翘课的同学实在是太不应该了。但是我觉得我们上课的方式实在是太无聊了，老师在上面照本宣科地念，我根本提不起精神。而且这些书本上的知识到社会上去一点用也没有。”

“我上学挂了5门课，因为我就去上过一两次课，老师说我缺课次数太多，直接把我给挂了，没办法，只好这学期再补考了。”说到这，D同学显得有些无奈，“我觉得在学校里学到的东西以后进入社会以后用处不大，我很少去上课的原因是因为我经常在校内外做兼职，刚开始还只是去做发传单这样简单的兼职，后来我做得多，那边给我的好处也就多了，现在运气好的时候我一天能挣200块钱。而且最近学校的话务中心开始营运了，我被招进去以后就更加忙了，有时候晚上得加班到凌晨4点。读书以后不就是为了就业嘛，我们读的学校本来就不好，在文凭上肯定没有竞争优势。我从现在就开始在社会上做一些兼职和实践，社会经历丰富了，说不定以后能找到更好的工作。”

“我还有个同学也是跟我一样经常翘课，因为他在学生会那边有职务，另外又在社团里负责一些事情，特别忙。但是他比我辛苦，因为他如果期末挂科的话什么评奖评优就都没有了，所以他是属于那种经常性都看不到在宿舍的那种人，每天都很晚才回宿舍。”

（二）翘课者的生产机制

1. “调剂”

在中国的大学里有一群名为“调剂”的学生。G校目前有50个专业和方向，学生真正向往的专业是会计学和金融学，这些专业的容量有限，被设置了最大数，其余的学生只能被“调剂”到其他相对“冷门”的专业。

表 3-32　你现在所上的大学是你的第几志愿（G 校 2009—2011 级）

		频率	百分比（%）	有效百分比（%）	累积百分比（%）
有效	第一志愿	565	52.4	53.6	53.6
	第二志愿	174	16.1	16.5	70.1
	第三志愿	119	11	11.3	81.4
	第四志愿	131	12.1	12.4	93.8
	被调配的志愿	64	5.9	6.1	99.9
	转校后的学校	1	0.1	0.1	100
	合计	1054	97.7	100	
缺失	系统	25	2.3		
合计		1079	100		

表 3-33　你现在所读的专业是你的第几志愿（G 校 2009—2011 级）

		频率	百分比（%）	有效百分比（%）	累积百分比（%）
有效	第一志愿	561	52	52.8	52.8
	第二志愿	111	10.3	10.4	63.2
	第三志愿	78	7.2	7.3	70.6
	第四志愿	73	6.8	6.9	77.4
	被调配的志愿	233	21.6	21.9	99.3
	转系后的专业	7	0.6	0.7	100
	合计	1063	98.5	100	
缺失	系统	16	1.5		
合计		1079	100		

表 3-34　你对就读的专业满意吗（G 校 2009—2011 级）

		频率	百分比（%）	有效百分比（%）	累积百分比（%）
有效	非常有兴趣	251	23.3	23.3	23.3
	比较有兴趣	460	42.6	42.8	66.1
	有一点兴趣	294	27.2	27.3	93.4
	没兴趣/讨厌	71	6.6	6.6	100
	合计	1076	99.7	100	
缺失	系统	3	0.3		
合计		1079	100		

从表3－32可至表3－34以看出，就学校志愿而言，只有52.4%的学生实现了第一志愿，被调剂的志愿达到5.9%；就专业志愿而言，52.4%的学生实现了第一志愿，被调剂的志愿达到21.6%。对自己所读专业比较满意的为65.9%，没兴趣/讨厌的比例为6.6%。对于学校的选择，完全没考虑过G校的比例很低，这个数字基本上可以忽略不计；但从专业角度来看，完全没考虑过自己所读专业的比例达到21.6%，超过了1/5。2009级、2010级、2011级三个年级的学生总数是9500人，被“调剂”专业的学生达到2000余人，其中对所读专业没兴趣/讨厌的人数达到627人。这只是G校的比例，即使以这个比例来估算地方高校被“调剂”的学生及对所读专业没兴趣或讨厌的总数，也将是一个惊人的数据。可以说，“调剂”是翘课大军的最大制造者。

2. 没有吸引力的课堂

D同学是经济学的学生，经济学在G校是第一批志愿就招满了的专业，可以说D不属于调剂生。但从D的陈述来看，他忧虑的是“学校本身不怎样，文凭没有竞争优势”，现在学的东西在将来用不上。更为重要的是“老师的上课方式很无聊，照本宣科”。D同学是成功进入自己喜欢专业后的一种“反水”，他发现所谓喜欢的专业也不能带给他智力上的满足和对未来的安全感。他大一的时候就四处出击“实践”，大量缺课，大量挂科，试图通过增加“社会经验”来为未来累积筹码，换取对自己缺课和挂科的一种正当性慰藉。可以说，没有吸引力的课堂是翘课大军的另一个催化剂。

3. 翘课者的另一种解读

C同学作为被调剂的典型个案，不喜欢就读的专业，但她能做到在缺课之余不挂科，努力去学习自己喜欢的金融，这足以表现出她强大的自主学习能力和对自己兴趣的持久追求。在她身上体现的是另一种类型的“学习”，她在被调剂的专业场域里“缺席”，却在她喜欢的专业里有很强的“在场感”。D同学表面上身在喜欢的专业场域里，实际上却是缺席的，他追求的是另一种“存在”，是对“正当专业”的反讽和校正。但他们一无例外地被当成是“非法者”，成为学校管理者和上课教师严管的对象。在他者的眼里，他们只是一群不爱学习经常翘课的学生，实际上他们付出的比常人更多。他们不是消极地在学校里混日子，相反，他们出于不同的缘由，以自己独特的方式在规划自己的大学生活。

大学本应该是一个兼容并包、容纳各种思想和人才的地方，但是现行的大学体系和规章制度不但忽视了这一群人的诉求，还将这群人作为不安全的“游荡者”和“反叛者”，严加防范。而这种模式化行为与近些年来的就业压力形成极大的反差，这种反差让学生感同身受。出于对大学培养制度和质量的不信任，先行觉醒的学生试图挣脱大学的束缚，积极探索自己未来人生的发展方向，并逐渐成为一种趋势。在现行的模式和机制中，我们要做的不是去谴责翘课者，而是要去反思翘课者的生产机制与维护机制。

可是令我失望的是，专业课的老师一个教得不如一个，但都有一个共同的特点：照本宣科，还相当的自我陶醉。去找辅导员的时候，她说到我们班上学习氛围不好，同学们不爱听课，课堂上有些懒散，还时不时有同学逃课。其实我想说，不是我们不想听课，我们都是大学生了，该怎样去学习，学习和玩耍孰轻孰重我们还是分得清的。但是，老师的授课方式很难提得起我们学习的兴趣，老师照着课本念和我们自学没有区别，甚至有的老师直接把专业课上成了英语课，放着好好的中文教材不用，让每个同学给复印一份全英文的教材来，然后接着就是每节课叫同学起来翻译，或者老师在心血来潮的时候会给我们讲语法……我们也曾找老师谈过，但是无果，老师坚持他的教学方法。好伤心，专业课都上成什么样了啊！大学的很多老师尽管学历很高，但上课却真心比不上高中老师，起码高中老师会照顾学生的感受，会与学生在课堂上进行交流与互动。

——ZCL，2012 级学生，非首选专业

三　试把社团当沙场

对新生来说，进入大学校园的第一天，除了满园的彩旗招展和高年级学生的热心相助外，就是一字排开的社团招新摊位和他们的广告了。社团到底是什么？对大学生意味着什么？

大二下学期的时候，好像突然意识到什么了，想要参加社团了，想走出去，多认识点人，想锻炼自己。虽然已经是大二下学期了。但是我想我的大学生活不该是一张白纸，人生的画板需要自己去着色。当我走出去才知道，外面优秀的人好多，自己“闭关锁国”这么久，简直对

不起自己，我参加了学校自管会、社团联合会和一个社团。也许在别人看来，都快大三的人了，还参加社团这一类的啊，太晚了，而我认为，只要有心，一切都还不晚。相信只要用心去做，一定会有意想不到的收获。或者换句话说，我不想再处在以前那种状态中了。

在2014年初加入了自管会，我成为总务部的一名普通成员，在学生事务大厅为同学们办理各种业务，充磁、短信平台申请、活动场地申请征兵政策咨询等，也定期参加学校组织的“思雅论坛”，简单而又平凡的工作却让人感觉很充实。也就是在这一学期，我加入了社团联合会，成为社联的一员，参加社联组织的“走进图书馆”的活动，活动中积极勤奋，认真调研，取得了可观的效果，也提高了图书馆的利用率；2014年5月，组织并参与了“五一感恩劳动文艺晚会”在今年2014级新生军训期间和协会几个小伙伴一起组织过小型公益活动——空瓶换水，通过空瓶的循环利用这样一个活动能唤起同学们的环保意识，同时也为新生们送去了小小的福利。……加入了社团之后，每天都很忙的样子，周一、周五要值班，由于大家上课时间不一，所以几乎社团开会都会定在中午，很多时候会为了一个未定的想法而牺牲掉中午的睡眠时间；有活动需人手的时候，我也是随叫随到，那时的我觉得，时间真的就是靠挤出来的，总是马不停蹄地在跑，有时候都忙得分不开身了，有时会想，这样忙真的有结果吗？顿时想起了小星老师说过的一句话“No bargain”，生活不允许讨价还价，否则它也会对你“缺斤少两”。只能说“欲戴王冠，必承其重”。

——LYN，女，2012级学生

在大一一年无所事事之后，我开始思考着改变，可是，迟迟没有迈出第一步，直到那一天！我上完课在回寝室的途中，看到了学校自我管理委员会在招新，于是，鼓起胆量走过去要了一张报名表，拿回寝室正准备填时，突然发现我是多么空白的一张纸啊！我没有在班上任职，没有获得过大学里面的奖项，更没有什么工作经验，我唯一填上的就是我的姓名、学号、电话还有爱好，其他的都是无！就有那一刻，我在想我要不要交回这张报名表。后来在一番思想斗争之后，我把报名表交了上去。记得第一次面试时，人非常多，单独面试办公室这个部门的就有四十多人。面试结束后我就想我可能已经无缘进入这个组织了，可就在第二天早上，我收到了复试通知，现在都还能记起那时候我的兴奋感，就这样，我通过了第二次面试，终于开始也像身边的人一样变得忙碌起来。

在大二下学期开学的时候，又一次偶然的机会，我加入了一个社团组织——公益创业行动者。我把在以前学到的一些东西及理念带入了这个新的集体，通过我出色的工作能力，社长很快将我提拔成为社团副主席，接触到了决策群，我能学到的东西更多了！不再像以前那样只听从上级安排，只知道做事情，出劳力。在这个组织中，我要自己去思考、策划、实施、协调等，让我真正感觉到自己是一个有用的人！在这里，我收获的不是心里面的那份虚荣感，更是一些做事的方法、思维，还收获了一份份真切切的友谊！我们经常一起熬夜写策划，出去跋山涉水地实际考察、踩点，一起站在竞技的舞台，为我们的社团、我们的学校增光添彩！可以说，是校自管会将我带入了做实事这样的氛围中来，但是真正让我成长起来的却是这一个新兴的社团。

——ZLM，女，2012 级学生

参加社团，为谁辛苦为谁忙？对学生来说，社团无疑是热闹而忙碌的。他们从社团中得到的收获和价值自不待言。但是，在目前的高校里，社团的实际情况又如何呢？李光普发现河北省高校社团建设水平参差不齐、社团活动难以创新、社团难以可持续发展等；① 周伟军发现天津市高校大学生社团建设及功能不健全，表现为社团发展不平衡、活动质量不高、人员流失严重、活动经费不足等问题。② 2013 年麦可思对 G 校 2012 届毕业生的调查报告指出，40% 的学生参加过社会实践及公益类社团活动，参加过学术科技类社团活动的比例最低为 5%；有 33% 的学生没有参加过任何社团活动。③ 截至 2014 年上半年，G 校的本科生总人数已达到 16000 余人，全校的学生社团只 20 余个。管理部门对社团有严格要求，成立新社团要报批，加入已有社团要交团费，官僚主义色彩较浓。④ 真正有实质意义、能得到锻炼的社团少而又少。

---

① 李光普：《科学发展视阈下的河北省高校大学生社团建设研究》，硕士学位论文，河北农业大学学校，2011 年。

② 周伟军：《大学生社团功能的社会学分析 ——以天津市高校社团的实证调查为依据》，硕士学位论文，天津理工大学，2012 年。

③ 《G 校社会需求与培养质量年度报告（2012 届学生毕业半年后）》，麦可思，2013 年。

④ 林伯海、刘国平：《我国高校社管理官僚制化倾向初探》，《学校党建与思想教育》2006 年第 2 期。

四　网络黑洞深几许

鉴于网络在人们日常生活中的普及率和重要性，NCSS 调查工具包含了大学生使用网络情况的子工具。此子工具包括 3 个指标，第一个是平均每天用于上网的时间；第二个是平均每天上网时用于学习的时间；第三个是列出上网可能会涉及的 8 项任务，请学生进行优先性排序。后面的分析中，既列出了 G 校的数据，同时也列出了全国性数据，意在表明此类现象的普遍性和相似性。

表 3－35　　学生平均每天用来上网的时间

		G 校		全国	
		频率	百分比（%）	频率	百分比（%）
有效	少于 1 小时	130	11.3	13498	17.2
	1—3 小时	679	58.8	43359	55.3
	4—6 小时	281	24.4	16606	21.2
	7—9 小时	46	4	3398	4.3
	10—12 小时	13	1.1	951	1.2
	12 小时以上	5	0.4	540	0.7
合计		1154	100	78352	100

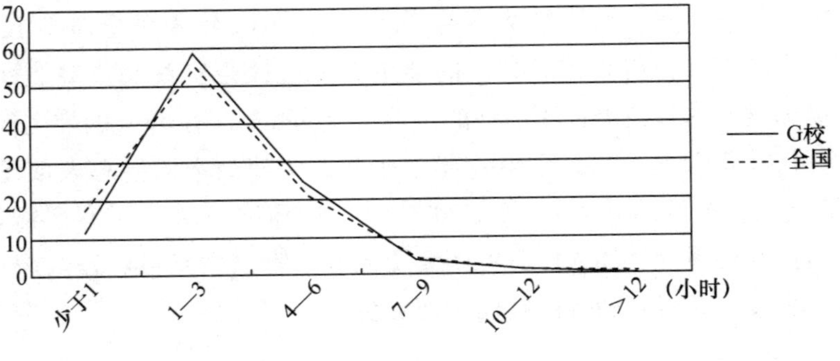

图 3－27　学生平均每天用来上网的时间（G 校和全国比较）

表 3－35 和图 3－27 显示，学生平均每天花在网络上的时间，G 校与全国的分布趋势高度吻合。说明尽管各个高校有差异，但大学生的基本状况有着惊人的相似之处，网络已与大学生紧密相连，成为大学生生

活的必需品。

同样可看到，表3-36和图3-28显示了G校和全国学生平均每天上网用来学习的时间保持了相似的趋势。

表3-35和表3-36显示，学生每天上网超过3小时的达30%，而用于学习超过3小时的接近10%。图3-27和图3-28显示，G校和全国学生在“平均每天上网时间”和“上网用于学习的时间”方面有着相似性，基本上反映了网络在学生生活中的重要性及学生对网络的依赖性。图3-29显示，除查资料学习、完成作业外，上网时间主要用于看电视（电影）和浏览新闻；其次是阅读课外书籍，还有聊天、玩游戏及网上购物（值得注意的是，各任务之间的均值差异并不大）。

表3-36　学生平均每天上网用来学习的时间

		G校		全国	
		频率	百分比（%）	频率	百分比（%）
有效	少于1小时	458	39.7	34805	44.4
	1—3小时	591	51.2	34732	44.3
	4—6小时	64	5.5	5578	7.1
	7—9小时	26	2.3	2092	2.7
	10—12小时	13	1.1	713	0.9
	12小时以上	2	0.2	432	0.6
合计		1154	100	78352	100

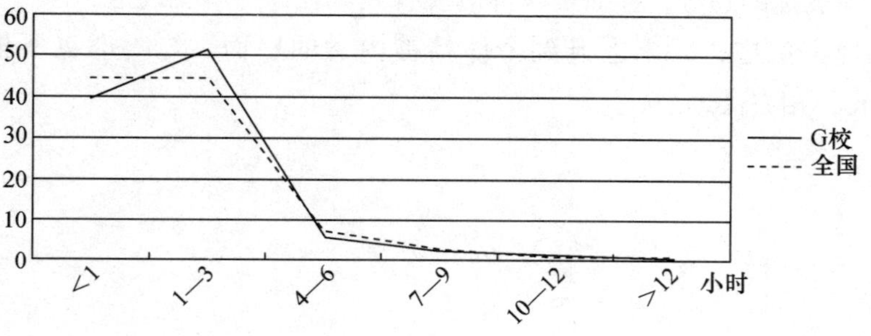

图3-28　学生平均每天上网用来学习的时间（G校和全国比较）

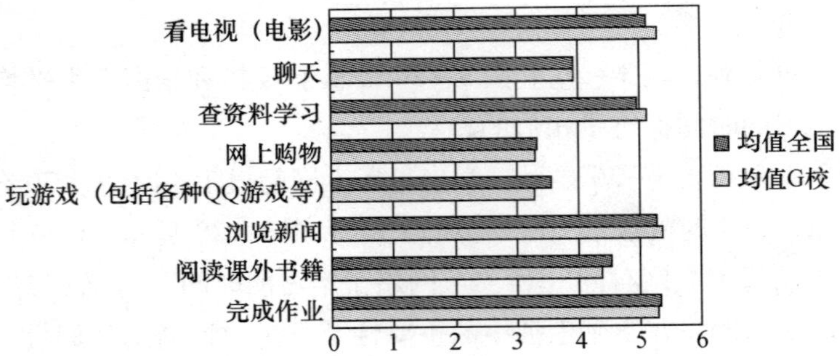

图 3－29　上网目的①

网络在给人类生活提供极大便利的同时，也给人类带来了巨大挑战，对于大学生来说，更是如此。一边是现实世界大学生活的无趣，一边是宛如黑洞的网络，充满了诱惑。有研究表明，大学生中存在14.08%的网络成瘾者，主要表现形式是网络游戏成瘾、网络色情成瘾和网络交际成瘾，影响大学生学业水平。②

以上只列举了较为典型的四种类型：创业者、翘课者、社团活动者及网络依赖者作为分析因素，揭示出大学校园里的另类生存方式，学生或主动，或被动，或原本就不分清是主动还是被动，或只是一种被“势”裹胁的顺应。这四种类型不是截然分开的，有的甚至会在同一个个体身上有多重叠加。比如，参加创业的学生可能与翘课有联系，而翘课的主要原因中就有“打游戏”，社团的忙碌难免会和翘课相关。创业、社团及网络似乎都与翘课有着某种内在的关联。

以上情况表明，学生的个体化是在一种迷乱的状态下开启的，并呈现出一种散乱的趋势，甚而是一种对现有大学教育的本能抗拒，出自生存危机的现实焦虑，并未上升到个体精神内省的层面，与哈耶克所描述的“好人”相去甚远。

① “上网目的”，要求学生对所列出的八个任务进行优先排序。

② 张志松、李福华：《大学生网络成瘾现状调查》，《教师教育研究》2011 年第 2 期。

第六节　按自己的意图为未来做准备

在众多尚不知为自己打算及如何为自己打算的个体中，已有部分学生开始了自我探索之旅，体现出个体的自我意向性。这种自我探索有其成长过程中的涵养，也有个体与环境的主动互动，自我探索始终伴随着一种清晰的“自我意识”和“自我反思”，个体主动从环境中汲取信息，转化为心理正能量，努力以一种积极的正向暗示引导自我走向未来。

ZZH，男，来自于浙江绍兴，现就读于G校12级W专业1班。其实一开始别人看到我的籍贯和我就读的学校都会问我一句，你怎么会来这里？是的，两个省的差距的确较大，一个可以排在全国前五，另一个则是在全国的后五。很多人问我两个地区的差异很大，刚来的时候是不是很不适应。其实不然，我觉得既然选择了一个地方那么你便没有了选择的余地，你能做的就是尽快地适应这个地方。好比是我刚来的时候听不懂贵阳话，吃不得折耳根（鱼腥草），但是现在我想说我还是可以讲两句贵阳话，折耳根更是我的火锅好伴侣。所以，我觉得首先你不要抱怨，因为单单只有抱怨是不会有什么好的结果的，抱怨的结果可能只是让你的生活变得更糟糕。很多跟我一起的老乡常常就会抱怨说这里的环境啊、人啊怎么怎么样，其实我觉得地域差距是肯定存在的，但不是永久存在的，我们要抱着一个乐观的心去看待；换个角度想，你觉得这里的环境怎么怎么样差，那当初你为什么要选择这个学校呢！你既然选择了，你就要尝试着去接受，尝试着去改变。

以前上高中的时候，老师总是会说（抱歉，我觉得这一段话估计所有老师都会讲，但我还是想说。）到了大学你们就轻松了，不像现在这么苦这么累，每天起早贪黑的。到了大学，你想上课就上课，你想休息就休息，游戏玩到天亮都没有人管你。的确老师说的是正确的，但是也是偏激的。我觉得大学是非常重要的四年，高考决定了你的起点，那么大学便是在夯实你的基础并在你的起点之上得以提高！记得我刚考完高考那会儿，其实我什么都不懂，心里面想的是考完了，终于解放了，也完全没有想过大学的生活，大学应该怎么过。然后慢慢地等成绩公布，我开始根据我的成绩和全省排名选学校。可以说G校是我的第一志愿，我现在就读的专业是我选的第三志愿。可以说那会儿完全是根据家长的意见来，自己什么都不知道，连自己以后想干什么都不知道，只是大概知道自己喜欢什么，然后大概定一个方向，通过网络再定下自己的专业。其实很多人都会问我为什么G校是你的第一志愿，为什么你第一志愿就选择了外省。原因主要是这样，当时想的是，终于高考解放了，可以选择去外面看看了，当时是一门心思想着往外省跑，一方面也是因为成绩不是很理想，当时并没有什么比较好的学校可以报，所以就选择了G校作为第一志愿，第二志愿选择了那边的三本，其实家里人是想让我留在家里边读书，那么不管是回家还是什么的都会方便一些，但我觉得男孩子嘛，其实出来混一混也是应该的。离开家乡，来到这个距离家1700多公里的地方，一年只能回家两次，其实我觉得这也是一种锻炼！在这里，什么都得靠自己，一切都由自己拼搏，其实我觉得也是一种很好的锻炼和考验。假想一下，如果在家那边儿读书，那么父母都会帮你打点好，那么你读大学的意义是什么，人们都说大学相当于是一个小型社会，父母都帮你打点好了，那你还可以做什么？你可以学到什么？单纯学专业知识，单纯就是学？我觉得在某些方面能力比知识更重要。从小学到初中，再到高中，我们学的都是书本知识，我们很少会有接触社会的机会，怎么说呢，我们很死板。我们认为的社会可能一就是一，二就是二。但到了大学，我觉得这四年就会是一次很好的机会，你可以慢慢地尝试着去接触社会，四年时间说长不长，说短不短，我觉得只要你静下心，你一定是能学到很多的。废话也是不多讲，这也只是我刚进大学那会儿，其实应该是还没进大学那会儿想的。单纯只是我认为。接下来就是我的大学生活。

大一，记得刚进校的时候是爸爸和一个在这边儿工作的哥哥陪我来的。记得当时刚到贵阳的时候觉得有种不知道怎么说，感觉像是一种回到70年代和一种21世纪的错乱感。主要也是因为人多、车杂，火车站旁边环境差导致的吧。来接我们的哥哥带着我们吃了顿中餐，大致跟我说了下贵阳的生活习惯、饮食等，虽然自己之前在网上也有些了解，但是一来还是辣的我够呛。吃了饭，我就来到了学校，车子一路开，周边的景色却是从原来的高楼变成了树林、荒地。当时心里想的是我怎么会选这么一个学校，为什么离市区会这么偏远，天！不过抱怨是一方面，另一方面想的是既然选择了这里，就要继续下去，这好歹也是我人生中第一个自己做的决定。

是骡子是马，拉出来遛遛就知道了。到了学校，其实感觉氛围还是蛮好的，学长学姐很热情，不像高中那般，个个都是忙着学习。到了学校，一个学长领着我办理完了入学手续，领了寝室钥匙，将行李从一楼默默地搬到六楼，觉得自己也是蛮拼的。第一天，将行李收拾后，又跟着哥哥出去了，毕竟那会儿还是年轻，一个人在外地求学也是苦的。第二天接到室友通知说下午4点要军训彩排又急急忙忙地赶了回来，接着就正式开始了我的大学生活。

军训可以说是大学第一课，我在军训的时候并没有什么重要的任务，重要的职责。我要做的就是做好我自己，不要拖大家的后腿。每一次踏步，每一次摆手都做到位。尽管军训很辛苦，但是教官们对我们都很好。当我们休息的时候，教官总是会想到一些点子来娱乐大家。跟着对面的方阵拉歌是常有的事，童话更是万年不变的老经典了（真的不想吐槽说教官你们是不是只会唱一首啊!）。后来在之后的军训汇报表演中，我们也完美地完成了我们的任务。我在军训中因表现优秀也获得了军训“优秀标兵”称号。军训结束，紧接着便是大学生活真正的开始。因为在进入大学之前，家里的长辈们都告诉我说，你现在就读的专业不是很好，如果有机会转专业的话就一定要转。家里的姐姐也告诉我说，你如果想转专业那么你成绩必须要好，那么你大一的时候就不要参加学生社团了。当时年轻，没有自己的想法，就听姐姐的意思没有报名什么社团。后来学院里面的学生会来寝室招新了，不得不说学姐真的是好热情，一下就把我情绪给带动了，也正是如此才有了现在这样的我。记得那天学生会面试，队伍排得老长，心里觉得，哎，这肯定是没希望了，人这么多。我当时面试的是组织部，排在队伍前面的时候，看一个人出来就问面试怎么样，题目是啥。终于轮到我进去了，面试官是一个学姐，一个学长。不得不说学长果然很猥琐。先做了番自我介绍，果不其然，重点又是在我的家乡，感觉整个面试环节很轻松，并没有之前想象的那么可怕，但是结果来了，面试很轻松，但我感觉怎么都没讲关于组织部的东西呢。心想这完了，这肯定面试不上了。不料过了两天接到了部长的面试通过短信，心中真的是高兴，心里感觉是自己被别人认可了，这感觉实在是太愉快了！虽然当时听姐姐说要好好学习，但我心中当时想的是人们都说大学是小社会，我以后肯定要接触社会，还不如加入学生会试一试。从此我就开始了学生会生涯，因为部长当时大三，还在北校区不能常常来往花溪和大营坡，于是部长又给我们找了一位大二的副部长，李学姐。学生会的事情可以说很有条不紊，可能是因为长时间的积累，我们只是去执行，但是你依旧会学到很多。像计算机办公软件，与人交流等，都是高中不曾学到的，就算是大学也不是课堂上所学到的知识。记得大一在学生会有一件事让我学会很多，怎么说呢，或许真的是犯了错误以后你才会懂得道理。事情是这样的，每个学年第二学期期末，每个学院都会开一次表彰大会，每一年的表彰大会都是由组织部来负责的，那好的嘛，今年就是我们咯。我那会儿在学院里混得还不错，由我来写表彰说明，其实表彰说明也就是大概根据前几年的再修改就是了。当时我们在学院办公室开会，每个人各自在做各自的事，部长和主席还在讨论人选问题，原定的人选可能要变动，我和另一个部员在撰写表彰说明，因为手头上没有电脑，所以我就把文字档大致地写在了本子上，本子上的名单也是原定名单，我并没有与部长及时勾对。第二天，我就根据原定名单打印了出来，因为当时是中午开会，我要去上党校培训，事情也就没有及时跟进。结果，乱子就出来了！因为原定人员名单有变动，而我也没有及时与部长进行交流，结果便是该给奖的同学没有听到他们的名字，不该给奖的同学却听到了他们的名字，整个场面顿时一团糟！我党课结束回到会场，整个气氛阴沉沉的，当时就觉得不对，经人跟我一说，全是我的问题，哎！会后我写了一份检讨，深深地反省了自己。其实我觉得你不管是在学生社团还是在工作中，这样的行为都是不可取的，这其实就是一种不负责任的表现。如果我当时去问下部长，或者在我写完这样几则表彰说明之后给部长看一下的话，结果可能就会大不同。人们都说细节决定成败，的确如此。从这件事上其实就可以看出，你知道了的但是你不去做，那就相当于你不知道。的确也就是有了错误才会有经验教训，在经历了这样一件事后，我学会了更加关注细节，更加懂得了反馈和回馈的重要性。记得那会儿学生会主席开会的时候说过这样一句话，大致意思应该是这样的。你知道我在什么时候学到的东西最多吗？是在当部员的时候。的确，在你当部员的时候，你会发现有那么多东西你不会，有那么多东西需要你去学习，你就像一块海绵，不断在汲取养分来丰满自己。当然，我也并不是说当部长就不是了。大一换届选举的时候，因为个人的私人原因和当时选择了修第二学位便放弃了学生会的工作，但是因为在大一期间，我在学生会工作表现积极也获得了学院表彰的先进个人。说到大学最重要的还是学习了，大学还是要学习的，进大学的时候我便对自己定了规矩说，不能逃课。当然在大学期间你不逃课是做不到的，原因总是很多，但是我觉得逃课也是有规矩的，一般专业课和比较重要的课不逃，一般便是选修课和公选课，当然最好的是不要逃课喽。我在一方面表现的还是蛮好的，因为上课也是属于认真听讲，下课虽然有自己的事情要做，但是还是好好复习，最终学年总成绩在班上排第七，加上素质加分后是班级第三。后来也评了校级一等奖，校级优秀学生干部。

大二，终于成为了学长。因为之前在学生会的时候与李学姐关系蛮好，便一直都是好朋友关系。开学伊始，又是军训的季节，李学姐之前还是在学校学工部带军训办公室的，我也就一起来帮忙。军训办公室应该说也是全省独一家了，当然在学工部还有更多全省独一家的。军训办公室主要是帮助新生军训的后勤工作并撰写军训简报装订成册，其实说来事情很少，但事情很杂。之前没有在军训办公室待过也不是很清楚，一步一步地跟着新生们学，慢慢发现其实在我们日常军训生活中，还有这样一群人在默默为我们服务、奉献。他们都是无名的英雄。到了10月，学工部老师说好建立一个为全校学生服务的组织，我们则是里面的“开朝元老”，因学业压力不是很重，虽兼修了双学位但是也同平时上课一般，也就兼下这个职。从此G校便有了一个叫学生自管委员会的新兴学生组织，我在里面任信息部部长一职。一个学生组织的起步终究是很困难的，因为从人员架构、职务分配都要一步一步全由我们这样一个团队搭建起来。到了10月15日，自管会正式成立，我觉得我身上又多了一份责任，但这一会儿我是部长，我责任远比之前的要大。之前，我觉得做好自己的就好了，现在要带好一个团队。因为刚刚成立，所以报名来面试的人并不是很多，但在这面试的二十几人中还是挑出几个好的苗子。我拿出了我之前待在学生会的时候部长的指导方式，主动锻炼他们的主观能动性，高兴的是，这几个孩子都不错。因为那会儿怎么说呢，微博可以说是不温不火的东西，有玩微博的人，也有不玩微博的人，全校一万学生可以说半半分。之前也没有了解过微博运营，自己的微博也就少少的两三百人关注，于是我就看其他学校的相关微博，其他官方微博的运营，学习他们的方法，自己消化后再教给部员，从原来学生处官方微博的不足1000粉到现在2500粉我觉得还是可以的，但是对于我们学校的人口基数来讲还是少了，当然这是后话了。自管会的成立是我大学的又一个起步点，我们一个团队一起为之奋斗，一起举办过校长自助餐会、思雅论坛、图书漂流角、喜阅会等活动，基本上每个月都会有活动，尤其是思雅论坛更是每月都会有一次。但是就在这样高强度的工作下，我产生了消极怠工情绪，可能消极怠工情绪每个人都会有，可能是因为工作不顺利，可能是工作太累，有种种的原因。我可能是因为工作可以由部员代做，自己需要做的工作不是很多，所以一安排需要自己做的事情就开始懈怠，就开始烦躁。后来我结束了我的消极怠工，我想的是现在我是部长，那么我就要履行我的职务责任。你一部长都不想干活，那你要你的部员怎么看，他们也大可不干不是。其实我觉得当部员和当部长都会教会我们很多，参加一个好的学生组织，全力以赴地去做事，你真的会收获很多。大二虽然跟大一相比成熟了很多，怎么说呢，也滑头了很多，逃的课相比较于大一来说多了一些，但是我还是尽量选择不逃课，一是你不知道这节课老师会讲什么，你学不到；二是大学老师不比高中老师，大学老师更多地会根据他们的生活经历、生活经验来教授我们真正的知识，这也是大学区别于其他初等教育的原因。大二期间我也是认认真真学习，虽然来得没有大一努力，但是我还是尽我自己的努力去学习，虽然学年总成绩在班级只是第十，但是加上素质加分上升到了班级第三。大二学年也被评为校级优秀学生干部，校级三好学生，校级二等奖学金。

现在我大三了，我正在准备考研，但是我还仍然在自管会，我觉得这是我们小伙伴一起建立起来的，我们既然还在学校就要一直把他带下去，尽自己最大的努力，不管结果是好是坏，努力过的结果我相信总是好的。虽然现在我才刚刚进入大三没多久，但是我也参与了一次数学建模大赛，帮助学工部，武装部建立民兵综合训练基地。有些事你没有试过，你没有尝试去做，你会发现你永远不会。

ZZH的自传较为清晰地揭示了个体在大学生涯中的心路历程，内容涵盖学习、社团和逃课等。在贵州这个总体上欠发达、各项社会指标都偏低的西部省区，来自浙江的ZZH一开始就有着与G校学生人群不同的特质。近年来，为了提高贵州省的高等教育毛入学率，省属高校在政府的指标“调剂”下，大大压缩了省外生源，维持在15%左右。类似于ZZH这样的外省学生在学校各个层面都能够脱颖而出，尤其是各种重大奖项的竞争，如国家奖学金、挑战杯等，几乎被外省学生垄断。ZZH的描述显示出可以考察的自我成长痕迹，从当初对“乐观地对待地域差异，坚持好歹是自己做的第一个决定”到“什么都得靠自己，一切都由自己拼搏，其实我觉得也是一种很好的锻炼和考验”；从社团“菜鸟”到成熟的部长；从热衷于活动到准备考研，无不体现出“按自己的意图为未来做准备”的主体意识。更为重要的是，他在整个过程中，始终能够替自己的行为做出合法性解释，赋予自己一种正当性，消解外界带给自己的压力，这恰恰是个体得以成人的前置性条件和保护性机制。

ZZH的自传中关于学习的信息不足总信息的十分之一，相比对社团的热情洋溢和细致入微，对学习的描述则平淡无奇、蜻蜓点水，不能给人更多的意味空间，学习只是一个笼统而模糊的概念。虽然他也承认并强调学习的重要性，但实际上“不逃课是做不到”的，他自己对逃课并不讳言，且有逃课行为。在对两年多的大学生涯的描述中，ZZH提到了多个社团，却未提到一门有名称且能让他心情激动的课程。课程学习成绩加上素质学分后，他的总排名可以由第七名上升到第三名，由此可见，课程与课程教学对大学生来说，其适宜性和价值有待重估。甚至可以说，按自己的意图为未来做准备，更多地来源于学生所参加的社团经历和体验，而不是课程与课程教学，这对于大学组织来说，是个严峻挑战。

本部分通过对大学教学剧场系统而深入的剖析，当前大学教学的基础状况已比较全面而充分地呈现出来，这也是当前中国绝大多数地方高校的本来面目，大学的管理者和教育者与学生发展之间的隔阂与鸿沟清晰而眩目。组成大学的形塑机制和运行法则自成体系，形成一个巨大的官僚系统，这个官僚系统遵循的是利益原则和行政原则，虽是以学生为圆心建立起来的，但核心利益的排序上，学生被置于最外围的位置，将学生视为被看管和防范的客体。而学生自身却在官僚体系之外，发展出自己的生存实践，试图按自己的意愿留下印记。

在全球化和市场经济的双重推动下，社会基础的个体化已成为趋势，高校仍独成一体，与社会保持一定的距离，但学生个体却用最敏感的触角探知到了来自社会的信息，在一种非结构化状态中悄然做着个体化的准备。本部分从地方高校的运作架构和学生在地方高校中的各种行为方式及他们的行为表征进行了分析，这还只是外围的，尚未触及实质。不管高校院校的形式有多大差异，知识生产和知识传承始终是其核心，后面的研究将进一步从知识的角度对高校进行分析，试图弄清楚“学生对所学课程没有好感”的根源。

第四章　知识与权力

本部分重点从高等院校的知识体系即教学框架来进行分析，知识与权力是一对孪生兄弟，何种知识能进入教学框架，本身就是权力的外在体现。理论上，意识形态决定知识的选择，但具体到高校的日常实践中，情形更为复杂多变。因而，对地方高校的知识与权力进行研究，既有意识形态上的，也有微观实践层面的，意识形态体现的是国家对高等教育的控制，微观实践体现的是国家总体控制下的高校内部权力运作。教学框架包括知识选择、知识教学及知识考核等。

第一节　大学教学的历史考察

我们看到的关于“教学”的概念是一个高度程式化的概念，如“教师的教和学生的学共同组成一种人类特有的知识传承活动”，没有生命、没有灵气，更没有想象。回顾教学的起源，实则是大学的起源，没有教学，大学只是一个空洞的观念。教与学从来都是历史的，也是现实的，是一种张力状态下的调适。

一　教学的本质

我们今天所见的大学形式起源于中世纪的欧洲博洛尼亚和巴黎。中世纪的大学是“人的组合体”，是现代大学的源头和赖以发展的基础。大学一词最初的含义是行会之类的组织或社团，后来才被限定为教师和学生的联合会。

从历史上看，博洛尼亚所在地的大学一词与知识领域或知识的普遍性没什么联系，只意味着一个组织的完整性，起初只是为了对抗当地的城镇居民，后来则是对付教师，要求保障每一个学生都能学到与所支付学费相等值的知识。对教师是这样要求的：教师非经请假，不得无故缺席，哪怕只有一天；如果要离开城镇，就必须交付押金以确保他能够返回；如果在一个常规的讲座中，听讲的人少于五人，他会被开除；他必须在铃声响起时开始上课，并且在下一次铃声响起后的一分钟内下课；在讲解课文时，不能遗漏任何一个章节，也不能将任何一个难点推延到一堂课的最后；教师有责任在每个学年的每个学期进行系统的授课；不能把整个学年的时间花在导论和书目上。[①] 这体现的是“学生掌权”的大学，遭受学生“大学”排斥的教师们，也成立了“教师会”，要求通过考试并取得相应的资格才能进入，这种证书或教师资格证书就成了最早的学位证书。[②] 源于巴黎的大学开创的是另一个传统。与博洛尼亚大学的学生联合体不同，巴黎大学是一个教师联合体，以学院见长。学院起初是一个捐资修建的收容所或宿舍，很快成为许多大学学校生活的一个固定单位，通过自身吸引了许多大学活动，成为学校日常生活和教学的中心，把对社会生活的指导以及所有教学任务都纳入自己的掌控中，而大学反而日益退居其后。

中世纪的大学奠定了现代大学基本框架。中世纪大学是一种自治的教授和学习的知识中心，是由直接进行知识交易的人组合而成的团体，他们接受彼此的制约，体现出很强的自主性和目的性。大学的名称本身，即教师和过着共同求学生活的学生的联合体；其次，大学是一种学习课程的观念，学习的时间和科目都有明确规定，学习结果通过考试检验，然后方可获得学位，由此再获得其他多种学位。大学的主要职责是培养学生、坚持学习和研究。[③]

哈罗德·珀金从大学的诞生（中世纪欧洲）、衰落与复兴（英格兰和苏格兰）、转变与影响（德国）、社会轴心（美国）四个阶段对大学进行了纵向梳理，指出大学最重要的特权是独立自主发表自己意见的权利和自由迁徙的权利，其社会基础恰恰是四分五裂和弱社会控制。而当大学依赖教会、国家或市场支持时，在物质上可以繁荣昌盛，但这种支持力量却以种种有害于教学和研究自由的方式实行控制。大学自由与社会控制之间的关系一以贯之地存在于大学的发展史之中。

从教学角度而言，中世纪大学主要是培养专业人才的职业学校，只是在有限的意义上为学习本身而存在，大学在满足专业、教会和政府对各种

---

① ［美］哈斯金斯著：《大学的兴起》，张堂会等译，北京出版社 2010 年版，第 6—15 页。

② 同上书，第 16—17 页。

③ 同上书，第 19—30 页。

人才的需要中不断发展。严谨意义上的大学与其他专业训练学校显著不同的特性在于其两个多学科性，一是神学部、法学部和医学部这些研究生水平的专业学部在同一机构中并列教授；二是这些高级的专业课程是设在“七艺”共同课程之上。“七艺”分成本科生或学徒的“三艺”（文法、逻辑、修辞），是从事以后学习所需要的基本工具；学士或工匠学的“四科”（算术、几何、天文、音乐），它们是自然科学的基础。文学部的教学与专业学部一样重要，因为绝大多数学生要是不再继续就学，文学部为他们在读写、辩论、思维、计算、测量和自然科学基础知识方面提供的有用训练，使他们适于承担教会和世俗政府中的各种职业。以辩论为主的教学方法使学生个个变得能言善辩，学生正是依靠这种本事在布道、法庭听证和政府讨论中崭露头角。

随时工业革命的发展，英国大学所提供的有限宗教知识已不能满足世俗社会的需求，其职能也因时而发生转变，从特定专业训练机构转变为社会统治工具，制度也发生了深刻变革，如少数教授负责单门学科的做法取代传统的每个人都负责全部学科的全科导师制，对知识的发展具有极大的促进作用。德国大学在洪堡的影响下，走上了一条完全不同于欧洲传统的发展道路。洪堡把大学看成是社会的道德灵魂，是为了确保获得最纯粹和最高形式的知识（Wissenschaft，类似于非功利的纯学术）。这种知识，不是一件事物，而是一个过程，不是一种专门化的知识，而是一种学习方法、一种心理态度、一种思维能力和技巧。不是要确保掌握这种或那种知识，而是在学习过程中，确保记忆力受到锻炼，理解力得以提高，判断力得以纠正，道德情感得以升华。只有这样，才能获得为从事任何专业，是出于自由的意愿和为了专业本身的理由，而不是为了糊口谋生所必需的技能、自由和能力。德国大学也同样日益与工业革命相结合，并以其研究特长引领德国社会的进步和世界大学的发展。美国大学虽以德国为师，但其对市场的充分利用很快使美国成为世界高等教育的中心。而后工业文明时代，大学已成了不可或缺的“轴心机构”，人们对大学高度依赖。[①]

大学发展史的考察明示一个中心，没有教学就没有大学，即知识选择及教授知识的方法始终是教学的核心问题。知识始终是教学的中介物质，

---

① ［美］伯顿·克拉克主编：《高等教育新论——多学科的研究》，王承绪等译，浙江教育出版社 2001 年版，第 23—49 页。

没有知识，就没有所谓的教学，其不同在于何种知识会被选入教学中。中世纪需求的是神学知识和教授神学知识的方法，工业时代需要的实用知识及教授实用知识的方法，后工业时代沿袭了工业时代的大部分需求，同时增加了以服务业为方向的新需求，知识本身和教授知识的方法同样如此。珀金所言的“自由与控制”无非是围绕“知识”这一核心而来，体现的是知识与权力的相互关系。

二　什么知识进入教学框架

自从斯宾塞提出“什么知识最有价值”以来，就教育的科学化而言，的确给人类社会的教育提供了基本参照点。斯宾塞认为教育的目的是“为完满的生活做准备”，实现完满生活的科学课程体系包括五个方面的教育，即准备直接保全自己的教育；准备间接保全自己的教育；准备做父母的教育；准备做公民的教育；准备闲暇生活的教育。他主张用科学的课程体系去扫除学校教育中的装饰主义弊病，把教育和现实生活紧密联系起来。斯宾塞给出的答案是“科学”，就其整个语义来说，科学不仅仅是知识本身，更是一种方法论和价值观。[①] 他在课程体系前冠以“科学”二字，就为知识选择提供了一个基础标准，而“科学”定位的依据则是以人的生命期作参照，首先让个体生存下来，即“直接保全自己”和“间接保全自己”，这主要是指青少年时期的教育，为一生的职业发展做准备；然后是为尽社会责任做准备，即“做父母”和“做公民”；再次是追求高层次的生活，即让“闲暇生活”变得有意义。斯宾塞的知识选择的科学原则既指向人的一生发展，又包含人的不同发展阶段所必须具备的知识结构。

人生是有限的，斯宾塞强调的知识价值是相比较而言的知识的比较价值。知识的比较价值观既承认一切知识的价值，同时强调知识的内在差异及其对教育的不同价值。所谓“完满的生活”即是“运用我们的一切能力使对己对人最为有益”，是斯宾塞衡量知识价值的尺度。围绕这一尺度，进行了知识的筛选和组织。知识筛选和组织的主导权一般掌握在社会的主导者手中，由他们来制定基本原则，对知识进行掌控。“完满的生活”标准的确立，既有对个体完满的企望，也有对社会完满的想象。

就进入教学框架的知识而言，按照泰克西纳的设计，一个全人的完整

---

① ［英］斯宾塞著：《教育论著选》，胡毅、王承绪译，人民教育出版社 2005 年版，第 6—46 页。

的教育，应包含艺术、信息的符号、物质能、心理学领域、社会学领域、演进领域、未来领域、社会控制论、传播领域、探究领域、统合领域等十二大领域的知识。根据这个参照系，王伟廉教授认为，我国大学知识设计上的缺陷首先体现在知识的覆盖面上，缺少探究领域和统合领域中的课程内容，“知识有余、研究不足”，“分化有余、综合不足”。其次，在跨学科研究和边缘学科的课程设置上表现出很大的随意性和不科学性。如开设选修课的时候，不是以知识总体中各部分之间的内在逻辑为依据，而是凭经验，甚至凭主观猜测，结果使选修课与课程总体毫无关联，造成学生所学知识内容支离，难以融贯。①

最早的大学教学框架是由学生与教师基于知识交易这一载体分别发动的，学生为确保自己的学习权利对教师做出了规约；而教师为维护自己的团体利益，设置了严格的准入标准，为现代学位制度提供了历史实践。可以说，现代大学是基于学位而构建的教学框架，以此来固化知识和权力之间的关系。莫里斯·柯根从将高等院校视为一个政治系统的角度对现代大学知识与权力之间的关系进行了诠释②，也是对斯宾塞知识筛选原则进行的当代解释，但又显然与斯宾塞的本意有距离。因为现代大学已演变为“学位”建制，筛选的标准是实用主义的“学位”，而非形而上学意义上的“完满的生活”。另外，现代大学的主体早已突破了学生和教师两极，政府、市场、资金捐助者等主体多元化，无不希望对大学力求渗透，而渗透的最佳方式便是争夺知识的定义权。

基于学位制而构建的知识体系，与基于“完满生活”而构建的知识体系，有了质的差异。基于“完满生活”的知识体系，着眼的是个体的终身发展和个体潜能的充分展现，服务于个体在社会结构中的最佳存在，个体始终处于一个潜能不断开发的内省状态中。知识本身没主从之分，没有位序之分。而基于学位制的知识体系，服务的是与学位相对应的社会分工，按照已有的社会模型来形塑社会所需要的个体。个体在获得学位的过程中，便是一个外烁的过程，知识的价值有了选择性，知识的等级性不可避免地被建构出来，这种等级性与个体本身无关，而是一种社会工程学的设计。

---

① 王伟廉：《课程研究领域的探索》，四川教育出版社 1988 年版，第 52—65 页。

② ［英］莫里斯·柯根：《政治的观点》；［美］伯顿·克拉克主编：《高等教育新论》，王承绪等译，浙江教育出版社 2002 年版，第 50—72 页。

三 教学框架的知识权力组织形式

早期的大学是学生联合会和教师行会，现在的学生基本上不具备与教师抗衡的资质，教师也不再拥有往昔的优势。关于教学框架的权力组织形式，范德格拉夫等采取六级层次分类法，依次是系或讲座、学部、大学、联合大学、州政府和中央政府。研究所或系是第一级，通常是一门学科的教学与研究的单位；第二级为学部或学院；大学本身是第三级，传统意义的大学只有一处校园；第四级是拥有多所分校的巨型大学；第五级是州政府；第六级是中央政府。[①] 根据这种分类法，在对联邦德国、意大利、法国、瑞典、英国、美国和日本七国的高等教育管理体制进行比较分析后，范德格拉夫等归纳出十种学术权力形式：

个人统治（教授统治）、集团统治（教授统治）、行会权力、专业权力、魅力权威、董事权力（院校权力）、官僚权力（院校权力）、官僚权力（政府权力）、政治权力、高教系统的学术寡头权力。[②]

以上十种学术权力中，与知识直接相关的是个人统治（教授统治）、集团统治（教授统治）、行会权力、专业权力、魅力权威和高教系统的学术寡头权力，属于高校场内权力；与知识间接相关的是董事权力（院校权力）、官僚权力（院校权力）、官僚权力（政府权力）和政治权力，属于与高校保持一定距离的场外权力，这两种有位置差异的权力构成了教学框架的整体权力运行机制。场内权力决定具体知识的准入资格，而场外权力则决定目标性和导向性知识。这十种学术权力也与教学框架的组织形式巧妙吻合，共同为“什么知识进入教学框架”划定了边界，因此从某种程度上来说，高校内部的权力基本上是一种基于主导知识定义的权力配置，也可以说是一种知识权力。这种知识定义权的假设是知识的功用性，即谁需要哪些知识，哪些知识对哪些人有用。

第二节 G校知识分析

G校是一所建立于1958年的西部地区地方财经院校，其所经历的

① ［加］约翰·范德格拉夫等编著：《学术权力——七国高等教育管理体制比较》，王承绪等译，浙江教育出版社2003年版，第4—7页。

② 同上书，第186—198页。

发展变革折射了中国高校的历史缩影。因其地处西部，长期偏安一角，甚为封闭，缺乏现代高等教育的应有元素，直到未通过1998年教育部的合格评估才打开跟外界联结的通道。[①] 挣扎在传统与现代中，G校逐渐摆脱经验的局限，开始探索大学建设。从学校的发展历程来看，G校经历了一个从自发到自觉、从外源到内生、从被动应对到主动思考的过程。

一 G校知识体系与结构分析

（一）基于制度化专业划分的知识板块

此部分内容是对G校某个历史时期关于知识体系的较为详细的呈现，是在广泛意义上对“教学框架”进行的实践性探讨。这套知识体系是按照我们熟知的“专业”来设置的，隶属一个学校的总的人才培养目标，而学校的人才培养目标则来自于一个更高层面的规定：“培养社会主义合格建设者和可靠接班人。”

G校的本科人才培养目标是“儒魂商才”，人才培养模式，即“一个目标，两轮驱动，三强一高，四大模块”。[②] 2010年G校专业已达到45个（含专业方向），在校学生8000—9000人。围绕“儒魂商才”培养目标，为适应经济社会发展需求，增设了音乐学、舞蹈学2个新专业，希望拓展学生的人文基础。截至2014年9月，专业设置达到52个（含专业方向），在校学生达18000人，是2010年在校学生人数的2倍，经济管理类专业占比67.31%，分散在12个学院中。每个专业就是一个自然部落，村落按一定的属性归属到某个部落（学院）中。专业与学院基本上划分了知识的横向板块：

经济学院：经济学

财政与税收学院：财政学、税收学

国际商学院：金融学（中外合作办学）

---

① 截至1998年，G的校园面积不足60亩，与另两个中专学校合用一个校址，三校师生之间经常为“领地”发生争执甚至打架。教育部专家来评估的时候，看到了最原始的G校，校舍面积与基础设施和教育部的要求之间有天壤之别，当年没有通过评估，在学校教师们的努力争取和教育部专家的施压下，贵州省政府终于下力气来解决G校的基本办学条件问题。也正是这次合格评估，除了教学硬件外，G校的管理人员和普通教师才知道大学的应然之道。——G校校史

② “一个目标”即人才培养目标、“两轮驱动”即理论教学和实践教学、“三强一高”即语言表达能力强、计算机运用能力强、数理分析能力强及动手实践能力高；“四大模块”即通识课程、文理基础课程、学科共同课程与专业课程。

国际经济学院：国际经济与贸易、投资学、国际商务

金融学：金融学、金融工程、保险学

法学院：法学

会计学院：会计学、财务管理、审计学

工商管理学院：工商管理、物流管理、市场营销、人力资源

管理科学与工程学院：管理科学、工程管理、工程造价、房地产开发与管理

公共管理学院：公共事业管理、社会工作、劳动与社会保障、行政管理

资源与环境管理学院：农村区域发展、土地资源管理、农林经济管理、自然地理与资源环境、人文地理与城乡规划、资源与环境经济学

旅游管理学院：旅游管理、旅游管理（职教师资方向）、酒店管理

教育管理学院：教育技术学、公共事业（教育管理方向）、应用心理学、教育技术学（职教师资方向）

信息学院：计算机科学与技术、信息管理与信息系统、电子商务、软件工程

数学与统计学院：数学与应用数学、统计学、经济统计学

文化传播学院：汉语言文学、广告学、传播学、汉语国际教育

外国语学院：英语、日语、商务英语

艺术学院：音乐学、舞蹈学、环境设计

G校较长时期内是一个非常单一的经济管理类学校。21世纪初，新到任的校长在调研毕业生的情况后指出，毕业生在社会位阶中地位不高，明显不如综合院校和师范类院校培养的学生，缺乏发展后劲，其原因一方面在于所学的经济管理知识过于功利，没有人文底蕴；另一方面是学科过于单一，没有开设人文类课程。为了改变毕业生的发展状况，也为了吸引高学历、高层次人才改变学校严重滞后的局面，[①] 学校先后设置了文化传播学院、外国语学院、艺术学院、教育管理学院等，先后成立18个教学学院。在学院设置中，经济类学院5个，占27.78%；管理类学院6个，占33.33%；文学类学院3个，占16.67%；教育类学院1个，占5.56%；理工类学院2个，占11.11%。每一个学院即为一

① 该校在1998年教育部的合格评估中被亮黄牌，濒临绝境，1999年才通过合格评估。

个部落，部落有部落的边界，自成一统，因而，不可避免地存在以下问题：

（1）专业设置与学院设置过细：与同类院校相比，显得过细。其正面意义是有利于探索精细化发展，但其负面意义是边界划定后，不利于边际互动，学生培养过于专业化，不利扩展其更具竞争力的综合能力和学术视野，在学校层面也不方便整合资源，一方面是资源闲置与浪费，另一方面是资源不足。

（2）专业建设的特色不明显：以经济、管理类为主体专业，各专业之间的特色，尤其是按一级学科或二级学科设置的专业之间的特色难以辨认。其他非主体专业的特色在学校内部分明，但若与非财经类院校的同类专业相比，其特色也难以定位。

在这种横向的以专业和学院为边界的知识板块中，重要的不是知识具有何种程度的坚定性和神圣性，而是操作知识板块的力量，即专业和学院所代表的利益相关者，但不可否认学院的设置中包含指向未来的远景思考。

（二）基于学位制度构建的知识体系

要获得一个学士学位，需要掌握什么样的知识？此处的知识既是体系性的，同时也被规定为“课程”，即由相关课程组合便成了学位知识体系。此处以2009 级保险专业为例（见附录 1），对学位知识体系进行分析。

表 4－1　　G 校全部课程资源

课程模块	公共基础课		文理基础课		专业课			集中实践教学	课外素质
					必修课		选修课（15）		
	思想政治理论课	公共课	限选课（9）	任选课（94）	学科共同课	专业主干课			
门数（57）	6	9	4	4	12	8	5	9	
比例（%）	10.53	15.79	7.02	7.02	21.06	14.04	8.78	15.79	
学分（175）	14	41	9	8	37	21	15	24	6
比例（%）	8	23.43	9.72		21.15	12	8.58	5.15	3.43

表4－2　　G校列出的任选课

	人文社会科学类	科学与技术类	艺术与体育类	经济与管理类	总计
门数	49	14	14	17	94
比例（%）	52.13	14.9	14.9	18.09	

学校能开出的课程总数为153门，而学生必须从中学习57门，表面上的自由选择率为37.26%；实际必选率为：（57－4）/（153－94）＝89.83%，可供学生自由选择的课程资源非常有限。任选课资源中，课程类别的比例不平衡，科学与技术类、艺术与体育类课程比例很低。工具性知识有余，审美性知识和解释性知识缺乏。

表4－3　　课程学时分配

	公共基础课	文理基础课	专业课		集中实践教学
			必修	选修	
总学时	1056时	283时	979时	246时	
非讲授学时	337时	39时	233时	51时	34/160周
所占比例（%）	31.92	13.78	23.8	20.74	21.25

注：（1）非讲授指实验与实践性教学环节；

（2）选修课选课假设：15门选修课中，须满足15个学分，全选3个学分的，需5门课；全选2个学分的，需8门课；部分选3个学分，部分选2个学分，最少需6门课。出于最经济的考虑，5门课应是最佳选择。同时，为了便于考察实验/实践性教学学时的上限，从中选择开设实验课程最多的5门课，即民法概论、财务管理、金融工程学、保险公司经营管理、保险经纪与公估。

从课程的学时分配来看，公共基础课的讲授学时占68.02%，文理基础课的讲授学时占86.22%，专业课，无论是必修课还是选修课，讲授学时均占76%以上。高等教育扩招后，学生的实践能力培养受到了影响，毕业生在就业市场中的竞争劣势和用人单位对毕业生能力不足的批评，促进教育管理部门要求高校强化学生的实践能力培养。为了应对这一要求，G校教学框架中规定，学科共同课实验/实践教学学时不低于该类学时的16%，专业课实验/实践教学学时不低于该类学时的31%。课程教学总学时为2564学时，其中实验/实践教学学时占26%。学时分配揭示了知识传递的方法途径。从学分分配来看，175的总学分中，课程教学环节145

学分，占 82.86%；集中实践教学环节 24 学分，占 13.71%；课外素质 6 学分，占 3.43%。课程教学环节中，公共基础课 55 学分，文理基础课 17 学分（其中限选课 9 学分，任选课 8 学分），学科共同课 37 学分，专业课 36 学分。实验/实践教学学时按每 16 学时折合 1 学分，共 41 学分。作为实务性很强的一门专业，无论从学时分配还是学分分配，课堂教学环节均占了绝对比重。

（三）培养目标及培养要求分析

1. 培养目标

本专业培养适应经济社会发展需要，胸怀中国特色社会主义共同理想，基础扎实、知识面宽、综合素质高、实践能力强，具有比较扎实的保险理论基础和从事具体保险业务工作的能力，熟悉保险相关专业理论和知识，有较高的外语和计算机应用水平，具有较强市场经济意识和社会适应能力，能在保险公司、保险中介公司、大中型企业、社会保障部门、金融机构从事相关工作的具有较强应用能力的高层次经济管理人才。

2. 培养要求

本专业面向保险一线，在保险知识扎实的基础上，突出多事理财顾问的专业特色，强调实用性和为地方经济服务。毕业生应达到以下要求：

热爱社会主义祖国，拥护中国共产党领导，掌握以马列主义、毛泽东思想、邓小平理论的基本原则；愿为社会主义现代化建设服务，为人民服务，有为国家富强、民族昌盛而奋斗的志向和责任感；具有敬业爱岗、艰苦奋斗、热爱劳动、遵纪守法、团结合作的品质；具有良好的思想品德、社会公德和职业道德。

具有一定的人文社会科学和自然科学基本理论知识；掌握现代经济学的基本原理和现代保险理论知识；能运用有关理论、分析行业的现状；具有一定的社会活动能力和从事金融、保险等业务的工作能力；了解现代市场经济的运行机制、方法和技巧，掌握人身、财产、社会保险等基本业务知识和技能；外语和计算机达到学校规定的水平或等级；具有开拓和创新精神以及解决实际问题的能力；具备从事本专业业务工作和适应相邻专业业务工作的基本能力和素质。

具有一定的体育和军事基本知识，掌握科学锻炼身体的基本技能，养成良好的体育锻炼习惯和卫生习惯，受到必要的军事训练，达到国家规定的大学生体育和军事训练合格标准，具备健全的心理和健康的体魄。

上述人才目标和专业能力结构及素质要求描述模糊，全部是定性描述，没有精确性，缺乏可以操作和可以检测的评估指标，这样的描述对于市场变化缺乏敏感性和时代感。就当前保险专业而言，市场紧缺的是把握世界保险业的发展趋势、精通国际金融和保险规则的高级人才；具有诚信和创新精神的高素质、高技术、高水平的综合性人才。但需求层次上，对基层应用型、操作型、业务型人才需求量较大，而对技术型、复合型、管理型、战略型等高端的精英人才的需求量则较小。那么，作为地方院校的保险专业该如何根据学校特色和区域经济社会发展特点来定位自己的人才目标及能力结构和素质要求？

3. 知识选择

保险学的核心知识包括财产保险、人身保险、海上保险、再保险、精算、保险营销和保险监管等。保险专业2009级培养方案中，专业主干课有：社会保险学（T5）、证券投资学（T5）、保险学（T5）、人身保险（T6）、财产保险（T6）、寿险精算（T6）、非寿险精算（T6）、风险管理（T7）。[①] 这些课程中，社会保险学并非保险专业的核心知识，是否一定要放在专业主干课中？寿险精算、非寿险精算作为两门独立的课程放在专业主干课中，改为精算学原理是否更合适？可不可以将寿险精算、非寿险精算作为方向课放在专业选修课中？各门课程之间的先后顺序该做怎样的合理安排？如何更好地体现专业实践能力的培养？

为此研究人员请教了保险行业资深人士，基于保险知识体系的内在结构及贵州保险行业对人才的需求特点，他提出以下建议：专业主干课程顺序调整为风险管理、保险学、保险法、人身保险、财产保险、精算原理、证券投资学；社会保险学非保险专业的核心知识，与商业保险是两个不同的类别，不应作为主干课，但可作为专业选修课；考虑到学校学生的基础及学生未来的就业情况，主干课里开设一门精算原理即可，没有必要开设寿险精算和非寿险精算，可放在选修课中；保险法应作为主干课，而不是选修课；专业选修课应加开保险营销和保险监管类的课程，为学生从事实务工作和考公务员提供知识基础。

从以上的分析可以看出，即使以专业界别划分知识，高校和实践界之间也存在明显的差异，而总的来看，高校的认知落后于实践。对于哪些知

① T表示开课的学期。

识能够进入专业框架，是按知识发展逻辑进行组织，还是按人的认知规律进行组织，或是按照个人利益因人设课?① 这需要某个专业的专业人士和另一个专业领域即认知科学的专业人士合作才能得到解决，同时也需要知识选择真正以学生利益为考量。这种混乱的状况不只是特例，教学计划在实际执行中发生变化是经常性的事情（见表4－4），主要原因有四：一是因教师变动，无法按时开课；二是制订教学计划时无前瞻性，临时增加新课程；三是对课程体系的逻辑顺序和课程内容及课程在学分结构中的分量事先缺乏足够的了解；四是因为学校的整体变化，如增加学科导论课等。这样的调整，一般的流程是，课程所在系（教研室）提出调整报告，由学院呈交给教务处，教务处上报校学术委员会进行论证，以完成程序的合法性。

表4－4　　2007年下半年至2010年上半年教学计划调整情况

学院	调整门数（31）	所占调整比例（%）	课程性质		
			学科共同课	专业主干课	专业选修课
法学院	3	9.68	1		2
文化与传播学院	1	3.23		1	
国际经济学院	2	6.46		1	1
数学与统计学院	6	19.36		3	3
管理科学与工程学院	4	12.91		3	1
工商管理学院	1	3.23		1	
信息学院	6	19.36		6	
教育管理学院	2	6.46		2	
资源与环境管理学院	2	6.46		2	
财政与公共管理学院	1	3.23		1	
外国语学院	3	9.68			3
课程性质类别比（%）		3.23	64.45	32.26	

在G校历史上，何种知识进入教学框架，并未有一个精确的计算或

① 调查中得知，两门精算的开设和社会保险学作为保险专业的主干课确实存在因人设课的问题，即任课老师强烈要求，而管理人员难以拒绝。

设计，而是根据市场所需，与某种职业相对应，进行经验性的编制。1999年通过教育部合格评估复评之后，G校开始接触现代高等教育的基本逻辑，在知识体系的编制上，一方面是做一定程度的市场调研，另一方面是借鉴其他高校同类专业的教学计划，再根据自己的师资情况，进行知识体系的编制。就这种编制而言，主要是基于经验，其结果正如王伟廉教授所批评的，体现出随意性和不科学性。

在比较全国高校的教学计划时，我们会看到最先出现的是全国趋同的公共基础课科目，财经类高校有共同规定的核心课程。2000年，教育部高等教育司组织力量确立了政治经济学、西方经济学、国际经济学、货币银行学、财政学、计量经济学、会计学、统计学8门课程为经济学类专业的核心课程；管理学、微观经济学、宏观经济学、管理信息系统、会计学、统计学、财务管理、市场营销学、经济法9门课程为工商管理类专业的核心课程，并确定了这些课程的教学基本要求。这些统一课程试图确保全国范围内经济管理专业的基本规格，其他课程则由各学校自行设置，以区别校际差异。这种核心课程的官方划定是中央集权政治模式在知识领域的反映。

即便有这样来自外界的"专业性指导"，G校的分析表明，外界的"专业性指导"的意义在于获得一定的认可，以证明"入主流"，但仍然难以深入地方高等院校的内部肌理。在地方这个层面，高等教育还没有被当成是教育本身、须按照教育的内在逻辑来进行知识组织，而是被作为无区别的行政事务在处理，按照行政的日常逻辑来运行。其中暗含的假设是，某一类别的专业人员天然是教育管理者和教育组织者，这种状况即使是在目前的地方高校，依然比较普遍，"985"和"211"高校也不例外，只要观察一下校长是怎样产生的就足以说明高等学校的行政性和非教育性，知识的等级性亦由此得到彰显。

二 单门课程知识类别与教材依赖分析

前面从知识体系和教学计划执行的角度对以学位为单位的专业教学计划进行了案例分析，地方高校在知识的整体组织上存在着明显的经验性和随意性，属于学校组织层面上的问题，即教育管理者缺乏对教育组织特性的内在认知和对知识管理的相应知识和方法。而本部分将对知识类别在单门课程中的呈现进行探讨，这个层面从主体上来说，属于教师个人对知识的组织和驾驭。

知识不是混沌的，可以分为一定的类别，王伟廉教授在对有关文献进行分析的基础上，将其归为七种：态度、价值、规范、概念、规律、似规律原理及事实，属于陈述性知识，还有一类程序性知识。强调课程工作者和教师应该了解知识类型，并解决两个任务，一方面要确定在自己的课程中应强调哪些知识类型及某类知识的密度，另一方面要确定在一种知识类型中哪些东西最有用。具体而言，态度指的是某种心理状况；价值属于对人或物做出的判断；规范包括功效规范或规定性规范、规章式规范及道德规范；概念一是指对客体作出解释，二是用它制定原则和形成规律；规律是指对客观事物因果关系的概括，多出现于自然科学中，具有高度的解释力和预见力；似规律原理指对社会现象所作的概括，还没有上升到自然科学的那种理论高度，但却反映出社会现象的一些规律性；事实指的是关于具体事物的陈述，本身是中性的，不包含任何解释或推论，它只是一种数据或资料。① 关于知识的效用问题，首先知识的效用与教育目标或课程目标不是同一回事，教育目标或课程目标指可检验的学习效果，属于认知发展范畴；而知识效用则侧重于社会实践情境中，是否满足个人或社会需求，属于将知识习得成果转化为实践结果。知识的效用问题进一步检验斯宾塞“什么知识最有价值”的原理，也是评估知识选择的合理性与正当性。

以上七种知识类型的搭配所构成的实体便成了教材，或课程教学大纲。作为地方高校的 G 校，一直禁止学校教师自编教材，明确要求教师必须选用教育部规定的规划教材，或面向 21 世纪课程教材之类，或其他教材，只要不是自己编的就行，且教材的出版年限须是最近三年内的，若超过三年，须打报告予以说明，② 对于教材选用有严格程序规定。因此，对于大多数教师，尤其是硕士及以下学历、低职称的教师，基本上以教材为主。部分博士学历及副高以上教师也愿意以订购教材的方式来避免自编教材所面对的程序麻烦。学生屡屡痛批的教师“照本宣科”指的就是教师按照教材来授课。某种程序上，教材的编写成为高等院校教学质量的隐性操控者。在选用教材方面，任课教师拥有较大的自主权，因为制度的刚

① 王伟廉：《课程研究领域的探索》，四川教育出版社 1988 年版，第 65—69 页。

② G 校截至 2001 年，拥有硕士学历的教师非常少，为保证基本教学水平，规定必须订高水平、正规出版社出版的教材。到 2014 年，G 校专任教师已达 1000 余人，其中拥有博士学历的教师 350 余人，学校已开始放松对自编教材的控制，但仍有严格的审核程序。

性规定、教材市场的鱼目混珠及审批程序的繁杂，教材选用很可能与管理者的预期相悖。

下面将根据知识的类别即从态度、价值、规范、概念、规律、似规律原理及事实 7 个方面对 G 校教育类专业的备选教材、南开大学出版社出版的《教育学》[①] 来进行分析，封面上标注有“21 世纪师范教育专业应用型人才培养本专科通用教材·高等教育‘十二五’精品规划教材”字样。教育学是教育类专业很重要的一门基础性课程。教材 306 页，共 46 万字，其中主要教育法律法规的摘录就占了 58 页，占总页数的 18.95%。前言中指出教材突出了科学性、基础性和时代性。科学性指的是“在提示教育规律的基础上，科学地阐明了教育的基本概念、基本原理，观点正确、论证过程符合逻辑，说服力强，利于师范生深刻理解掌握教育理论”；基础性指的是“围绕实际教学需要，选择工作必备的教育基础知识，为学习其他教育科学如各科教材教法、教学论、课程论等奠定基础”；时代性指的是“增加了适应基础教育课程改革的有关新内容，以帮助师范生入职后尽快适应教育教学工作的需要”。编者同时强调，教师资格制度已由全国统一考试，教材为此适当增加了教师资格考试大纲规定的部分内容。应该说，任何一门学科均是处于发展的状态中，而且是经由不同学者从不同角度提供不同的创见，共同完善和丰富该领域的认知，学科发展的常态是充满争鸣和探究。教材理应呈现出不同学者、不同流派对同一领域的不同贡献，让学习者了解学科发展轨迹和多样生态，在学习中培养探求真知的科学意识和科学精神，及辩证看待不同观点的多元心态和包容精神。但前言中就科学性所表述的“观点正确”，已有了明确的价值取向，由于编者“观点正确”，教材的开放性和包容性已打了折扣。增加教师资格考试大纲中的内容其实已偏离教材的基础性和原理性及科学性，是一种应景式的市场取向，便于扩大教材的销量。

全书共分八单元，第一单元为教育学概述，第二单元至第八单元依次为教育观、学生观、教师观、课程观、教学观、评价观和研究观，这种编排方式按照教育的主要要素来划分，学科特性没有得到体现。与其说它是一本学科理论书，不如说它是一本类似操作实务的册子，单元之间是横向隔断的，彼此之间没有关联。每个单元的知识类别见表 4－5。

---

① 林永惠、路玉才主编：《教育学》，南开大学出版社 2013 年版。

表 4-5 《教育学》知识类别分析

	态度	价值	规范	概念	规律	似规律原理	事实
教育学概述				√			√
教育观		√	√	√			√
学生观		√		√			√
教师观		√	√	√			√
课程观		√		√			√
教学观		√	√	√			√
评价观		√		√			√
研究观			√	√			√

从分析中可知，“概念”和“事实”在教材中占了绝对比重，因教育学属于社会科学，除严格意义上的“规律”缺失是一种正常外，其他如态度、似规律原理等应该在整个教材中有适当比例，尤其是要在知识选择和组织中呈现出知识探究的内在逻辑，让学生在知识学习中，建构起自己的知识加工机制，发展知识评价能力和知识重构能力。整体教材只有条款式的知识罗列，没有案例，没有讨论，更没有不同的教育理论和教育观点的对话，无法激发学生的好奇心、开启学生的想象力和批判性思维。课后思考与练习一无例外的是完成知识记忆的单一题型，如“……有哪些?”“……是什么?”之类，缺乏综合性和挑战性的题目设计。

事实上，这本教材很符合 G 校对教材的管理规定，如“最近三年内出版”、“十二五精品规划教材”等这些标签很容易被选中，这样的教材大体上决定了教师的课堂教学行为，“满堂灌”的结果可想而知，基本上可以解释地方高校为什么会出现“满堂灌”，教师严重依赖教材，学校严格限制自编教材，利益驱动的教材市场让人难辨优劣。另外，虽然部分教师有能力把控自己的知识组织和教学，但考核制度却要求教师不得不提供教材，以便解决另一个棘手的问题——课程考核。

三 知识考核分析

G 校《本科课程考核相关规定（2011 年修订）》文件（见附录 2）中对课程内容考核有如下规定：

“凡本科专业培养方案规定的课程都必须进行考核，应包括平时考核和期终考核。期终课程考核分考试和考查两种形式，必修课程为考试课，执行教考分离原则，实行闭卷考试。专业选修课程为考查课。公共基础课和核心课由教务处统一安排，其他考试课和考查课由各教学单位自行安排。提前结束的必修课程，课程所在单位可向教务处提交提前考试申请，由教务处根据实际情况审批后安排考试。”

“根据课程的特点和要求，考核可采取闭卷笔试、开卷笔试、机试、口试、笔试与口试相结合等方式进行。考试课一般采取闭卷笔试（拟采用非试卷方式进行考核的课程，应在考核前两周将包括考核计划、内容、方式、评分准则等内容的报告报教务处审批）。”

“公共基础课、学科共同课以及文理基础课程中的必修课由教务处组织课程所属分院（部）按《G校本科考试题（卷）库建设与规定》中的要求和标准逐渐建立题库（卷库），各专业其他必修课由课程所属教研室根据教学大纲要求组织命题，须按同一水平命两套试题（A、B卷），在考试前两周完成。”

“试卷命题按120分钟确定题量，考核内容要覆盖教学大纲规定的基本内容，‘三基’部分（基础知识、基本理论、基本技能）、综合部分和提高（扩展）部分应各占有一定的比例。”

“题型要求多样化，一般可采用名词解释、单项选择题、多项选择题、填空题、计算题、判断题、简答题、论述题、案例题、分析题等项题型中的若干项。各个试题要相对独立，不能互相提示。在命题的同时，要制定评分标准和标准答案（客观性试题）或参考答案（主观性试题）。”

“课程考核成绩按百分制计分，一般课程考核成绩以期末考核成绩占70%、平时成绩占30%的比例计算学期总评成绩；教学计划中有实验、实践学时的课程，可将实验/实践成绩并入平时成绩，含实验/实践成绩的平时成绩在学期总评成绩中所在的比例最高可占40%；实验/实践成绩要有评分依据，在平时成绩中所占比例由任课教师根据课程特点自主确定。”①

学校对知识考核有两种类别，一种是由教务处管制的公共基础课和经管类核心课程，必须采取闭卷的方式考试，选修课以考查的方式进行，不限定为闭卷。由教学单位管理和负责专业课（必修课和选修课）的考核，必修课也要求以闭卷的方式进行。根据G校的题库/卷库要求，在不具备

① G校本科学分制学籍管理规定，2012年8月10日校长办公会审定。

条件完成题库的情况下，可以出卷库，原则上要求一次性出满用于三年的15套卷库，每三年更新一次。每次从中抽两套，其中一套作为备用卷。如果不能一次性完成15套，也必须完成5套，且每年须更新。闭卷考核要求教师提供“评分标准和标准答案（客观性试题）或参考答案（主观性试题）”，这样的规定所导致的结果是评判标准的应试取向。学校也鼓励教师进行考核方式改革，要求于开学后两周内报考试方案于教务处批准。[①] 就对知识考核的要求来看，教学单位相对灵活和多元，而教务处掌管的公共基础课和经管类核心课基本上采用卷库。临近课程尾声时，学生会要求教师划重点，进行复习提示，突击期末考试成为多代人的记忆，仍然是当前校园里的常态。因为卷库的存在，有经验和经营已久的营业性复印店可以给学生提供各种各样的考试复习册子，有题有答案。学生只需从复印店购买复习册子，就可轻松应对教务处负责的课程考试，反倒是教学单位负责的专业选修课和专业必修课，如果任课老师严谨认真，学生得在整个学习过程中投入相当的精力才可能通过考核。

在不考虑卷库质量的前提下（卷库质量因学科差异各不相同，高校能够做试卷评价的专业人士并不多），公共基础课和经管类核心课面向全校学生开设，教师每周课时基本在10节以上，多的达到20余节，是不争的事实。如果从课程的效益来看，课程开设的门数和知识密度本身就是一个值得严谨研究的前置性问题，却是一个不容易探讨清楚的问题。知识考核分析揭示出，教师和学生必须依赖教材，因为最终要回到考试上，考试要符合管理规定，管理规定则是为了追求管理者视域中的“正常”教学秩序。

大学之所以存在的核心载体是知识，其次是知识交易的两个主体，教师和学生，除此之外，大学便无存在的理由。通过对大学教学的历史溯源和大学中知识的深入分析，在大学发展的历史长河中，知识已发生了深刻的变化，由最初追求基于个体兴趣的知识偏好变成了基于学位制度的他者知识丛林，管理之手在其中发挥了关键性影响。地方高校的知识运作机制无论是在知识的内在组织层面，还是在知识的外在效用层面，都离初始的大学理想有较大差异。

---

① G校于2013年起以提高3倍课酬的方式鼓励教师申报课程教学范式改革，尤其是改革考试，但从2014年的数据来看，800余专任教师中，主动申报的不足30名教师，可见改革的难度。

G校的知识分析表明，地方普通本科高校的办学历史均较为短暂，真正像办大学一样办大学的历史更短，这既有经验的原因，更有对高等教育认识有待加深的原因。基于学位制度构建的知识体系存在的主要问题要有：培养目标与实现培养目标手段的适切性不明晰；培养方案与教学方式方法的吻合度值得探讨；培养目标如何转变为具体的课程和教育教学活动的程序尚不清楚；对课程如何进行科学组织亦不清楚。一个再清楚不过的事实是，知识的出发点是什么？是为知识而知识，还是为某个社会工程提供螺丝钉？受教育者个体的位置在哪里？这既需要从理论高度对教育教学实质进行把握和诊断，也需要从权力运行角度重新审视地方高校如何对个体产生影响。

第三节　G校教学框架内的知识权力运行分析

在“教学框架的权力组织形式”中，范德格拉夫等采取六级层次分类法，除了合法化的行政权力（主体是管理部门的官员及其辅助人员）外，提出了十种权威性与合理化的学术权力（主体是教授），其中有与知识直接相关的高校场内权力，也有与知识间接相关的与高校保持一定距离的场外权力。这两种权力共同主导高校内部的知识位序与知识筛选，场外权力决定知识的目标性和导向性，场内权力决定具体知识的准入资格，而出发点则是知识的功用性。但从权力主体来看，有一种权力是缺失的，即其他利益群体，包括一般教师、教辅人员和学生。他们在整个高校的权力组织中，基本上处于被遮蔽的状态中。就整个高校知识权力运行来看，行政权力、学术权力和其他利益群体的权力是其组成部分。①

一　高度集中于校级的行政权力

G校在整个国家高校体系中属于地方政府主办的地方性行业高校，由地方人民政府管理，行政主管部门是教育厅，教育厅的业务管理部门则是教育部；G校的人事管理受制于两个部门，干部人事管理者是省委组织部，专业技术人事管理者则是省劳动与社会保障厅。就G校的外部环境

① 谢安邦、阎光才：《高校的权力结构与权力结构的调整——对我国高校管理体制改革方向的探索》，《高等教育研究》1998年第2期。

来看，行政上接受贵州省人民政府教育厅的管理，业务上的终端管理则来自教育部；干部与专业技术人事管理分属两个不同的省级部门。近些年来，贵州省确定了跨越式发展战略，要求以工业强省、城镇化和发展生态经济作为目标。从目前全省的人力资源状况来看，任务非常艰巨，贵州历史上高考毛入学率长期偏低，2007 年才达到 11.5%，2013 年达到 26.5%，无论是数量还是质量，人才均存在较大问题。近些年来，贵州省为了实现发展目标，加大了对省内高校的压力，要求全省高校围绕省发展目标来进行学科、专业和课程设置的布局调整和规模扩张，在省城及各地州修建大学城，培养经济发展所急需的各类技能型、实用型人才，并以资金作为杠杆进行调节。为了应对经济建设所短缺的人才问题，省政府准备打开大门，引入境外优质资源来省办学，这与国/境外高校纷纷进入中国开拓市场不谋而合。

G 校一直面向全国招生，招生指标由省教育厅的计划财务处和省考试院共同决定。作为财经类高校，相比省内其他高校，G 校一直不缺生源，短期内也不会有生源危机。但是从贵州省要求的工业强省、城镇化发展和生态经济角度和开放办学的态势来看，以经济类、管理类为主体学科专业的 G 校潜在的弱势不言而喻。正如前面所分析的，作为办学历史并不算长的地方高校，G 校在内涵建设上存在先在的不足，既面临来自地方政府的压力，也面临教育民主化所带来的学生个体权益保障的压力。在这种格局下来考察 G 校的行政权力是一件很有意义的事情。G 校所处的社会情境决定 G 校的行政权力有两个维度：一是外部的，二是内部的。

中国高校行政权力主体是党委领导下的校长负责制。就外部而言，按现行的行政序列，G 校属于正厅级单位，校级领导属于省管干部，须由省委组织部任命，现任的书记因前任书记于 2013 年到了退休年龄（60 周岁）由外校调入。刚离任的校长于 2001 年 12 月由外校调入，若按正常退休年龄（60 周岁）应于 2016 年 1 月退休。2014 年上半年省里出台了一个政策，省属高校须于 2014 年下半年和 2015 年上半年分批完成校党委换届，出生于 1956 年 6 月 30 日之前的校级领导不再进入党委班子。“不再进入党委班子”意味着保留职级待遇到退休，但不担任校级领导实职。省委统筹高校党委换届，G 校的时限是 2014 年 12 月必须完成换届工作。G 校属于“出生于 1956 年 6 月 30 日之前的校级领导不再进入党委班子”的校级领导有 3 个，包括正校长和两个副校长，全省因这一政策而提前

“退位”的高校领导多达20余人。在统筹“老人退位”的同时，省委组织部在全省范围内遴选“新人”以填补空缺。为了保证换届稳定，省委同时命令各高校，换届期间“暂停重大开支”和“人事变更”。客观地说，刚离任的C校长在G校任职14年，把一个在1998年教育部合格评估时被亮黄牌的一所名不见经传的地方高校变成了省内众望所归的学校，这也是他能够任职14年的根基所在。他以自己退休时限为基础的对学校的发展规划和蓝图设计因2014年的这一政策而中止。G校在2014年这一年里，因外界政策变动而导致的暂时性停顿也是显而易见的。

就内部而言，G校学生规模已达18000余人，校级领导职数为11人，1个正校长，6个副校长；1个党委书记、2个副书记，1个纪委书记。按照高等教育法，高校实行党委领导下的校长负责制，党委保证学校的政治方向，校长作为行政长官代表主管部门来统筹行使高校行政权力，副校长根据分工负责自己所管辖的领域，并对校长负责。学校下设若干教学单位（学院）和职能部门，职能部门对学院享有很大的行政管理权，尤其是在学科、专业、课程设置、职称评定、项目资源分配等方面，学院只能服从职能部门。一般情况，行政系统的主管由校长提名任命，党务系统的主管由书记提名任命，同时报省委组织部报批备案。因为学校为正厅级单位，所以内设的独立机构便是正处级单位，其中一部分符合特定要求的正处级干部会进入“后备干部”行列，作为高一级领导干部的备选人员得到重点培养，合适的时候便得到提升，正如此次换届有2个副校长就是经由全校处级干部、教师代表和学生代表等共同参与的民主选举从“后备”中产生一样。

学院和职能部门本身同为平级，但实际上学院明显要“卑微些”，且冲突是经常性的。学院作为教学单位，频频接触的职能部门是教务处。G校从2007年起，就提出了“高标准、精细化”管理要求，以此推动学校的规范化和秩序化。在校院两级关系中，学校统管了人事、经费和学术事务，学院只能根据学校职能部门的指令来进行运作，成为学校（职能部门）和基层师生之间的夹层，处境维艰。下面以一则事例来阐述行政权力的微妙与复杂：

JG学院调整教学计划中的专业实习时间

教学计划由学校统一安排，具体内容则由各学院根据专业特点自行决定，专业实习安排在第六学期的16周至23周，对于多数专业来说是可行的，但对于教育类专业和心理类专业来说，存在明显的局限性，因为他们的实习场所以学校为主，这期间各类学校正好处于期末考试和放假状态。为此，JG学院给教务处打报告，要求将2011级教育类专业实习时间提前，正在准备当中，于4月8日获知科研处和与中科院合作的“贵州省农村地区儿童肠道寄生虫病防治项目第11期——社会经济调研和干预”专项调研即将开始，调研的地区主要是黔东南的七个县的中小学，对象是8岁到16岁的儿童，参与人员还有G校部分研究生、贵阳护理学院的部分学生、中国科学院教师和研究生。研究活动主要目的是通过相关测试了解贵州省农村地区儿童肠道寄生虫病的感染情况以及感染肠道寄生虫对儿童智力的影响，以此来进一步加强对贵州省农村地区儿童感染肠道寄生虫病的重视，有助于改善农村地区儿童的身体健康和智力的正常发育。时间是2014年4月14—30日，先在校内培训，20日下乡调研，回来后进行实习报告的撰写，前后时间与专业实习所要求的学时大致相当。

基于学生能够充分了解贵州省基层教育状况及得到高水平教师的指导与团队协作的经验考虑，JG学院同意2011级教育类专业全员参与此次与中科院的合作作为专业实习，于是开始了与教务处的漫长协商。4月10日下午4点47分，X院长跟教务处Z副处长（教务处处长空缺，由Z主持处务工作）电话联系了专业实习提前的事，告之以项目调研的方式进行，学生需要下乡，涉及调课，Z表示，学院先打报告，按程序走，X院长说下午送报告给他，Z告诉X，实践教学由Y副处长分管，具体联系Y。学院当天下午派人去送报告给Z，因Z有事，没送到。4月11日下午，JG学院办公室派学生将报告送到Y手中。其间，X和Y多次沟通交流，Y表示只要安排好就可以。后来，Y发现应用心理学也要提前，就跟X说，一个学院两个专业要提前，怕开这个口子，别的学院也要提前，教务处不好处理，只能批一个。心理系的专业实习不需调课，全在课余时间，X于4月15日9点56分给Y发了一条短信：“Y处长，2011级心理学专业实习主要是去学校，请根据专业特性做特殊安排。若需学校领导批准，本人再去做工作”。Y的回复是：“那要麻烦X院长向分管校长请示。”X于16日一早去请示分管校长，分管校长指示，专业特性是事实，但要按程序走，填写“G校学期开课计划调整审批表”，批准后再实施，X说，“我们赶紧把程序走了，但专业实习的时间已定下（中科院的调研时间），我尽量快点办理。”X于16日晚9点23分回复Y：“已请示分管校长，同意提前。”

在办理的过程中，JG学院还是没能在调研开始的日期前把书面手续办完，口头沟通始终保持着。为了让学生如期顺利出发，调课手续方面，JG学院教务办和教务处教务科有沟通并上报了调课的申请。本院课程由学院全部调整顺延两周，学生选的院外的课，由学院出证明帮助学生向任课老师请假，调课手续在18日全部办完，学生于20日如期出发。X于22日晚上10点44分，接到Y的电话，Y有些激动，说他们没有办理手续就擅自停课，X一头雾水，半天才听懂，说有老师向教务处反映JG学院影响了教学秩序。X说办了呀，Y说他们没批，因JG学院的正式报告还没送去。X说不对，报告早就送给你们了，Y说她没看到，X回复等到第二天再去复核。

23日8点一上班，X就找学院教务办J老师问情况，才知调课已通知本院本部教师，但有一门专业课《教育社会学》被教务处归属在GG学院，没有通知到GG学院安排的W老师。学院教务办主任一般只能通知到院内教师，院外教师因缺乏相应的联系方式，甚至都不认识任课老师，便漏掉了此事。W老师按照往常的时间去上课，发现教室空无一人，害怕承担教学事故，便向教务处做了报告。8点28分与11点43分，Y两次致电X，说JG学院扰乱了教学秩序，是个严重的教学事故，一再提到，因为有老师来反映，必须做处理，专业实习要立即停止。这事涉及科研处，科研处负责与中科院合作的副处长愿意协助JG学院应对学校的质询。下午2点，X去教务处找Y，才知她被分管校长批评了，分管校长否认知道JG学院学生专业实习提前，要出去调研一事，致使Y情绪激动。X再次陈述分管校长的确是同意他们提前，但要求办好手续得到批准，因时间紧，手续还没办完，学生先出去了。Y要求X一同去找分管校长当面澄清，三人对面，分管校长的表达是，要求X按程序走，得到批准后才能出去。面对教务处提出中止专业实习、学生返回一事，分管校长从维护学校与中科院合作声誉的大局着手，建议学生实习不要中止，X则回去写检查。分管校长同时表示，他不能做主，须去向校长汇报。

校长得知汇报的结果是，要记JG学院一级事故。没有调查，没有专门会议协商，校长一言便要定JG学院一级事故。面对此种结局，X院长开始了艰难的与学校领导的沟通与说服工作。G校已多年实施目标责任考核制，一级事故会使整个学院蒙受惨重损失，殃及全院教师的年终绩效考核结果。X 痛陈让学生外出调研的动机是为学生得到最好的实践机会，本人无任何私利；一级事故一是会让 X 本人职业生涯蒙上阴影，二是将严重打击一心为学生发展突破陈规的管理人员和教师。几经努力，校长最后松口，让教务处根据《G 校教学事故认定办法》进行实事求是的认定，同时表明，之前要严罚，是出于安全考虑，学生外出导致的安全意外将陷学校于被动之中，学生不出事则好，一出事，家长没完没了，赔偿要价很高，X 终于弄明白了校长要求严罚的真实想法。校长要求 X 加强和学生的联系，确保学生平安回校。尽管 JG 学院是出于为学生争取机会的动机，但学校层面为了杀一儆百，还是对 JG 学院做出了处罚，鉴定为三级教学事故。

以上事例，在地方高校是一件再平凡不过的事，这也是“高标准、精细化”管理导向下的必然结果。从教育理念上来说，属于因材因时施教，发现原定计划中有不符合实际情况的，及时进行调整，是理所当然的事。X 在日后写给学校的检查中表示：“答应科研处把 2011 级教育类专业实习设计为教育专项调研，纯属抓住战机，给学生一个锻炼的机会。这个项目今年结束，以后不再有；学生明年毕业，终身也难以再遇上这样的高层次项目和高水平培训。本科阶段，能有半个月的时间和高水平的团队在一起，这不是普通的机遇。自己愿意冒着风险做此事，是因为以己之心爱学生。电影《焦裕禄》有一个情节，一个厂长因饥饿死了，焦裕禄痛惜干部，拿自己的政治前途冒险，偷偷到外县高价购粮挽救干部生命，自己并不享受。他说，只要能救回干部，个人犯点错误算什么。我没有焦裕禄伟大，但看准有价值和有意义的事，我一样会义无反顾地做，不怕承担后果。但从教务处的管理上来说，我应该遵循，不要给他人带来不便。”

学生对此次外出调研的反馈更是证实了 X 院长的努力是值得的：“……不是靠一个人的力量就可以完成的，靠的是团队的力量，一定要进到团队之中去，心中时时刻刻有集体，培养和树立集体主义精神是必不可少的，因为他决定了完成任务的效率；最后，我们做事时的态度决定了我们做事的质量，态度也取到了关键的作用；那么要想让我们的工作做到既有效率又有质量，就要有团队精神和认真的态度去做事情；我们却学到了很多东西，做研究真的是要身体力行，一丝不苟的，不是自己拍拍脑袋就能够想出来的。……让我们意识到教育对人的影响甚大，教育能增强人的社会竞争力，能改变人的境遇与生活。越是贫穷地区的人们对教育的渴望越强烈。教育滞后的根源不在于观念的落后，而在于经济的落后。要想改变农村地区落后的教育状况，首先要改变当地的经济状况。这次的调研意义重大，能发现很多给予人们深思的问题，城乡差距带来的不只是经济问题，还有教育问题，地区间的不平衡发展，导致教育资源的分配不均，致使孩子不能平等地共享教育资源，由此影响到孩子的一生，我们觉得自己无疑是幸运的，至少我们拥有了接受教育的机会，也更珍惜现在的所有，希望今后能做些力所能及的事情，帮助贫困山区的孩子。”知识、能力与价值观，教育要想传达的，在一次外出调研中均有涉及。如果按照常规，规避风险，将学生安排在离 G 校不远的几个学校也是可以完成专业实习的，但学生会有这样的收获吗？

从管理上来说，整个中国教育界的思路是“维持稳定”，既有政治稳定的要求，也有学生平安不发生伤亡事故的要求。校长作为法人代表，深知学生伤亡给学校带来的经济损失，而地方高校的经费原本也不宽裕，这是校长一开始要求严惩的动机。因此，很多的教育机会也会因为安全考虑而丧失掉。JG 学院调整 2011 级专业实习，如果只是把时间提前，而不涉及学生外出调研，在教务处的审批上，可能会是另一种结果。这也表明，高校内部，学院无权更改教学事务，一切都须得到职能部门批准。职能部门的考虑是基于管理的便利和统一，与学院以学生发展为要务恰恰是相冲突的。也能够看到，一些学院为了避免纷繁复杂的手续和沟通成本，宁愿舍弃学生利益，以求得与管理部门的“一致性”，这种状况在地方高校比较普遍。在教务处与学院的关系处理上，不是教务处为学院打开方便之门，而是学院去“适应”现有的管理模式和管理制度，甚至需要在行政格子里谦卑地去迁就职能部门的管理思维和管理习惯。

G 校基本上实行二级管理，即学校和学院两个层面，学院内部虽有系或教研室，但学校不承认系主任或教研室主任的行政地位和提供相应的报酬，系主任/教研室主任纯属个人奉献，甚至是轮流做，才得以维持。他们的主要工作就是应付来自教务处的行政性要求，提供各种材料，如专业实习计划与总结、毕业实习计划与总结、本科生毕业论文工作计划与总结、教学检查、期初教学五大件的检查、中期教学检查、期末教学检查，还有目标考核的中期检查和年终检查[①]等，这些工作是系主任/教研室主任在完成自己的学科、专业和课程、研究等学术性工作的同时必须完成的，多数属于纯行政性的事务。由于学校统筹经费，学院能得到的经费非常有限，学校按岗位给行政人员发放津贴，系主任/教研室主任并不属于行政人员，所以难以得到相应的待遇。

从G校的行政体系的运行来看，各主体之间存在着某种程度的非制度化特性，权力高度集中于校级，中层管理者不做决断或不敢做决断，以避免被校级责备的风险，事事往校级推，校级领导甚至需要对本该由职能部门负责的非常具体的事务做决断，如上述事例中的学院调整专业实习一事。在整个事件中，校长、分管教学的副校长、教务处及学院院长等，不同主体在这个过程中所扮演的角色均存在非制度化色彩，博弈充满了整个过程，尤其是学院和校级的博弈。层级之间的博弈往往又转化为各主体之间的博弈，在这种博弈中，学院常常最终要按照行政的逻辑服从于学校，而学院的自主性和主动性也一同消弭在服从之中，成为行政机体中的顺应者，学院的行政负责人则在这种博弈中日益削弱自己的进取心和对学生的道德责任感，学院内部系/教研室的虚化则使得学院的学术发展缺乏坚实的根基。

经济全球化增强了人们的危机意识，争夺国际竞争的主导权成为中国自上而下的使命，政府要求高等教育发挥创新作用和为经济发展提供可用人才，日益对高等学校施加压力。地方经济要发展，地方政府对地方高校的压力也在不断增加。在G校发展历史上，就办大学的业务本身，更多的是接受来自教育部的直接指导和指令，地方教育厅只起到一个上传下达的作用，对G校影响甚微。近些年来，省政府加大了对地方高校的关注力度，通过教育厅的职能处室强化对高校的控制。因此，G校所面对的外部行政权力除了传统的教育部的业务行政压力外，增加了地方政府的行政干预。G校的校级领导成为联结外部和内部的桥梁，必须在外部要求和学校发展之间维持平衡，主要任务是对政府负责。G校的内部行政权力，基本上沿袭着“大行政”的习惯，各部门中层干部由校领导任命，下级服从上级，学院比同级的职能部门还要低半截。在地方高校的纵向行政权力位序中，学院处于行政权力的最底端。学院要与职能部门沟通的往往是基

---

① “教学五大件”指：课程教学大纲、教学提纲、课件、进度表、讲义。

于学术性事务的判断和决策，职能部门的反应则是基于普通行政本身，正如同事例中体现的一样，这种浸润于日常生活中的高校内部行政运行模式对学院的发展是一种显在的钳制。

二　由行政宰制的学术权力

理想中的学术权力是教授治学，这是大学面世以来的宝贵传统和财富，也是我国大学的核心架构之一。由于历史的原因，大学传承受到政治的强力影响，被整合进大行政体系之中，成为政府的附属机构，学术权力难觅遗迹，大学在培养尖端人才方面乏善可陈。2005 年钱学森面对前去看望他的温家宝总理提出了一个问题："为什么我们的学校总是培养不出杰出人才?"——"钱学森之问"在不断地考问中国，钱学森认为"现在中国没有完全发展起来，一个重要原因是没有一所大学能够按照培养科学技术发明创造人才的模式去办学，没有自己独特的创新的东西，老是'冒'不出杰出人才。"多年的本土经历和长期的国际经验表明，创新人才的培养难以通过行政方式实现，必须以学术的方式来进行，赋学术以权力，是我国高等学校得以正常发展的必备条件。

2010 年发布的《国家中长期教育改革和发展规划纲要（2010—2020年）》在"建设现代学校制度"部分对学术权力有如下表述："充分发挥学术委员会在学科建设、学术评价、学术发展中的重要作用。探索教授治学的有效途径，充分发挥教授在教学、学术研究和学校管理中的作用。""加强章程建设。各类高校应依法制定章程，依照章程规定管理学校。尊重学术自由，营造宽松的学术环境。"为了进一步推动与规范现代大学制度建设，促进学术权力机制的建立与完善，教育部先后于 2012 年出台了《高等学校章程制定暂行办法》（教育部令第 31 号），于 2014 年出台《高校学术委员会规程》（教育部令第 35 号），试图给高校的学术建设提供制度保障，以纠正高校中累积已久的弊端。从目前的进展来看，教育部所属高校基本上完成了学校章程建设，部分学校如清华大学、北京大学、复旦大学等已向社会公布了综合改革方案，将学术权力重新置于核心地位之中，为地方高校的后续跟进提供了示范和榜样。中国有 1200 多所本科院校，教育部直管的高校屈指可数，要全面改进高等教育质量，除了教育部直管高校的努力进取外，地方高校尤其不可忽视，也更加重要。多年来的经济改革已拉大了地区差异，高校等级制也将地方高校甩了很远，地方经济发展和人民平均生活水平的提高却必须依赖地方高校来支撑，地方高校的生源基本上来自本地，多数人毕业后直接反哺地方。某种程度上说，存在先天缺陷的地方高校改革更是迫在眉睫。

G 校设置了校学术委员会、校学位委员会、校教学指导委员会等学术性机构。校学术委员会设秘书一人，办公室设在校办；校学术委员会办公室设在研究生处，本科生学位授予事务由教务处负责，研究生学位授予事务由研究生处负责；校教学指导委员会办公室设在教务处。从其办公室所依托的职能部门来看，学术权力不可避免地和行政权力搅到一起。这三个委员会做出的学术决策最终要送校长办公会审批。就成员构成来说，校长是校学术委员会主任，副校长基本上进入了校学术委员会，还有其他职能部门的负责人，如教务处处长、研究生处处长等，除此之外，吸收了少量科研突出的中青年教授。校学位委员会根据学科门类设置若干分委员会，如管理学学位委员会、文学学位委员会、理学学位委员会和经济学学位委员会，分学位委员会的成员基本上由学院院长和相关职能部门负责人构成。校学位委员会的成员基本上与校学术委员会成员重叠，主任由校长担任。校学术委员会和校学位委员会成立时间相对比较早，行政权力色彩较浓；校教学指导委员会成立于 2009 年左右，成员以教授和少量学院院长为主，理论上可以行使实质意义上的学术权力。校学术委员会和校教学指导委员会没有设置分委员会，虽然学校要求各学院设置相应机构，因系/教研室虚化，学院层面的相应机构建不起来。其次，学院报出去的任何材料，尤其是涉及学术事务，裁决权最终控制在学校。就运行而言，校学术委员会开会次数少且不固定，必开的是审查当年入校学生的教学计划，无规律可言。校学位委员会主要负责学位授予资格的审定，一年中召集两次会议，一次是上半年正常学位授予，一次是下半年补授学位。校教学指导委员会一年中开会次数最多，主要涉及教学事务，接受教务处的委托或邀请，如评审新专业申报材料、课程教学改革方案或其他质量工程的申报材料等，而不是有计划、有目的地独立开展学术性活动，实际是帮助教务处完成方案论证，经由程序上的正当性赋予各式指令或文件的合法性和合理性。

“教授治学”天然包括教学与考核，此处仍然以“知识考核”来考察学术权力的实际运行状况。高校之所以是高校，而不是研究机构，是因为有教师和学生，他们才真正是高校的主体力量；如果说有一个载体能真正把高校中的主体力量联结在一起的，莫过于课程教学与考核。自从厄内斯特·博耶在 1990 年出版的《学术水平反思》一书中提出“教学学术”以来，“教学学术”这一理念已深入人心。相应地，“教学学术权力”无疑是学术权力中核心要素之一，“教学自由”也是大学教师得以安身立命的根基，知识教学与知识考核是不可分割的部分。G校于2011年开始委托麦可斯公司对毕业生半年后就业质量状况进行调查，发现学生在就业中面临“专业基础知识欠缺”和“口头表达能力欠缺”等问题，便对课程教学和考核方式提出了外科手术式的治疗方案。G校经济管理类专业占比67.31%，基于这一客观现实，G校的思维中心便是本能地以经济管理类专业作为“轴心”，围绕这一“轴心”开出各种处方，并以此要求其他专业。学校于2014年5月先后出台了《G校本科课程考核改革实施办法》（以下简称考核改革）（见附录3）、《G校本科课程教学范式改革实施方案》（以下简称课程教学改革）（见附录4）。这是两份互为补充的文件，试图以考核改革引导教学改革，“实现教学目标从知识传递为主转向‘知识传递—融会贯通—拓展创造’三者共生且梯度渐进的目标”。

2014年版的《考核改革》是对《本科课程考核相关规定（2011年）修订》的革命。《考核改革》中有20个“必须”，这20个“必须”犹如一条厚重的铁链将教师的自主权牢牢缚住。课程考核“由平时考核、能力考核和知识考核组成”，各占课程成绩的25%—35%、30%—40%、35%—40%，合计100分，这三种考核都有详细的要求。与考核改革的命令式措辞相比，《课程教学改革》采取的则是“激励措施”，如参与改革试点的课程，教师基础课酬提高3倍，在评选中获奖的，给予不同等次的奖金，这仅是2014—2017年三年行动方案执行期间才会有的，旨在鼓励教师踊跃参与，发现可以推广的典型范例，但三年之后，全部课程须进行学校认可的教学范式改革。这两个主导当前G校教学领域的重要文件，充满了时不我待的急切心情和酣畅的行政快感。

特别要提到的是占35%—40%的“知识考核”，文件明确规定“知识考核必须建立题库，题库题量越多越好，至少应能组成不重复试题的50套试卷。①题库内容应涵盖课程各章节的所有知识点。知识考核的技术方案即计算机考试系统由实验教学部负责，题库由三个类型的题目组成，分别是选择题、填空题和判断题，由计算机来完成抽题组卷考试。这部分的题目必须来源于确定的教材上，在此政策的各种解释场合，学校声明教

① 每套题50个题，须2500个题，才能满足要求。

师可以不按教材内容上课，要求学生课余自学，以“培养学生的自主学习能力”，其余分值部分教师须进行充分的教材外的扩展。如果达不到学校的要求，教师面临的后果是：“未按要求完成改革的第一、三模块课程①，及评估结果不合格的课程，三年之内相关责任人不能参与年度考核评优和学校优秀教师、教师名师等评优项目；课程不能申报教学质量工程，不能享受学校课程教学范式改革的高课酬待遇。”这样的规定将行政权力发挥到极致，教师除了服从没有任何其他选项，对教学与考核的学术思考和学术权力无从谈起。

以上的分析是基于承认文件的“正确性”前提，接下来要分析的是文件的正确性本身，对于教学文件的正确性分析，须依据教育学基本的逻辑来进行。《考核方案》要“实现教学目标从知识传递为主转向‘知识传递—融会贯通—拓展创造’三者共生且梯度渐进的目标。”教学目标在教育学中有确定的含义，指教学活动实施的方向和预期达成的结果，一般分为知识、技能和情感，教育心理学称之为人的发展的三大领域，将个体与环境联结起来，达到个体与环境的和谐共存。而“知识传递—融会贯通—拓展创造”本身并不呈现出递进关系，也未能完全涵盖教学目标的三大领域。考核“由平时考核、能力考核和知识考核组成”更是语意含混，似乎这三者是截然分割的，事实上只要注重过程考核，这三者必然融为一体，改革的本意是要改变期末卷面考试占 70%、平时考勤占 30% 的弊端，却因缺乏教育学的知识及对教育的深刻把握而更加混乱。这样一份充满 20 个“必须”且缺少教育学常识的文件，将教师所置于的尴尬地位是可想而知的。因为 35%—40% 的机考试题必须有出处，方便学生“自主学习”。为了让学生通过这部分考试，教师必须依赖某种教材，且须是“近三年的”。对于学生来说，即使教师上课不用某种教材，他们也必须购买，以“自学方式”通过机考。由成熟的学科知识组织的教材大体上符

① 第一模块指的是学校层面的公共基础课，包括思想政治理论课和大学语文、大学英语、高等数学等公共课。第三模块指的是按二级学科设置的专业共同课，即学科共同课。G 校为财经类院校，经济和管理类专业基本上已按“大类培养”的模式开设共同课，师资相对充足。为了体现多学科交融发展、扩展经管类学生学识基础所设置的文、教、法、理等专业，不但学生规模相对很小，师资规模也无法与主体学科专业的师资相比。就实际情况来看，学生规模较大且有 3 个教师及以上的课程组在执行“50 套题库”的指令时，没有太大的困难。但对于只有一个行政班（≤60 人）的学科共同课且多数只有 1 个上课老师的课程来说，可行性是显而易见的，这类课程约 30%。

合这种“理想”，就经管类院校而言，绝大多数是社会科学，社会科学本身就处于动态发展中，是多学科从不同角度对社会现象综合解释的无限接近，机考部分将教师和学生固定在“确定的知识点”上。这样的实践无法从教育学上进行合理解释，只能从“无限理性”的角度加以分析，将教育作为某项工程，可以任意设计和涂改。

三　其他利益群体的权力

鉴于本研究的主题是教学，此处的“其他利益群体”只考虑教师和学生。高等院校、教师和学生被学术界划在“其他利益群体”中，自然可以顾名而思义。

（一）教师权力

教师有权力吗？教师的权力是什么？这是两个值得细细考察的问题。《高等教育法》规定“教师及其他教育工作者享有法律规定的权利”，《教师法》规定了教师的如下权利：进行教育教学活动，开展教育教学改革和实验；从事科学研究、学术交流，参加专业的学术团体，在学术活动中充分发表意见；指导学生的学习和发展，评定学生的品行和学业成绩；按时获取工资报酬，享受国家规定的福利待遇以及寒暑假期的带薪休假；对学校教育教学、管理工作和教育行政部门的工作提出意见和建议，通过教职工代表大会或者其他形式，参与学校的民主管理；参加进修或者其他方式的培训。从这个角度来看，教师不是权力的主体，其权力主体地位的获得须经过一种转换才可能获得，即根据相关法律规定行使法律赋予权利的权力。就法律而言，教学和评价学生是法律赋予的职业权利，教师有基于自己专业判断的自主权。但是就 G 校主宰教学领域的两个政策而言，一线教师几乎没有参与权，唯有听命权。即使是学院层面，更多的是一个上传下达的传声筒，学院的判断和沟通徒具程序意义。

前面提到的35%—40%的机考，需要教师按三种题型完成50套题量的试卷，想来个一劳永逸。由于文件并没有推进计划，教师得知文件已是本学期中期后，他们理解成要一次性出完50套，群情激动。学校专门召开分管校长主持的教务处和学院院长参加的会议，对考核要求进行解释，并要求院长向每个教师认真传达会议精神，说是三年内完成50套就可以；而对于规律小的非经管内专业，则学院可以拿出合理方案。像 JG 这样的非经管类学院，不承担全校性的公共基础课和文理基础课，所开课程基本上属于专业课。三个专业，一个专业一个班，人数在60人以内，完成50

套机考试卷既无必要，也无可能。在和教师面对面磋商及汇总教师建议的基础上，学院的方案是按题型要求，总共出600个题，分三年完成，第一批本年度完成200道，得到教师的一致同意。报告呈到教务处，教务处以“200道题，每题2分，一份卷子50道题，只能出4套卷”为由，要求JG学院与分管校长去请示，得到分管校长的书面批示后他们才接受学院的考核方案，学院与分管校长沟通的结果是，他该管的都已管了，让学院去和教务处沟通。在“一刀切”的行政命令下，教师的教学自由、学院的独立学术判断在强势的行政面前不堪一击。

教师按照要求把试题出完后，要到实验教学部去完成计算机系统的录入工作。下面是教育技术学C教师在共享空间给同事的留言：

亲们，昨天下午参加了无纸化考试的培训。把录入的流程给大家参考：首先去确认不能有表格、图形和计算公式等特殊符号，只能是纯文字的题目；然后登记信息，等技术部发账号给我们才能录入题目。最恼火的是按照系统要求，我们需要先录入知识点，然后另登录录入题目，在相应的知识点下复制题目过去，设置难中易程度，全选中取消格式，再一个答案一个答案地录入，设置正确答案，最后确定，其他题型类似。（切记：不能一次性批量导入）录完后再去学校设置相应的组卷规则。然后自己试题，最后签字确认。

如果按照这样的流程录入题目，每个题假定两分钟，600题应该是多久呢？另假定我们再根据书上知识点出题、电子化、假设每题两分钟，600题又是多久呢？这还是学院已经为我们争取的结果。假设录入50套试卷，应该要多久？试想，48学时的课，教师要用48学时来出考卷。这是在考学生还是考老师啊？作为教师，基本的职业道德是有的，都想教好学生，这样的题目，针对不同专业出同样的要求，把我们推向学生的对立面，我们花了大把的时间，就是去测试学生40%的教材背诵，这就是大学。

考试系统是由实验教学部开发的，即使是在11月下旬的培训中，也能发现系统的缺陷，技术人员会当场修改源代码。12月上旬教师陆续将试题录入到系统中，问题不断出现，如原来一个填空题中可能会有2个以上的空，在组题调试中，系统只能识别一个空的题，管理部门会要求教师按照系统的现状重新修改题目。从把教材中的知识点按照题型变成电子版的试题，到把试题一个个地录入系统，再到根据系统要求去修改试题，40%的机考把上课教师变成了一个出题的“程序员”，教师对自己教学和对学生考核的定义权由行政来决定，而不是由自己界定。

（二）学生

学生有权力吗？学生权力如何表述？季诚钧认为学生权力一方面是指学生在接受高等教育时应有的正当权利，另一方面则是指学生在大学事务中发挥的作用，包括知情权、选择权、监督权、申诉权和参政权。[①] 由于传统狭隘的师道尊严观念的束缚以及越来越强大的行政管理势力，学生权力一度被压缩而不为人所知、所识，但这种状况在学生作为消费者的市场经济格局中已无法再继。[②] 胡善贵认为无论从培养学生的人文精神，还是从改善学校自身的内部管理等方面来考虑，学生权力已经成为大学权力构成中的不可或缺的重要组成部分，关系到高校的生存、稳定和发展，也关系到高等教育使命能否真正得以实现。[③] 学术界对学生权力的认识基本上达成了一致。学生权力从理念通往实践之途又如何呢？

当教师向学生说明考核改革的政策时，学生提出了自己的质疑：G校60%的学生来自贫困地区，既然教师上课不用教材，为什么还要逼学生买教材？四年下来，教材费是一笔不小的开支；是不是又回到了应试教育的源头？政策制定过程中，有咨询过学生意见吗？这样的改革实质意义是什么？真的是为学生好吗？初考没通过，有一次补考机会，补考还没过，若想取得成绩再考，就需交费，属不属于变相收费？收费标准是什么？有法律依据吗？这些问题不是教师和学院能回答的，学院通过中期检查将学生意见汇集上报学校，学校并没有给出明确答复。

在第二章对“教学剧场”的整体分析中，学位制度、专业和培养计划都是提前就制定好的，学生一入校就处于“计划工场”中，这个工场纵横交织着各种权力关系。学生是作为被管理者和被看管者而存在的，为了稳定大计，被小心地“呵护”着，不能有半点差池。与此对应的是，

---

① 季诚钧：《高校学生权力初探》，《高等工程教育研究》2003年第4期。

② 李福华：《对高等学校学生权力的探讨——学生主体地位的政治学视角》，《教师教育研究》2004年第3期。

③ 胡善贵：《我国高校权力构成中的学生权力探析》，《安徽工业大学学报》（社会科学版）2007年第3期。

学生在学校的整个体系当中，并不被当作独立的人对待，而是被当作可以任意刻画的客体，学生权力由理念走向实践任重而道远。

四 知识与权力的关系

古典大学中围绕知识而建立起来的三大主体：教师、学生和管理人员，在现代大学中，位序发生了质的变化：管理人员、教师和学生，探究的场所[①]变成了行政的乐园。教师和学生一样属于弱势群体，受控于教学剧场的宰制力量，形成剧场中的“无面人”，能直接进行知识交易的教师权力和学生权力让位于提供交易场所的管理方及得到授权的代理人员的权力。

约瑟夫·劳斯从以下三个方面对权力进行了解析：第一，权力为特定的行动者（人、机构、阶层、团体）所占有和行使，它们通常占据核心地位（国家、企业、统治阶级），并发散式地行使权力。第二，权力作用于我们的表象，但并不作用于被表象的世界。第三，权力首先是压制性的，其次是授予性的，但不是创造性的。[②] 第一点指的是权力的合法性及权力所服务的目标或利益的价值；第二点指的是权力可以影响知识，但不能产生或保证知识的真理性；第三点指的是权力运用惩罚和奖励来禁止、监督、约束和胁迫。权力的背后是理性至上和旨趣的崇高性。用约瑟夫·劳斯关于权力的观点来解释教学剧场中知识与权力的关系，具有一定的吻合性。中国公立大学是政府举办的，唯一有区别的是等级差异及拥有特权的程度，教育部确定的“985”和“211”高校比地方高校拥有更多的获取国民资源的机会和途径。

高校中的行政权力无疑来自于特定阶层的授予，并由特定阶层选中的人来发散式的行使权力。就贵州省高校的整个管理阶层而言，中国政法大学的党委书记S教授于2014年11月21日在贵州社科院、省委宣传部和教育厅共同组织的“教贵州教育改革创新发展研讨会”上直言贵州高教界是“一团雾、一堵墙，一道沟”。“一团雾”指的是对国家的发展方向，把握不清主流语境，跟外界对不上话，不清楚当前高等教育发展的态势是“综合改革、协同创新和内涵建设”；对自己的发展缺方向。“一堵墙”指的是经济落后导致不尊重知识，不尊重人才；经济发展速率不高，对学校

---

① ［美］伯顿·克拉克著：《探究的场所——现代大学的科研和研究生教育》，王承绪译，浙江教育出版社2001年版。

② ［美］约瑟夫·劳斯著：《知识与权力——走向科学的政治哲学》，盛晓明等译，北京大学出版社2004年版，第14—15页。

干预越大；教育越不发达，越窝里斗。“一道沟”指的是教育教学观念陈旧，机制体制落后；教育文化落后，创新能力不足；超越意识薄弱，与外界的差距较大。S教授的直言暗含着贵州高校管理者不懂高等教育，由不懂高等教育的管理者主宰着高等教育，其后果可想而知。G校相对贵州其他高校，在教育教学方面的探索有其可贵的一面，这得益于C校长的勇于尝试和探索。但就前面的考核改革和课程改革政策来说，仍有潜在的风险：“当权力通过劝导或扭曲来改变信念时，它会变得极其危险。”① 与教育常识相违背的改革政策正在改变教育本身。权力在作用教育表象时，并没有引发想象中的实效，教师和学生以一种极为消极和抵制的心态在日益偏离教育的正常轨道。任何一种改革设计，都会交叉使用奖惩，或诱惑或胁迫。类似G校管理者利用手中权力对高等教育进行假定理性中的“改革”、对考核和课程教学进行规范化处理，就全国而言，并不是个案。

针对北京大学类似的改革，邓晓芒痛陈“校方将这些做法美其名曰‘规范化’，试图将全校‘规范’成一部精密运作的庞大机器，教师则变成这部机器上的螺丝钉，抹掉任何个人的或学术方向上的突出特点。这种状况对于一个力求向上爬的官僚来说也许是赫赫‘政绩’，但对于具有活的思想和创新意向的教师来说则无异于一口棺材。”“我国大学职工中教师所占的比例大约是三分之一，而他们对大学建设的发言权则更是几乎等于零（除非你顺着领导的口径说）。在这种情况下，怎么可能自上而下地产生出符合教学规律的真正的大学改革呢?”“当前大学改革的关键不是在如何‘管理’教师和学生上想出一些整人的点子，而是限制和削弱大学行政领导对教学和学术研究的人为干扰，真正突出教师作为大学教育主体的作用。”②

第四节　个体成长如何可能

第四章从知识与权力的内部机理入手，通过细致而鲜活的日常生活实

① ［美］约瑟夫·劳斯著,:《知识与权力——走向科学的政治哲学》盛晓明等译，北京大学出版社2004年版，第15页。

② 邓晓芒：《究竟是“世界一流大学”还是“世界一流衙门”》，共识网（http://www.21ccom.net/articles/china/ggzl/20141203116989.html）。

践分析，试图回答第二章末尾提出的核心问题“学生为什么对所学课程没有好感?”事实似乎清楚了，但其产出的结果并不乐观，而是令人沮丧。无论是G校，还是贵如邓晓芒所批评的北京大学，每个毛孔都弥散着陈腐的行政气息，将大学的元神——学术——熏得如游魂远遁，教师和学生成为行政的婢女。从这个角度来看，中国大学无论如何换汤，均改变不了一个事实，“钱学森之问”永远无解，在全球化背景中，国内大学将日渐被人唾弃。

中国经济发展到了转型的关键期，进入经济新常态时期。于2014年12月9—11日在北京举行的中央经济工作会议提出了经济新常态的九大特征：模仿型排浪式消费阶段基本结束，个性化、多样化消费渐成主流；基础设施互联互通和一些新技术、新产品、新业态、新商业模式的机会大量涌现；我国低成本比较优势发生了变化，高水平引进来、大规模走出去正在同步发生；新兴产业、服务业、小微企业作用更凸显；生产小型化、智能化、专业化将成为产业组织新特征；人口老龄化日趋发展，农业富余人口减少，要素规模驱动力减弱，经济增长将更多依靠人力资本质量和技术进步；市场竞争逐步转向质量型、差异化为主的竞争；环境承载能力已达到或接近上限，必须推动形成绿色低碳循环发展新方式；经济风险总体可控，但化解以高杠杆和泡沫为主要特征的各类风险将持续一段时间；既要全面化解产能过剩，也要通过发挥市场机制作用来探索未来产业发展方向。经济新常态的实质是对人力资本质量的依赖日益增强，多样化、个性化、创新型的人才是经济新常态的支撑。

转型期也意味着社会风险的不确定性，经济新常态的提出试图为社会风险的可控性进行趋势把握，但如果个体缺乏风险识别和应对能力，社会和国家也无处安宁。第一章在对社会结构进行严谨考察的基础上，提出个体化已成为市场经济的伴生物，只要不放弃市场经济，就要面对个体化这一社会基础的重构。高等教育任务在于重塑国民性格，培养具有自由精神、独立人格的个体，在为自己而活对自己负责的同时，兼顾公共利益，维护社会正义；规避个体成为“坏人”。经济改革的物质利益扩大了高等教育的规模，垒起了各地的大学城，擢升了一批高等教育的官僚，但大学的本性却在迷失，依附于政府，成为政府的附属机构，大学完全按照行政的方式运转，造就一批批的“无面人”和数量不菲的“坏人”。

学生之间的伤害案一直就没离开过大学。复旦大学投毒案的硕士生林森浩在法庭上的最后陈述中有这样一段文字："当我还在自由世界里的时候，我在思想上是无家可归的。没有价值观，没有原则，无所坚守，无所拒绝。头脑简单的人生活在并不简单的世界里，随波逐流，随风摇摆，兜不住的迷茫。要成为一个什么样的人，对我而言，是很不清晰的。"① 两条年轻而智慧的生命，一死于同学之手，一死于法律之刑，既是国家宝贵人力资本的损失，也是大学教育的失败。林森浩的最后陈述道尽了"无面人"存在性焦虑的心路历程，及变成"坏人"之偶然中的必然。"要成为一个什么样的人，对我而言，是很不清晰的"不只是林森浩个人与世界的最后告别，而是青年学子的普遍特征。

招聘网站智联招聘发布《2014 中国年度最佳雇主》调查报告，10020 名大学生参与调查，覆盖全国除西藏、青海、港澳台地区外的近 200 所高校。结果显示，选择愿意去体制内单位就业的受访大学生比例为 36%，2011 年、2012 年、2013 年这一比例分别为 45%、54%、49%；愿意去体制外企业就业的受访大学生比例为 56%，2011 年、2012 年、2013 年这一比例分别为 35%、35%、41%。体制内指国企、政府部门、事业单位、NGO 组织等，体制外指外企、私企、自主创业等。8% 的受访大学生愿意继续深造，这一比例在 2013 年、2012 年分别为 10%、11%，2011 年高达 20%，表明高等教育大众化使得学历在职场中的优势逐渐减弱。②

至此，我们可以做一个比较明晰的判断，社会基础发生了明显的变化，整体经济样貌发生了巨大的改变，教育民主化改变了生源结构，成本分担制下的学生经济负担是一个不可回避的事实，学生对教育的想象具有强烈的个体化色彩，但是当前的高等教育既不能承担经济新常态所要求的社会责任，也不能为学生提供有质量保障的、满足个人需求的促进个体化发展的教学。高等教育和高等院校呈现出一种内卷化形态，后面将以内卷化为分析视角，进一步剖析高等教育和高等院校所面临的"退行"。③

① 罗敏：《林森浩最后陈述手书曝光：我在思想上无家可归》，凤凰新闻（http://news.ifeng.com/a/20141213/42710766_0.shtml）。

② 《56%受访大学生愿意去体制外就业，仅 8%愿继续深造》，凤凰教育（http://edu.ifeng.com/a/20141213/40903649_0.shtml）。

③ 康德：《判断力批判》，邓晓芒译，人民出版社 2002 年版。

第五章 大学教育内卷化

内卷化（involution）又译为“过密化”，原意为“转或卷起来”，来源于拉丁语 involutum，意为内缠、错综复杂、纠缠不清的事物以及退化和复旧等，是一个应用社会科学广泛领域的开放式的术语，已被学者们用来回应、分析和解释许多层面的现象和问题，成为解释社会现象的一个重要理论工具。

第一节 内卷化的概念演变

根据韦森考证，最早提出“内卷化”概念的是德国古典哲学家康德，他在《判断力批判》一书中，提出“内卷理论”，并明确地将“内卷理论”与“演化理论”（即人们所说的“进化论”）相对照，并称为“锁入理论”。他认为演化是自然界和人类社会中追求完善及与周围环境和谐适应乃至调节环境的一种进化，而内卷化则仅仅是在内部重复着这种进化，使事物自身变得更加复杂而已，对其周围环境并不产生影响。[①] 戈登威泽用“内卷化”来描述一类文化模式，即当达到了某种最终的形态以后，既没有办法稳定下来，也无法使自己转变到新的形态，代之以不断在内部更加复杂化。[②] 美国人类学家格尔茨在研究印度尼西亚爪哇岛的农业生产，发现爪哇人由于资本、土地数量的限制以及行政性障碍，使得农业无法向外扩展，劳动力不断地填充到有限的水稻生产中，农业生产内部不断

① 韦森：《斯密动力与布罗代尔钟罩：研究西方世界近代兴起和晚清帝国相对停滞之历史原因的一个可能的新视角》，《社会科学战线》2006 年第 1 期。

② Goldenweiser，A.，“Loose Ends of a Theory on the Individual Pattern and Involution in Primitive Society ”［A］. in RH Lowie（ed.），*Essays in Anthropology Presented to A. L. Kroeber*［C］. Berkeley：University of California Press，1936.

精致化，每一个细节被安排得十分精细和复杂，逐渐形成了劳动力填充型的农业模式。在这种模式下，增长的劳动力持续投入农业生产中，并没有带来明显的人均收入的下降，对于农业的这种自我战胜的方式，他称之为“农业内卷化”。①

用“内卷化”研究中国问题，始于杜赞奇和美籍学者黄宗智。杜赞奇在《文化、权力与国家——1900—1942 年的华北农村》中将“内卷化”用于分析国家政权。他指出“政权内卷化”与“农业内卷化”的主要相似之处在于：没有实际发展的增长（即效益并未提高），固定方式的再生和勉强维持。不同之处在于：正规化和合理化的机构与内卷化力量常处于冲突之中；功能障碍与内卷化过程同时出现。国家政权不是靠提高自身的效率来扩大财政收入，而是靠扩大外延——增设机构和增加税种来增加收入，这样做的后果是导致国家财政收入的增长，伴随着“赢利型经纪人”贪污贿赂的增长，这是国家政权内卷化在财政收入方面的表现。② 黄宗智在分析华北小农经济和长江三角洲农业生产时用到内卷化，引起国内学者对内卷化的关注。在《长江三角洲小农家庭与乡村发展》中，黄宗智把内卷化这一概念用于中国经济发展与社会变迁的研究，把通过在有限的土地上投入大量的劳动力来获得总产量增长的方式，即边际效益递减的方式，称为没有发展的增长，即“内卷化”。③

李锦顺和毛蔚分析了格尔茨、塞维斯、黄宗智和杜赞奇等的“内卷化”概念，认为内卷化包括三个层面的意思，即从经济层面看，有增长无发展；从创新层面看，有阻碍无突破；从管理层面看，有汲取无控制。④“内卷化”是对传统基本运作模式的坚持，着重于内部的细致与修饰，以及琐碎的技术与重复运作，表现为一种社会或文化模式，在发展到某种确定的形式后，停滞不前或无法破茧而出。

---

① Geertz，Clifford 1963，*Agricultural Involution：The Process ofEcological Change in Indonesia*，Berkeleyand Los Angeles：University of California Press.

② 杜赞奇：《文化、权力与国家——1900—1949 年的华北》，王福明译，江苏人民出版社 1998 年版。

③ 黄宗智：《长江三角洲小农家庭与乡村发展》，中华书局 1992 年版。

④ 李锦顺、毛蔚：《乡村社会内卷化的生成结构研究》，《晋阳学刊》2007 年第 3 期。

第二节 “内卷化”作为一种分析构架的领域拓展

内卷化作为一个外来概念，始于康德，原意是指在内部重复着某种变化，使事物自身变得更加复杂，却不能超越外部的阈限。经过戈登威泽和格尔茨的实践运用，其基本含义是指系统在外部扩张条件受到严格限定的条件下，内部不断精细化和复杂化的过程。① 这个概念正日益在向社会各个领域渗透，从不同角度呈现出中国社会整体内卷化的态势。范志海认为政权内卷化、经济内卷化和文化内卷化等各种形式的内卷化是统一的内卷化机制的不同表现形式。②

一 经济领域

侯杨方以盛泽为例，用翔实的数据，分析明清时期长江三角洲经济的“内卷化”，提出对概念本身的不同理解。③ 佘纪国分析了明清时期以来长江三角洲小农经济的内卷化，并暗示当今小农家庭如何规避风险。④ 单云军、崔月琴介绍了内蒙古某村近几年经济发展状况，认为“内卷化”是农村经济缓慢发展和无法对内部的产业结构进行科学、合理的转型现象。⑤ 王国伟将内卷化的理论引入到国有企业改制过程中，以抚顺市老虎台矿和怡和公司之间的关系为例，分别从企业内部的发展状况和企业外部的支持性资源入手，系统地分析了国有企业改制中内卷化发展模式得以形成的机制。⑥张铁男等以社会成本的基本理论为出发点，分析了国有企业在其发展过程中功能的内卷化，以及人员的过密化所导致其社会成本超出

① 刘世定、邱泽奇：《“内卷化”概念辨析》，《社会学研究》2004 年第 5 期。

② 范志海：《论中国制度创新中的“内卷化”问题》，《社会》2004 年第 4 期。

③ 侯杨方：《“过密化”论质疑——以盛泽为例的个案实证研究 》，《复旦学报》（社会科学版）1994 年第 2 期。

④ 佘纪国：《“过密化”条件下小农家庭风险：防范与启示》，《山东农业大学学报》（社会科学版）2008 年第 1 期。

⑤ 单云军、崔月琴：《内卷化：新农村经济发展的瓶颈——以内蒙古 G 村为例》，《沈阳大学学报》2008 年第 1 期。

⑥ 王国伟：《国有企业改制中的内卷化研究——以抚顺市老虎台矿和怡和公司之间的关系为例》，硕士学位论文，吉林大学，2007 年。

其他企业。[①] 经济领域的分析涵盖了农村和城市；既包括了小农经济，也包括了国有企业；既有历史的，也有现实的，揭示了中国经济发展的内卷化概貌。

二　政治领域

贺东航认为中国学者孙远东在《“内卷化”的中国历史》中，进一步扩展了杜赞奇“政权内卷化”的适用范围，用它来描述中国封建社会专制政体不断“精致化”的历史过程。[②] 何艳玲、蔡禾认为中国城市的基层自治组织——居委会的组织变革走入了一种不理想的变革形态，也就是没有发展的变革或增长，走向了内卷化。政权内卷化是国家与社会旧模式的复制、延伸和精致化。[③] 甘满堂认为国家机构不是靠提高旧有或新增的机构的效益，而是靠复制或扩大国家和社会体系、旧有的职能。[④] 董向芸分别从经济层面有增长无升级、管理层面有汲取无控制，文化层面有惯习无突破等方面分析了云南农垦组织机构逐渐陷入“内卷化”困境，表现为组织结构层面的行政取向与部门复制化，以及组织功能层面的目标模糊与劳动收益的人均递减。[⑤] 夏金梅将中国农业的内卷化归因于我国政府机构“膨胀—精简—再膨胀”不断恶性循环的“政权内卷化”。[⑥] 赵泉民、井世洁认为现实中制度构建与人的发展出现了“断裂”导致了制度“内卷化”：制度供求之间“错位”致使制度效率不高，制度公正性不足影响了制度质量和人的发展，非“遵守”而是“利用或绕开”制度的制度理念弱化了制度执行。改变此种境况的根本路径，就是以经济民主推行为渠道强化制度公正性建设，培育民众公民意识、促进社会个体的现代人格发展。[⑦] 政治领域的内卷化对于建设“法治中国”来说，是一个现实的“瓶

① 张铁男等：《黑龙江省国有企业改革的成本分析》，《商业研究》2004年第14期。

② 贺东航：《中国村民自治制度“内卷化”现象的思考》，《经济社会体制比较》，2007年第7期。

③ 何艳玲、蔡禾：《中国城市基层自治组织的“内卷化”及其成因》，《中山大学学报》（社会科学版）2005年第5期。

④ 甘满堂：《社会学的“内卷化”理论与城市农民工问题》，《福州大学学报》（哲学社会科学版）2005年第1期。

⑤ 董向芸：《组织结构功能转型与内卷化——云南农垦发展透视》，人民出版社2013年版。

⑥ 夏金梅：《我国农村土地制度创新的“内卷化”分析》，《安徽农业科学》2008年第22期。

⑦ 赵泉民、井世洁：《论社会转型中制度内卷化与人的发展“异化”》，《云南行政学院学报》2012年第5期。

颈”。

三　社会领域

韩世强以个案研究的方式揭示出当前的历史条件下，国家对乡村建设加大了投资力度，提供了多种优惠的措施，但是某些地区陷入了“有增长无发展，有投资无效益”的内卷化机制。主要原因是由于“官员经纪”的大量再生，他们运用“真假变通”等种种造假手段千方百计地“盈利”，而不顾及乡村的真正发展和村民生活的改善。[①] 耿羽[②]和贺雪峰[③]认为农村税费改革后，地方灰黑势力插手基层治理，地方政府与地方势力结盟，国家投入的大量资源被吞噬，乡村社会的公共利益遭到侵蚀，即国家对乡村社会的资源输入不断增加，但并未产生应有的治理效果。马良灿认为作为村落共同体存续和发展的灵魂，农村社区内生性组织具有地方性、自发性、自主性、非正式性、公共性和总体性等多重属性，是农村社会建设的组织保障。但在市场化和乡村制度变迁的巨大冲击下，农村社区内生性组织遭遇了“内卷化”过程，表现为：生存空间被挤压、总体性功能衰竭、自主性消解和社区公共性衰落等。[④] 社会领域的内卷化导致基层组织空心化，公民社会成长缓慢，个体难以生长出抵御社会风险的意识和能力。

四　教育领域

目前，内卷化理论在教育研究中主要集中于农村教育、民族地区教育、义务教育和高等教育等方面。

（一）农村教育内卷化

陈坚用“内卷化”这一概念来表达城乡差距不断扩大背后所隐藏的一种农村教育发展的实质，即是由于外部人力、物力、财力等方面支持的不足或缺失，农村教育内部形成了一种严格的约束机制和相对稳固的内部发展模式，致使农村教育在发展和变迁的过程之中呈现出一种自我“锁

---

① 韩世强：《乡村治理中的内卷化研究——以甘肃紫村的治理为例》，硕士学位论文，西北师范大学，2008 年。

② 耿羽：《灰黑势力与乡村治理内卷化》，《中国农业大学学报》（社会科学版）2011 年第 2 期。

③ 贺雪峰：《论乡村治理内卷化——以河南省 K 镇调查为例》，《开放时代》2011 年第 2 期。

④ 马良灿：《农村社区内生性组织及其“内卷化”问题探究》，《中国农村观察》2012 年第 6 期。

定”和“路径依赖”的状态，造成了农村教育发展缓慢、相对停滞。[①] 于翠翠和朱成科认为农村基础教育领域培养目标存在着内卷化的现象，其主要表现为“离农”和“为农”的交锋对峙。[②] 刘雨认为农村教育内卷化呈现一种“有增长而无发展”的状态，农民对子女教育投资的增加并没有带来边际收益的增加，相反却呈现下降趋势。目前我国农村教育水平低下、城乡二元结构对立和农民教育观念改变等因素是造成“农村教育内卷化”的主要原因。[③] 张天雪和黄丹（2014）将农村教育分为“内生型内卷化”和“外铄型内卷化”，以此来解释由于内、外部原因造成的农村教育的有增长无发展现象。[④]

（二）民族教育内卷化

少数民族教育发展的内卷化研究比较少，蓝希瑜、蓝方铭和王金菊认为赣南畲族教育发展面临困境，究其原因，就社会地理而言，赣南地处闽粤湘赣四省交会的峻林地带。由于地处政治文化边缘，长期以来赣南社会经济发展相当落后，对外交往极其有限，这严重限制了当地财富的再生与增长，同时也影响着当地文化的转型与新生，以致畲族教育丧失了“源头活水”，仅能“内卷化”发展。[⑤] 陈国华和吴晓蓉指出由于国家、政府强制推行义务教育，忽视了民族地区的实际，而统一规划的义务教育治理与民族地区多样性社会发展之间的矛盾得不到有效解决，问题丛生，导致了本地区义务教育治理内卷化。[⑥]

（三）义务教育内卷化

冷晓宇、金英喜认为由于我国农村教育水平较低、教育观念落后等原因导致农民虽然对子女的教育投资有了很大的提高和改善，但是却没有收

① 陈坚：《内卷化：农村教育研究的新视角》，《教育发展研究》2008 年第 7 期。

② 于翠翠、朱成科：《农村基础教育培养目标“内卷化”解析》，《现代教育管理》2010 年第 3 期。

③ 刘雨：《目前我国农村教育“内卷化”的社会学分析》，《教育探索》2012 年第 3 期。

④ 张天雪、黄丹：《农村教育“内卷化”的两种形态及破解路径》，《教育发展研究》2014 年第 11 期。

⑤ 蓝希瑜、蓝方铭、王金菊：《赣南畲族教育颓变及其对策分析》，《韶关学院学报》（社会科学版）2006 年第 5 期。

⑥ 陈国华、吴晓蓉：《民族地区义务教育治理内卷化研究——基于云南省 Z 县的教育调查》，《教育发展研究》2014 年第 2 期。

到相关的边际收益，甚至还会出现下降趋势。[①] 陈国华认为在义务教育治理中，政府部门和学校为保障学生就学、提高教育教学质量，对学生的治理越来越繁复和精密却无法达成目标的现象。[②]

（四）高等教育内卷化

李书肖认为高等教育发展到一定阶段后，在自身以及外界一些条件的限制下，偏离直线上升的轨道，开始不断在内部缠绕、复杂化，而无法取得突破进入到一种新的状态，成为我国高等教育发展的隐忧。[③] 夏骏认为作为社会系统的高等教育在难以实现外部扩张的条件下，系统内部不断地精细化和复杂化，但系统整体效益并未得到质的发展。高等教育的内卷化增长表现为"无发展的增长"、"无强盛的繁荣"、"无公平的效率"、"无幸福的改善"和高校内部权力的内卷化。[④]

从经济领域、政治领域、社会领域和教育领域的分析来看，内卷化呈现出一个共同的特点，对某领域的整体产生影响，最终作用于某领域内的个体。教育领域更是如此，农村教育、民族教育和义务教育均属于基础教育范畴，整体表现为效率低下，在高等教育领域的表现即是教育科学研究领域的重复研究、学科的无效分化等等。[⑤] 教育领域的内卷化比其他任何领域的内卷化影响更甚，教育的功能就是为其他领域提供相应的实践者。就高等教育而言，学者普遍认为新中国成立后大学体制最好的时期就是刚刚恢复高考的最初那几年及20世纪80年代，以及历史上的北洋军阀和西南联大时期。当教育处于粗放型阶段时，教育管理者和教育者忙着和各种匮乏作斗争时，教育反而能呈现其本然状态，让教育场域中的个体获得自然成长的机会。当匮乏被调节到一定阶段，首当其冲的便是对人的"精雕细琢"。

内卷化作为一种分析框架，从最初的哲学思辨、与"进化论"相对应的"锁入理论"，引入到经济学的农业生产领域，再引入到社会的其他领域，既保留了原有的"内部退化"含义，同时也有了不同的扩展。这

---

① 冷晓宇、金英喜：《农村义务教育研究的新视角——内卷化》，《黑龙江科学》2013年第11期。

② 陈国华：《民族地区义务教育治理内卷化研究——基于励海县的考察》，硕士学位论文，西南大学，2014年。

③ 李书肖：《内卷化：我国高等教育的隐忧》，硕士学位论文，曲阜师范大学，2010年。

④ 夏骏：《高等教育内卷化增长探讨》，《教育评论》2012年第3期。

⑤ 庞守兴、李书肖：《内卷化：教育的瓶颈描述》，《高教发展与评估》2010年第6期。

个术语经由黄宗智引起中国学者的广泛注意，术语本身也留下了黄宗智的个人特质。几经辩论与演变，非经济学领域的内卷化，尤其是教育领域，与经济学领域内卷化存在质的不同。如果说“内卷”的基本含义是对传统基本运作模式的坚持，着重于内部的细致与修饰，以及琐碎的技术与重复运作，表征出一种“装饰”效果，那么教育领域的内卷显然呈现出与之相反的态势。

第三节　G校的内卷化路径

G校是整个中国高等财经教育体系中的一分子，有必要对高等财经教育做一个简要的整体梳理，以便更好地理解G校作为个案学校所具有的样本特征及自身所独有的属性。

一　中国高等财经教育发展历程

我国现代意义上的高等财经教育发展，起源于清末“西风”的浸濡，由于西方资本主义国家的入侵，资本主义生产方式和商品经济在中国局部地区得到一定发展。商品经济的发展，客观上需要一批“懂经济、善经营、会管理的从事商业活动的人才”，由此才在一批高等院校内部建立起分类清楚的商科教育，按照西方商科人才培养模式，培养懂经济、善经营、会管理的从事商业活动的人才，后经历史变迁，呈现出一条曲折的发展路径。

（一）新中国成立前的适度发展

19世纪末到20世纪初试图拯救清王朝的“洋务运动”，给商科教育提供了滋生的土壤。制定于1902年至1903年间的《壬寅学制》提出要分科设立八大学堂，其中包括“商科大学堂”，要求传授金融、保险、贸易、运输及海关等方面知识。[①] 盛宣怀先生于1896年创办的南洋公学（上海交通大学前身），第一次分设出了财经类系“经济特科”、“商务班”[②]。1903年南洋公学开办商务学堂，以培养工商业方面的管理人才为主[③]，是我国历史上

---

① 孙培青主编：《中国教育史》，华东师范大学出版社1992年版，第574—575页。
② 尚志主编：《中国高等学校简介》，教育科学出版社1982年版，第1、68、230页。
③ 资料来源：上海档案信息网。

第一个单独设立的商科学堂，开设有银行、税关两科[1]，1904年，南洋公学正式改为高等商务学堂。1910年成立“京师大学堂”（北京大学前身），并设立商学院，其他商科院校陆续成立，标志我国商科教育正式开始。1917年南京高等师范学校创办商科，1921年迁至上海，扩充为中国第一所商学院，1932年学院独立，定名为国立上海商学院，这是教育史上唯一的一所国立商学院。20世纪三四十年代，独立商科院校数量不断增加。在国民政府开办商科教育的同时，共产党也开始了财经教育的探索。1921年，毛泽东同志创办的湖南自修大学，开设有经济学课程[2]，并成立了“经济学研究会”，这是中共教育史上第一次开设的财经类课程。中共领导下的第一个财经系科出现在1941年成立的延安大学，延安大学行政学院下设行政、司法、财经、教育四个系。[3]

早期的高等财经教育人才培养目标主要定位为：培养懂经济、善经营、会管理的从事商业活动的人才，尤其是要培养富有创造精神、具有决断力及组织能力的企业家。[4] 新中国成立以前，我国高等财经教育经历了近半个世纪的探索实践，基本上是采用西方商科教育的模式、课程体系和教学方法。这一时期的探索与实践，为新中国积累了财经教育的经验，也培养了一批在当时历史条件下不可多得的经济管理类人才，对当时我国经济复苏和社会快速发展做出了历史性贡献。

（二）新中国成立后G校成立前的计划型发展

新中国成立后，由于特殊的国际环境和历史条件，在教育领域内基本上全盘照抄苏联，摒弃了欧美经验，相当于也割断了自己的大学传承。商科教育人才培养目标调整为“培养国家干部”，即综合管理人才，而不再是“企业家”或经营型人才。由于意识形态的影响，学校的名称也由“商学院”逐渐改名为“财经院校”。1954年4月召开的全国高等财经院校教育会议，确立了财经教育“培养国家干部”的历史地位，终结了近代商科教育“培养企业家”的历史，显示出浓厚的意识形态特征。

始于20世纪70年代末的“改革开放”使高等财经教育又一次面临

① 潘懋元、刘海峰编：《中国近代教育史资料汇编——高等教育》，上海教育出版社1993年版，第203页。

② 《湖南自修大学入学须知》，《新时代》第1期。

③ 孙培青主编：《中国教育史》，华东师范大学出版社1992年版，第764页。

④ 叶孝理：《上海财经大学校史》（第一卷），中国财经经济出版社1987年版，第85页。

历史性的抉择。经济体制的开放性改革对经济、管理类人才的需求促使高等财经教育的恢复和发展，但由于教育发展的相对独立性及教育滞后于经济社会发展的惯性，使得高等财经教育在应变当中表现笨拙（这既有意识形态及体制的定势影响，也有高校自身的局限），尤其是在培养目标的定位上，注定要经历一个长期的探索过程。但从总的情形看，高等财经教育还是向前发展的，在对培养目标的认知上也达成了一个共识：须从狭窄的财经专业教育向宽口径的经济管理类专业教育发展，从培养国家干部到培养从事经营和管理活动的各类人才，但在培养模式和教学方法等方面基本上仍受苏联模式的影响。

1949 年 12 月，教育部召开第一次全国教育工作会议，提出教育必须为国家建设服务，学校必须向工农开门；建设新教育要以老解放区新教育经验为基础，吸收旧教育某些有用的经验，借助苏联教育的先进经验。1950 年 6 月，教育部召开第一次全国高等教育工作会议，讨论改造高等教育的方针和新中国高等教育的建设方向。① 1951 年，全国财经院校达 19 所，设有财经系科的院校 76 所②，占当时 206 所高等学校的 9.22%。

1952 年，教育部根据政府以“培养工业建设人才和师资为重点，发展专门学院，整顿和加强综合性大学”的调整方针，调整了全国近四分之三的高等学校。1953 年继续进行调整，独立设置的财经院校减少为 6 所，包括北京对外贸易专科学校、东北财经学院、东北工业会计统计专科学校、上海财经学院、中南财经学院、四川财经学院。③ 1953 年政务院批准了高教部《关于高等学校院系调整计划，改订高等学校领导关系和加强高等学校及中等技术学校学生生产实习工作的报告》，“对政法、财经各院系采取适当集中、大力整顿及加强培养和改造师资的办法，为今后发展创造条件”。④ 1954 年，教育部召开了新中国第一次全国财经会议，针对当时高等财经教育存在的“方针任务不明确，培养目标不清楚，专业设置与国家需要不相适应，教学质量低劣”等问题⑤，提出了《1954—

① 中国教育和科研信息网：《教育 50 年大事记（1949—1959 年）》，2005 年 12 月。

② 刘英杰主编：《中国教育大事典（1949—1990）》（下卷），浙江教育出版社 1993 年版，第 1165 页。

③ 余立主编：《中国高等教育史》（下册），华东师范大学出版社 1994 年版，第 39 页。

④ 刘光主编：《新中国高等教育大事记》，东北师范大学出版社 1990 年版，第 49 页。

⑤ 刘英杰主编：《中国教育大事典（1949—1990）》（下卷），浙江教育出版社 1993 年版，第 1165 页。

1957 年全国财经院校专业设置计划（草案）》和《1954 年财经院系专业调整计划（草案）》，对几所财经院校的专业进行了调整。1955 年 9 月，高教部发布了《关于综合大学、财经、政法各院校执行新教学计划注意事项的通知》，按照贯彻提高教学质量，培养全面发展人才的方针，修订了四年制的教学计划。1958 年 4 月和 6 月，中共中央分两次召开教育工作会议，总结新中国成立以来的教育工作，讨论教育方针和教育改革等问题。会议确定，党的教育工作方针，是教育为无产阶级政治服务，教育与生产劳动相结合，并提出教育事业发展措施。9 月，中共中央、国务院发布《关于教育工作的指示》。由此展开全国系统的“教育大革命”。1961 年，中央宣传部会同教育部、文化部在北京召开了全国文科及艺术院校教材编选计划会议，重新审定了包括财经院校在内的文科培养目标、课程设置、教学方针和教学方案。这一时期财经院校数量不断发生变化，1954 年为 5 所，1958 年教育改革使其增至 12 所，1960 年增至 25 所。随后又进行了精减和合并，1965 年财经院校数量降到 18 所。

本时期高等财经教育发展的特征表现为起伏不定，新政府在办教育方面显得经验不足，政治对教育的影响也是显而易见的。我国高等财经教育从开办以来就有很强的欧美特征，在多次调整中，欧美经验被抛弃，只有单一的苏联的经验可资借鉴，显然无法应对当时国内复杂的经济状态。尽管如此，高等财经教育为了培养“国家干部”，还是得到了一定的发展，为当时经济建设及社会发展培养了一批急需的财经管理干部。

（三）G 校成立后所经历的急速扩张

G 校成立于 1958 年，随后发生的十年“文化大革命”，经历了整个高等教育的曲折历程。在否定商品经济、价值规律的极“左”思想影响下，刚刚建立的教学组织、教学体系、规章制度被全盘否定，正常教学遭到严重破坏。1971 年全国教育工作会议通过《关于高等财经院校的调整方案》，全国 18 所财经院校相继被撤销，到 1972 年仅剩下两所，即辽宁财经学院和湖北财经专科学校（湖北大学财经部分），用于举办短期培训班，培养工农兵学生。从 1966 年 7 月开始，全国高等学校全面停止招生达 6 年之久，停止招收研究生持续了 12 年，G 校也停止招生十年，直至 1978 年恢复招生。

十年荒废所造成的人才断层，特别是以经济建设为中心的战略调整，给财经教育带来了新的发展机遇。1978 年，国务院批准了高教部的报告，逐步恢复了“文化大革命”中被撤销或停办的部分高校，并增加到 22

所。1978 年 6 月，教育部在武汉召开了全国高等学校文科教学工作座谈会，强调文科高等教育必须贯彻以教学为主的方针，并制定了政治经济学等专业的学时和学分制教学方案，这是包括财经院校在内的文科类院校恢复招生后第一次全国范围内的教学改革①。针对专业设置过窄、脱离实际需要的弊病，许多财经类院校对本科专业目录进行了修订，使专业种类大幅度减少，拓宽专业的口径。为了改善整体知识结构和提高学生的业务素质，财经院校充实、调整了原有专业内容、课程设置，更新课程内容，以增强专业的实用性，同时增开新兴、边缘学科课程，加大选修课的比重，建立起相对完善地课程体系，并加强基本理论、基本知识和基本技能的训练。在教学制度改革方面也进行了一些有益的探索。如实行有计划、有指导的学分制、双学位制、导师制、推荐免试研究生制、优秀学生选择培养制等。1979 年 8 月召开了第二次全国财经教育工作会议，会议认为要积极而稳步地发展高等财经教育，要积极创造条件，使高等财经院校规模有较大的发展。同时认为，从长远来看，财经教育应有一个大的发展，要采取如下措施进一步办好高等财经教育：要集中力量，把现有的财经院校和综合大学经济系办好；综合大学经济学应积极增强部门经济专业；有条件的院校要积极增设有关新兴学科和边缘学科的专业；提倡工科、农科院校举办工程管理和经济管理专业等。②

第二次全国财经教育工作会议以后，高等财经教育迅速发展，1981 年到 1982 年一年间，财经类专业数和专业点数快速增加，专业点增加了 147.5%，招生人数增加了 40.3%。随着改革开放的不断深入和经济建设的迅猛发展，国家急需的应用经济类专业和管理类专业设置较少，在此情况下，不少院校增设了应用经济类专业，调整了招生人数，一批财经院校新建，我国高等财经院校从在这十年间以年均 5 所的速度迅猛增长，由 36 所增至 81 所，到 1989 年，高等财经院校占到了全国高等院校总数的 7.53%，数量扩张达到了一个新的历史高度。

为适应中国经济的高速增长，在积极推动高等财经院校外延扩张的同时，也努力从宏观上引导其健康发展。1984 年 5 月，教育部下发了《关

① 中央教育科学研究所编：《中华人民共和国教育大事记（1949—1982）》，教育科学出版社 1984 年版，第 520 页。

② 刘英杰主编：《中国教育大事典（1949—1990）》（上、下），浙江教育出版社 1993 年版，第 1166 页。

于开展高等财经、管理教育调查的通知》，对社会主义建设的新形势要求培养哪些类型、哪些层次的财经、管理人才等问题进行广泛调查，调查为1985年的教育体制改革作了充分的准备。1985年5月，全国教育工作会议通过的《中共中央关于教育体制改革的决定》，决定中明确“我国高等教育发展的战略目标是：到本世纪末，建成科类齐全，层次、比例合理的体系，总规模达到与我国经济实力相当的水平……”① 提出要改变高等教育科类比例不合理的状况，加快财经、管理类薄弱系科和专业的发展，扶持新兴、边缘学科的成长。为了规范经济学和工商管理人才培养，1987年上海召开的“财经专业教学计划国际研讨会”提出：应将“政治经济学、西方经济学、经济数学基础、计算机应用基础、会计学、统计学、货币银行学、财政学、国际贸易、国际金融、发展经济学”11门课程作为普通高等学校财经类专业的核心课程。② 1987年12月，教育部印发了新的专业目录，提出了一系列的改革要求，为高等财经院校的稳定快速发展提供了依据。

改革开放，一方面重新与欧美高等教育接上了头，教育界开始从不同角度反思我国教育实践；另一方面，“以经济建设为中心”的国策为高等财经教育的发展冲破意识形态的困扰提供了强有力的政策支持，尽管政治依然在影响教育，但它已变成了软性的指导性影响。相对宽松的办学环境，使得教育研究者和教育管理者可以从容地思考教育自身的特性，借鉴欧美先进的教育思想和教育实践，这些因素成为我国高等财经教育走向成熟的宝贵资源。

规模的快速扩张，使得高等教育的内涵建设成为突出的问题。20世纪90年代以来，世界各国家都在进行高等教育改革，呈现出以下发展趋势：第一，从重数量的发展转向以质量为核心的发展；第二，在高等教育从精英教育走向大众教育的过程中，本科教育质量出现了下滑的趋势，各国开始重视本科教育，把提高本科教育质量作为高等教育改革的核心；第三，在当今融合化的世界中，传统的狭隘专业教育所培养的人无法应对新世纪的挑战，各国高等教育纷纷从狭窄的专业教育转向综合素质教育；第四，从封闭的教学过程转向开放的教学过程，各国高等学校从以教师和课

---

① 张健主编：《中国教育年鉴（1982—1984）》，湖南教育出版社1986年版，第5页。

② 吴云凤：《面向21世纪，优化高等财经教育课程结构的思考》，《高教探索》1997年第3期。

堂为中心的封闭型教学模式转向以学生为中心、实现学校与社会一体化的开放型教学模式；第五，随着信息革命与世界经济一体化的发展，促使高等教育趋向国际化。[①]

随着我国教育改革的不断深入，高等财经教育在人才培养模式方面仍然存在着不适应社会经济及技术发展要求、不适应高等教育发展要求、不适应高等财经教育发展要求的种种缺陷，伴随着经济增长方式的转变，高等财经院校也开始对其增长方式及办学模式进行了广泛的研讨，加深了对于规模适度增长、注重教育质量与人才就业市场的认识，使学校规模、质量、效益协调发展，主动与国家宏观经济调控相适应。

1995年以来，根据《中国教育改革和发展纲要》所提出的“部门所属学校的办学和管理体制将分不同情况，采取中央部门办学、中央和地方政府联合办学、地方政府办学、企业集团参与管理、学校之间的联合或合并等不同办法进行改革”的要求，高等财经院校进行了调整和合并，到1999年，全国独立的高等财经院校有74所。这期间，上海财经大学、西南财经大学和对外经济贸易大学先后顺利通过了国家“211”工程建设立项，一些重点财经院校除夯实基础，加强自身建设外，还先后完成了与其他院校的合并，包括1998年中央财经大学与中央财政管理干部学院的合并，以及2000年对外经济贸易大学与中国金融学院、中南财经大学与中南政法学院等的合并，办学资源得到优化整合，规模效益明显提高。

1998年教育部颁布了新的《普通高等学校本科专业目录》，经济学门类调整为4个专业，管理学类调整为18个专业；1999年，中共中央、国务院颁布了《关于深化教育改革全面推进素质教育的决定》，要求高等教育要重视培养大学生的创新能力、实践能力和创业精神，普遍提高大学生的人文素养和科学素质；提出要按照《中华人民共和国高等教育法》的规定，切实落实和扩大高等学校的办学自主权，增强学校适应当地经济社会发展的活力[②]。1999年3月，教育部在广东召开了全国财经院校教学计划修订会，会议按照新世纪对人才“知识、能力、素质”的培养规格，要求各院校修订既符合“基础扎实、能力强、素质高、有创新精神”的

① 王英杰：《挑战与应答：当前世界高等教育改革述评考》，《面向21世纪加强高等教育教学改革与研究》，高等教育出版社1999年版。

② 教育部：《深化教育改革，全面推进素质教育——第三次全国教育工作会议文件汇编》，高等教育出版社1999年版，第21页。

共性要求，又能充分体现各校特色和优势的教学计划①。1999 年 6 月，中共中央、国务院召开改革开放以来第三次全国教育工作会议，颁布《关于深化教育改革全面推进素质教育的决定》。会议的主题是“以提高民族素质和创新能力为重点，深化教育体制和结构改革，全面推进素质教育，振兴教育事业，实施科教兴国战略，为实现党的十五大确定的社会主义现代化建设宏伟目标而奋斗”。会后教育部根据会议精神，进一步扩大了当年全国高校的招生规模。② 中国高等教育进入了一个从“精英教育”向“大众教育”转型的重要时期，全国财经院校特别是西部院校也经历了一个不断扩大招生规模的发展时期。

2000 年，教育部直属财经院校在西南财经大学召开各校校长、教务处处长参加的财经院校综合改革座谈会，一致认为财经院校今后要在思想上树立“大教育”观念，做到个性和共性的和谐统一；教育部直属的财经院校要与综合大学、理工科院校、地方财经院校在人才培养上有一个分工，各院校也要结合区域经济发展的需要，做出合理的定位；要特别重视对课程体系、教学内容和教学方法的革新。会议一致认为：财经院校要适应管理体制改革的需要，从过去部门和行业办学的视野中走出来，拓宽眼界，获取更大更好的办学发展空间，必须“入主流、办特色、定好位”，即“积极主动地加入我国高等教育主流，办出自身的鲜明特色，确定好自身教学与研究的位置”。

2004 年 12 月，教育部召开了第二次全国普通高等学校本科教学工作会议，围绕“大力加强教学工作，切实提高教学质量”的主题，研究了加大教学投入，强化教学管理，深化教学改革，以更多的精力、更大的财力进一步加强教学工作的政策和措施。2007 年中国普通高等财经院校校长论坛在西南财经大学召开，论坛以“发展中国特色社会主义事业，加快高等财经教育改革与发展”为主题，分析了当时高等财经教育的不足及努力方向。为适应经济社会对财经人才的需求，近年来高等财经教育积极研究转换人才培养模式，对人才培养方案、培养目标和教学方法、教学内容等进行相应的调整，财经院校之间进一步加强彼此的交流与合作，不

① 广东商学院：《全国财经类院校教学计划修订研讨会在广东商学院召开》，《高教探索》1999 年第 2 期。

② 《教育 50 年大事记（1990 年至 1999 年）》，中国教育的科研计算机网（http：//www.edu. cn/da－ji－49/20060323/t20060323－156316. Shtml）。

断推进财经教育的改革与发展，力求与经济社会发展同步。

（四）高等财经教育所呈现的普遍性特征

高等财经教育的发展历史是中国高等教育发展历史的一个缩影，带有强烈的时代烙印。从高等财经教育的自身特性来看，新中国成立是一个分水岭，新中国成立前的高等财经教育与政治的距离相对较远，培养的是“企业家”。新中国成立后，高等财经教育成为各式改造的有力工具，成为“培养国家干部的摇篮”，一切按照干部培训机构来运行，政治替代了教育。不管是新中国成立后，还是改革开放之后，基于经济发展对人力资源的原始需求，高等财经教育原本有其内在的发展驱动力，但政治之手在教育领域显示出强大的控制欲望和控制动能，按照政治的逻辑对教育进行规划、动员和重构，使教育成为政治的附庸。教育内在的发展驱力常常因政治的强力干预而屡屡出现偏差。作为后发国家，中国一直处于“一万年太久，只争朝夕”的追赶状态，教育领域更是动作频繁，从政府层面对全国高校进行统筹，以求高度统一。在就业没有显示出市场的反作用之前，规模扩张始终是高等财经教育的核心词，高等教育关注的始终是国家需求，无暇顾及个体发展。

20 世纪 90 年代中期以前，普通高等学校经济学、管理类本科专业点主要分布在财经类院校和综合性大学，后来，理工、农医、师范等院校也大量开设经济学类、管理类本科专业，基本上形成了“四分天下”的格局，[①] 这其中还不包括隶属中西部偏远地区市级城市的开设财经类专业的普通高等院校。可以说，财经类专业到了“遍地开花”的程度。近十余年来，扩张无度的高等教育规模与市场的反作用遭遇到一起，大学生就业成为社会稳定的一个重要指标，就业随之成为国家调控各高校招生与专业设置的新杠杆，政治之手在某种程度上开始让位于市场之手。习惯于计划和指令已久的、没有历史传承的高校，尤其是地方高校所经历的痛苦尤甚。当中国高等教育因为就业的压力开始被迫关注个体时，其所面临的困境远超想象。在教育全球化背景下，国外的各种教育信息在互联网上广为传播，特别是国外关注个体发展的教育理论、教育手段和教育条件对国内大学所造成的冲击是不言而喻的。在线教育的可获得性，使学生有机会直

① 教育部高教司：《普通高等学校经济学、工商管理类本科人才社会需求和培养现状调研报告》，中国人民大学出版社 2005 年版，第 9 页。

接了解和接触国际教育的优质资源，多数学生已睁眼看世界，他们对世界教育与国内教育的比较变得十分容易。多年的人口政策使适龄就学人口大幅减少，对于高校来说，靠规模和项目圈地式取得显绩的方式已成昨日黄花，市场之手终于回归教育，质量和竞争成为新常态。财经教育人才培养目标从最初的“企业家”到“国家干部”再到“经济、管理人才”，转了一大圈，重新回到原点，回到个体层面，教育终于回归自己的本然状态。

二　G校的外延扩张

（一）新中国成立初至“文化大革命”结束①

从历史上看，我国高等财经教育产生于经济、文化相对发达的地区，G校所在的贵州省是新中国成立以后才开始有财经教育的。培训财经干部以迅速恢复和发展国民经济成为当时的重要工作，贵州省财贸系统内先后成立了“贵州省财政干部学校”、“贵州省银行干部学校”、“贵州省商业干部学校”、“贵州省粮食干部学校”和“贵州省供销合作干部学校”五所干部学校，正是这五所干部学校成为1958年G校成立时的根基，设贸经、会计、计统和财政金融四个系，贸经、会计、计统、财政和金融五个专业，为四年本科制院校，接受省委财贸部的直接管理。培养目标：“主要是——以马克思列宁主义、毛泽东思想为指导，适应工农业生产和财经工作飞跃发展的新形势，多、快、好、省地培养为社会主义建设的又红又专的财经管理干部，使他们成为既有社会主义觉悟和共产主义远大理想，又有财经科学知识；既能从事脑力劳动，又能从事体力劳动的全面发展的一代新人。”

1959年下半年，随着全国对国民经济的调整，G校随之停办整顿。1960年，G校按照原订计划恢复招生，只开设了“政治经济学”、“贸易经济”和“财政金融”三个专业。1961年秋季，在“整顿”的名义，恢复招生不到一年的G校停办，被撤销，改名为“贵州省财经干部学校”。改制后的贵州省财经干部学校，由以培养本科生为主转变为以培训财经系统的在职干部为主，原本就很薄弱的本科教育中断，好不容易组建起来的师资队伍和干部队伍被分流到省内外各高校，精干力量损失殆尽。

“四清”与“文化大革命”时期，贵州省财经干部学校教学工作完全停止，学生停课。1968年，贵州省革命委员会成立后，曾一度将贵州省

① 参考G校校史。

财经干部学校改为贵州财贸政治学校。1967—1968 年，学校全部职工曾先后两次搬到省办的财贸系统扎佐五七干校，这时的财经干校仅作为五七干校的一个中队保留建制，实际已是名存实亡。这种状况一直延续到 1973 年春省五七干校撤销，贵州省财经干部学校的建制也不复存在，教师队伍和干部队伍几乎全部流失。

（二）1978—2000 年

十一届三中全会所确定的经济建设为中心的发展路线，给了 G 校复校的历史机遇。1978 年 9 月，G 校参加全国高等院校统一招生，财政金融系设“财政”专业；贸易经济系设“贸易经济”专业；工业经济系设“工业经济”专业，三个专业各招学生 51 名，共招 153 名新生。教师队伍的组建比较顺利，原先流失的教师中部分主动回校，财贸系统有条件搞教学工作的人士也进入教师队伍中。1978 年 12 月 28 日，《中华人民共和国教育部发出（78）教计字第 1427 号》文件正式批准 G 校恢复重建。

G 校重建以后，根据国务院批发的教育部（78）教计字 1427 号文件规定的办学规模，要求“六五”期间逐步达到在校生 1200 人。“七五”期间实现 2000 人的发展规模。终因不足 50 亩的校址问题没有解决，恢复开办后的前六年一直没有发展。专业设置方面，在原有的“财政”、“基建经济”、“贸易经济”、“工业经济”、“计划统计”5 个专业的基础上，1985 年新设了应用性强、适应面宽的“会计”专业，筹建了“经济信息管理”专业。由于长期规模有限，政府在经费投入上捉襟见肘，学校经费只能基本保证教职工的工资发放和国家规定的福利开支，难以增加必要的教学设施和图书馆资料，学校发展严重受限。

根据贵州省政府 1985 年的规划，到 1990 年学校在校学生人数应达到 3000 人，由于多种原因限制，直到 1989 年，全日制本专科学生仅有 1264 人，每年只能输出 300 余名毕业生，远远不敷社会急需。为了充分发挥学校教学资源的作用，解决贵州经济建设人才急需的问题，为贵州经济社会发展尽一份责任，同时也为了提升自身的办学效益，G 校决定大力发展成人教育，成立了函授部和夜大学，开始了人们戏称的“摆摊设点”的成人教育。1990 年，全年录取新生达 1200 多名，学院函夜大在校生达到 2300 多人，远远超过在校全日制本科生的规模。成人教育实际上成为了学院自筹资金的主要渠道，在弥补经费不足、改善教职工待遇，尤其是迎接国家教育部教学评价过程中，为增加基本建设投入、解决办学条件不足困难发挥了重要作用。

但是，这种畸形发展终归难以持久。1990 年初，国家教委对高校办学条件进行了全国范围内的大检查，G 校被列入全国 138 所办学条件不足的普通高校之内，并指出："其主管部门应注意减少当年招生计划，并采取切实措施，充实改善办学条件；对连续三年被列入名单的院校，国家教委一般将责令暂时停止招生，予以调整"，在 1992 年正式合并了拥有 110 多亩面积的省计划管理干部学院后，G 校暂时摆脱了生存危机。1995 年初，国家教委两次发文（"高教司［1995］1 号"和"高教司［1995］67 号"文件），决定在全国范围内开展"首批普通高等学校本科教学工作合格评价"活动，确定了 108 所拟评高校名单向全国公布，G 校被列为首批接受评价学校之一，成为贵州省唯一接受首批评价的高等学校，1998 年评估中被鉴定为"暂缓通过"，主要结论是：必须转变教育观念，真正做到以现代教育思想为指导，进行全面而深入的教学改革，培养出具有创新精神、创业本领和实践能力的高素质的新型人才，更好地为贵州省的地方经济发展服务。在内部整顿和外部支持的相互作用下，G 校于 1999 年通过了"复评"。

由于较长时期内本科教育和成人教育的错位，教师们的心思基本放在成人教育上，无心专注于本科教育。可以说，1995 年到 2000 年，是 G 校正式按照教育部关于本科教育的基本规范和要求来举办本科教育最为扎实的时期，也是学校从领导到普通教师真正认识"高等教育为何物"的五年，在思想认识和观念形态上，为 G 校开启了经营本科教育之途。

（三）2001—2006 年

20 世纪过去了，G 校顶着"合格评估亮黄牌"的标签进入 21 世纪。其"资产"特征为：办学经费投入不足；省内高校教育资源整合重组，[①] 省内校际之间的竞争压力骤增；教育产业化导致省内外大学持续争夺优质生源；毕业生就业压力越来越大。基础薄弱的 G 校既是机会又是挑战，2001 年的校级领导人事调整给 G 校带来了生机。他们从教育思想讨论和观念变革入手，分别于 2003 年以"变革与发展"、2005 年以"追求鼎新"为主题，开展了两次教育思想大讨论，基本上奠定了 G 校发展的大方向，如提高办学层次，申请博士点、把学校由学院更名为大学、提高管理水平

① 指贵州大学作为"211"工程在贵州省内启动。

等。将办学指导思想表征为："以马列主义、毛泽东思想、邓小平理论和'三个代表'重要思想为指导，坚持科学发展观，全面贯彻党和国家的教育方针，积极应对现代高等教育大众化的发展趋势，遵循教育规律，依法治教；坚持人本协调发展和可持续发展，突出'厚德、博学、笃行、鼎新'的教育理念，走'质量立校、人才兴校、科研强校'之路；以教学为中心，始终把教育教学质量作为学校生存和发展的生命线；弘扬科学精神，倡导学术自由，建立知识创新机制；以社会需求为导向，坚持德才并重、专博结合、突出能力、全面发展的人才培养目标。"这是G校自建校以来，第一次以清晰的文字表述其大学特征，彻底结束了职业培训机构的历史，本科教育回归到本来面目。在教育思想大讨论的同时，G校从干部人事改革入手，多次公开竞聘中层领导职务，让一批年轻人走上相应岗位，改变了长期以来困扰干部工作的能上不能下、能进不能出、论资排辈等问题，为G校的发展提供了组织人才保障。

在解决思想意识形态和干部队伍的大问题后，G校正确研判形势，充分利用各种政策优势，迅速发展。顺应教育大众化，通过增加新专业和扩容老专业的方式扩大本科规模，现已达到2万人。贵州省作为一个贫困大省，教育欠债多，投入少，默许各高校以创办独立学院的方式解决经费问题，G校于2001年开始招生，规模一度达到5000人。适时发展研究生教育，引进大批高人才层次，使师资队伍结构发生了质的变化。利用日元、德元贷款等国际资金修建实验楼、购买实验设备，改善了基础设施。2006年通过教育部本科教学工作水平评估并获得"优秀"等级是G校发展史上的标志性事件，"两个转变"的发展思路，即从扩大学校规模向提高办学质量转变、从注重硬件建设向提高管理水平转变，成为指导评估工作的价值理念。评估结论中有两个建议："1. 加强高水平学术带头人的队伍建设，提高青年教师科研水平，进一步提高师资队伍的整体水平。2. 加强实验教学体系建设，充实实验教学内容，完善实验教学管理，进一步提高试验教学的整体水平。"这两个建议成为G校"高标准，精细化"的开端。

（四）2007至今

G校于2007年明确提出，按照"高标准，精细化"要求，树立"人才培养是学校的根本任务，质量是学校的生命线，教学是学校的中心工作"的理念，稳步实施"质量立校"战略，巩固教学的中心地位和本科教学的基础地位，不断强化教职工的质量意识和全员育人意识，深化教育教学和管理改革，强化师资队伍建设、学科专业建设、课程建设和教学条件建设。G 校在评估中获得“优秀”等级极大地提升了学校的信心，激发出更大的动能。将“更名”、“申博”及 2010 年贵州省启动的花溪大学城建设，成为 G 校新的增长点。2012 年学校顺利完成由学院改大学的更名工作，同年，G 校由城区不足 500 亩的校园整体搬迁至拥有近 5000 亩面积的花溪大学城新校区；因为国家政策的原因，“申博”尚在进行中。

至此，除“申博”需视国家政策有无可能外，G 校能带来视觉冲击效应的运动式、突击式“歼灭战”基本结束。2014 年又是新的校级领导班子调整，在 G 校奋战 14 年，将 G 校彻底改天换地的 C 校长奉命“提前离任”，G 校党委换届，党代会的工作报告提出学校未来发展是“一个主基调，两个增长点”，主基调指的是强化本科教学，增长点指的是继续完成“申博”目标和扩大国际合作办学。从业务范围而言，本科教学是全校的事，“申博”和“扩大国际合作办学”是小范围部分特定人员的事。作为西部地方高校的 G 校，运动式办学模式正式退出历史舞台，大学教育不可避免地进入日常化、精致化装饰阶段。

G 校诞生于干部培训学校之上，无历史可传承。诞生之后，因为外部的原因，好几次办办停停，处于风雨飘摇中，其主要职能是成人培训，成为“大学”的标志是 1999 年通过教育部“复评”，真正按照大学的“规矩”办大学，则是进入 21 世纪以来的这 14 年。这 14 年中，G 校的经历是整个中国高等教育的一个缩影，从一个“前大学”——成人培训机构，变成“类大学”——形似大学，至少在外观上（规模、校舍等可测指标），G 校不会再被人当作成人培训机构，已经进入中国大学行列。正如前面所言，能把 G 校内部改造成跟外观上一样是一所“大学”的机会和显性功绩的外部基础已不再存在。大学面对自己本身，成为一种必然。

第四节　内卷化表征

内卷化的本意是对传统基本运作模式的坚持，着重于内部的细致与修饰，以及琐碎的技术与重复运作。但是从对高等财经教育和 G 校的历史考察来看，20 世纪 50 年代的大调整已割断了大学的传统，等到 30 年后，即80年代再来寻找传统的时候，传统已丧失殆尽。80年代国门打开以后，我国大学教育是在苏联模式的基础上，嫁接当代欧美元素，产生出一种新的混杂形式：总体上，国家对高等教育的计划管控模式没有改变，但又引入各种源于欧美的评估和考核，意在强化高校的自主管理和自我发展。在强大的国际竞争和就业压力下，政府趋向于“放权”，即在法律框架内扩大高校的办学自主权，督促高校完成现代大学制度建设，如建立章程，建立学术委员会制等。现在的问题是，中国高校准备好了吗？是坚持大学传统——探究高深学问，引领年青学子——还是另有一番景象？教育若真能回复到其本真，不啻为个体之福。

一 科研经费的分配与管理

施一公、饶毅于2010年在Nature上撰文《中国的科研环境》指出，中国政府投入的研究经费以每年超过20%的比例增加，甚至超过了中国最乐观的科学家们的预期，现实中，研究经费分配的严重问题却减缓了中国潜在的创新步伐。这些问题部分归结于体制，部分归结于文化。被给定的项目指南源于部分官员及与官员交好的少数专家的意见，为了获得项目，学者们被迫搞好关系，而非做好研究。更为重要的是改革的困境，“现行体制的既得利益者拒绝真正意义上的改革；部分反对不健康文化的人，因为害怕失去未来获得基金的机会，选择了沉默；其他希望有所改变的人们则持‘等待和观望’的态度，而不愿承担改革可能失败的风险”。期待“基于学术优劣，而不是靠关系，来分配所有的新基金”。①

财政部统计数据显示，近8年来，我国科技研发资金投入已经接近3万亿元。中国科协一项调查显示：科研资金用于项目本身仅占约四成。②2013年我国科研经费投入达1.2万亿元，但成果转化率仅10%，存在科研风气“浮躁化”、项目申请“行政化”、经费落实“功利化”等乱象。由于有人套取数量不菲的科研经费，为了规范科研经费的合理使用，各校纷纷收紧报销关卡，以至于给报销设置了很多具体而微的限制。如花钱有时间限制；差旅费要求车票、住宿费齐全、报销范围界定不清、手续复杂，一次报销要往返好几次等，“报销噩梦”正成为学者的新烦恼。正所

① Yigong Shi, Yi Rao. *China's Research Culture.* Science 3, September 2010: Vol. 329. no. 5996, p. 1128.

② 赵梦瑶、王聪聪：《中国科协调查显示仅四成科研资金用于项目本身》，新华网（http://news.xinhuanet.com/edu/2014-10/28/c_127147622.htm）。

谓，没有项目前，忙于申报；得到项目后，则忙于报销，真正做研究的空间则受到压缩，知识创新受限于严酷的科研环境。

二 科研导向的职称评定让教师被迫离开教学现场

2014年4月初，清华大学外文系讲师方艳华在外文系通过述职答辩，但因为之前签订合同中规定“就职9年未评职称的老师必须离职”，从2004年起任讲师的方艳华面临“非升即走”的最后期限。清华大学人事处最终未同意方艳华的续聘申请，于4月20日左右在校务会上下达不再续聘的决定，将其转岗为职员。尽管她所在学院对她的教学给出了高度评价，她教过的学生为她请愿，最终没能改变转岗的事实。不再续聘的还有清华大学最受欢迎的微积分助教闫浩。从清华大学周培源应用数学研究中心博士毕业后，闫浩在该校航天航空学院流体力学博士后流动站工作。闫浩的微积分习题课在清华赫赫有名，他被学生称为“清华第一助教”，航天航空学院还曾特批他主讲过一门线性代数课程。因为没有科研成果，闫浩未获得聘任。学校有意安排闫浩转任职员，闫浩拒绝了。[①] 这两位离开教学岗的教师因其不同一般的教学在学生中享有盛誉，但在科研主宰职称评审的铁律前败下阵来。

无独有偶，四川大学周鼎于2014年12月23日发布于网络的“自白书”，对反思高校职称评定政策再推波助澜。周鼎向全校学生开放的文化素质公选课《中华文化（历史篇）》和《百年风流：近代中国人物漫谈》，他深受全校学生欢迎，选课人数差不多能把系统给搞崩溃掉，多次获评优秀教师。因科研成果和论文数量不达标，即使走绿色通道，也未能评上副教授。他抱怨“高校教师的主要工作是申报课题，报账，报账，还是报账。”“八年来一直以为教师最重要的工作是上好课，但如今教学似乎成了副业。”“最牛气的教师是拥有最多科研经费的人，而不是拥有最多听众的人。”切中高校现状之要害，体制设计和内部环境正迫使真正对学生有吸引力的教师离开教学现场。

如果说清华大学和四川大学是研究型大学，对科研有着近乎苛刻的要求，是他们的属性决定的，并不反映中国整个高校状况，那么G校作为地方高校，宣称是教学型大学，为地方培养经济管理高层次应用型人才，情况又如何？G校为了学科建设，申报博士点，于2013年正式执行新的

---

① 施文荻、景嘉伊、高四维：《清华解聘教师引争议》，《中国青年报》2014年7月28日。

职称评定条件（见附录5）。评正教授的条件除达到贵州省的要求外，须具备以下条件之一：①申报教授专业技术职务人员必须在三类期刊及以上（按学校期刊规定）公开发表论文2篇或在C刊（SCI、SSCI、EI、CA、CSSCI）公开发表论文5篇，并主持完成省部级项目1项。②主持国家级（国家社科基金、国家自然科学基金）项目1项。③国家级奖项三等奖及以上的第一获奖者。艺术、体育、外语教师申报教授专业技术职务必须在C刊（SCI、SSCI、EI、CA、CSSCI）上公开发表论文2篇。评副教授须具备以下之一：①申报副教授专业技术职务人员必须在三类期刊及以上（按学校科研期刊规定）公开发表论文1篇或在C刊（SCI、SSCI、EI、CA、CSSCI）公开发表论文3篇，并主持省部级项目1项。②获省级奖项三等奖及以上的第一获奖者。艺术、体育、外语教师申报副教授专业技术职务必须在C刊（SCI、SSCI、EI、CA、CSSCI）上公开发表论文1篇。教学评价达到80分及以上即可。

G校同时鼓励教师潜心教学，为达不到校级科研要求的教师提供校内"教学型教授"和"教学型副教授"岗位（见附录6），除工作量要求外，还要求教学评价不低于97分，科研要求则须达到省级标准。校聘"教学型系列"的科研要求，对多数教师来说，经过努力是可以达到的，但"教学评价不低于97分"一项，从政策出台以来，尚无教师申报。教师们普遍反映，现实中，尽管学生给教师的教学评分偏高，但次次要达到97分，无疑不具有可操作性，尤其是教学要求严格，布置作业多的教师，更不可能得到学生的高分评价。因而，这个政策依然无助于"教学型教师"获得高一级职称，不能让他们通过职称晋升来改善生活待遇和获得职业尊严，在一定时期内晋升不了，则意味着最终的结局是离开教学岗。

三　低收入让教师无心专注于教学

当前情形下，人事改革、绩效工资、严格的科研经费及各种经费开支管理，使得教师的实际收入微薄，难以养家糊口。G校从2011年起，实施绩效工资制度，按照"基础工资+绩效工资+奖励性绩效"的构成，以拥有博士学位的四级教授为例，全部收入分固定性和非固定性两部分。固定部分为：月工资为4500元（扣除公积金、医疗保险金等，实际发到工资卡上，只有4000元左右）。贵州省每月给博士发放津贴800元，G校每年对教授有个专项考核，考核通过后，得1万元津贴。从2014年下半年起，公积金调整到1300元/月左右，存量补贴为470元/月。全年总计约95000元。

非固定收入主要来源于课酬和科研活动，工作量之内，教授课酬为30元/时，一个学期下来，3个学分的专业课，按20周计算，所得课酬仅为1800元。一般情形下，专业课资源比较紧张，教师不一定有足够的课可以上，且因为付出与收入极不相称，很多教师也不愿意上专业课。公共课的情况不一样，相比而言，教师在备课等环节付出不如专业课教师多，且公共课量大，公共课教师在科研上不具有竞争优势，却可以通过大量上课来赚取不菲的课酬，工作量是固定的，超出固定工作量部分，还可以计算超工作量课酬。G校除本部外，还有一个独立学院，不计算工作量，但课酬引入市场机制。比如会计学这门课，极个别受学生欢迎的教师一年的课酬将近20万元。公共课教师乐意从上课中获得家庭收入。另一部分科研能力强的教师，主要是专业课教师，则极不愿意上课，耗时耗力，收入极少，他们主要把精力放在课题申报、论文发表和专著写作上。G校为了申报博士点，在学科建设上投入相当的资金，课题配套和成果奖励很诱人，大部分博士及教授专注于科研。

从以上的分析得知，有博士学位的四级教授的年固定收入为95000元，非固定收入差异巨大，公共课教授偏重于大量教学，却难以获得职称晋升；专业课教授偏重于科研，追求职称和学术成就，却不屑于教学。另外还有一种情况，高校中的行政序列，假如这个拥有博士学位的四级教授，同时有一个正处级的行政职务，则一年的行政津贴为27000元，视为“双肩挑”人员，教学工作量可以减半。从整个收入状况来看，排除公共课和行政职务，纯粹从事专业课教学的教师收入是最低的。而各种类型专业人才的培养与成长恰恰需要专业课教师的付出和努力。在基本工资很低的情况下，期望教师从事创造性的教学工作是不可想象的。

四　温顺而功利的学生难以撼动既有的教育秩序

当代中国大学生清一色的是从幼儿园、小学到中学历经完整教育链条升入大学的，表面上是在家长和教师的双重挤压中完成升学梯级，实际是在教育市场化的裹胁下被动行进，对大学教育抱着一个虚幻的、没有底气的“人生一定美好”的目标。从小经历的温顺教育和功利教育让学生进入大学后，一如既往地保持着温顺，出于现实的目的，或主动，或被动，保持着“无面人”的静默。他们对大学教育不是没有意见，但意见微弱，要么不被听到，要么被忽视。“维稳主义”主导下的管理模式给学生的空间极其有限。

陈丹青直言20世纪90年代以后，上学变成了一件赤裸裸的功利的事，变成我要拿学位，或者我要入党，我要做生意等功利目标。中国的教育就是希望不要培养出一流的人才，而且做得很成功。这五六十年来的教育只在做一件事，就是控制青年，让你被动，不要主动。大学生一点都不自由，他们有多无聊，那根本不是青春，简直像待在高级监狱里。[①] 学生在大学发展进程中扮演了极其重要的角色，他们促进了大学在各个国家文明发展中的创新和育人作用。即使是中国的大学生也一样在历史上有辉煌的纪录，如五四运动、抗日救亡运动等，对国家和民族做出了重大贡献。改革开放以后，国家主导的以个体为单位的脱贫致富成为现实目标。市场经济环境中的大学日益沦为公司[②]，成本分担使学生成为善于计算投入与产出的消费者，学位制度让学生不敢公然对现有的教学制度提出质疑，只能以一种非正式的、被动的方式迂回在其中。他们小心翼翼地保护着自己的私人领地，不与既存的秩序冲突，以求顺利获得学位走人。

第五节　大学教育内卷化的异质性

大学的本质是知识生产、人才培养和社会服务，让教师专注于科学研究和人才培养是大学教育的固有传统，大学的一切其他方面均应以此为中心，创造条件让教师安心于教学，学生安心于学习。但前面的分析却表明，大学教育并没有回复到坚持传统的科学研究和人才培养本源上，而是反其道而行之，科研立项和资助不是为了更好地创新知识和产生知识，科研经费分配的体制性缺陷和“一刀切”式的科研经费管理没有激发出教师的科研热情，反而束缚了教师的手脚，以致越来越多的教师宁愿不申报课题，也不愿承受报账噩梦。科研导向的职称评定让真正专注于教学、对教学有贡献的教师逐渐离场；低收入让教师想尽办法通过其他途径解决生活保障问题，教师的个体性消弭在生计经营中。学生在维稳式的管理和市

① 陈丹青：《中国只要听话的人》，大家之家（http：//www. djzhj. com/Item/21550. aspx）。

② ［美］埃里克·古尔德著：《公司文化中的大学》，吕博等译，北京大学出版社2005年版。

场经济成本核算中，以学位的获得为关注点，顺从而非挑战现有的教学体制，学生的自由精神和独立人格难以获得良性生长。

这说明，大学内部管理方面，在偏离传统的轨道上变得日益繁杂，甚至是精雕细琢，不是“解放”了大学生产力，恰恰相反，是在束缚生产力的方面越来越呈现出一种装饰特征。学生在面对教学剧场的无趣时，既有一种必须面对的无奈，同时也发展出种种转化的技术。必须面对的无奈，是指他们对剧场提供的剧目不满意，鉴于他们谈判筹码和能力的缺失，也没有人会理睬他们。他们保持一贯的“听话与合作”，仍然扮演着一种“好学生”的身份，不给剧场添麻烦。转化的技术，是指不能反抗，但又不愿合作的个体，则以一种非主流化的方式，按自己的意图为未来做准备，暗地里探索个体化途径，尝试为自己而活，对自己负责。风险是显而易见的，人的本性是趋利避害，如果得到合适的引导，个体在为生存而活的同时，能够兼顾公共利益，维护社会正义。如果得不到合适的引导，很可能出现自私自利、不顾公义的个体。当前的大学显然没有做好应对个体化的准备。

第六章　S校的启示

2014年9月上映的电影《黄金时代》展现了鲁迅与萧红之间的一段师生情谊，或许为本书的“教学适切性”做了最好的注解。萧红的《回忆鲁迅先生》便是最好的说明，此文被赞为：“鲁迅回忆录中的珍品，而且可谓是中国现代怀人散文的楷模，是敬献于鲁迅灵前一个永不凋谢的花圈。”① 可以说，没有心灵相契的互动，就不会有如此鲜活的美文留世。鲁迅称萧红是“当今中国最有前途的女作家”，并力荐萧红著作，为她的才华绽放打开了无限空间，给予困顿中的萧红以师长的爱护、理解和支持。鲁迅作为智者和青年的导师，所给予青年的理解和信任，是他给中国留下的宝贵财富。他和包括萧红在内的青年之间的灵魂互动，可以说是教学意义上的一段佳话，鲁迅和萧红之间的互动是一种独立个体之间的互动，造就的是一个独特的萧红，在时空深处熠熠生辉。英国传统大学如牛津和剑桥，大学教师对学生品格的培养感到强烈的兴趣，“课堂”在理想上是一堂辅导课，是一位导师和一个学生之间的面对面的，因而是高度个人之间的接触和交流。② 正如鲁迅与文学青年之间的恳谈和对话。

在当代中国大学普遍性让人失望的境况中，仍然有一些探索者和先行者，最为典型的是广东的S校。在某种程度上，S校力图扩大师生之间的交往与互动，保持类似于鲁迅与萧红般的师生对话和启发，并为之构造一整套确保大学教学意义上的环境和氛围。研究者于2014年10月22日至31日，历时10天，考察了S校，重点考察高等教育研究所、教务处、教师发展与教育评估中心、人事处、至诚书院、工学院、商学院、整合思维课程中心；访谈了这些部门的主要负责人及相关教师15余人，同时随机

---

① 词条：“回忆鲁迅先生”，百度百科（http://baike.baidu.com/view/1482694.htm?fr=aladdin）。

② ［美］伯顿·克拉克著：《探究的场所——现代大学的科研和研究生教育》，王承绪译，浙江教育出版社2001年版，第65页。

访谈了大一至大三 10 余名学生。听了三节整合思维课程，一节大班课，两节小班讨论。在 S 校的顶层设计、制度框架、本科教育及改革、师资队伍建设、学生支持体系等方面形成了初步认知，S 校与地方普通高校之间的差异性，使得 S 校相比中国其他大学，更像大学，而非“高级监狱。”S 校地处广东东部，相比珠三角，既无地理优势，也无人文优势，且建校历史才 30 余年，近年来，作为地方高校在国内高教界扶摇直上。

第一节　S 校的顶层设计

一　管理架构

S 校是 1981 年经国务院批准成立的广东省属“211”工程重点建设综合性大学，是教育部、广东省、李嘉诚基金会三方共建的高等院校，也是全球唯一一所由私人基金会——李嘉诚基金会持续资助的公立大学。

形式上实行董事会领导下的校长负责制，由于董事会人员广泛，实际每次开会人也来不齐，基本上只是一个形式，基金会对学校的影响是深刻而细微的，体现在学术建设、重要人事聘任、教育教学改革等重大领域。原校长已退休，教育厅暂时不派校长，由基金会聘任的海外执行校长代行校长职责，专注于打造“先进本科教育”，由党委书记任学校法人代表，学校党委的功能主要是负责党建工作，学校接受广东省教育厅的行政领导。

S 校设有财务、校务、学术、资源、校园规划建设 5 个委员会，主席由校长或党委书记担任。这些都是学校的政策咨询和制定机构，一方面学校的决策要让大家知道，另一方面也有利于校长了解更多的声音。校长担任学术委员会主席是否会影响民主决策？G 校长告诉记者，按照西方的惯例，校长只是这些委员会的召集人，开会时并不需要去投票。只有当“赞成”和“反对”票数相等时，才需要校长投关键的一票。校学术委员会下面，有各学院的分学术委员会，自主决定学院的学术事务，独立行使学术判断权，包括招聘、专业建设和课程建设、学院的学术标准等。

二　先进本科教育

先进本科教育的基本内涵包括四方面：第一是整合思维能力，以超越学科局限的思维能力作为汕大学生的共同追求，彰显汕大学生的思维特质；第二是可适应性的培养模式，专业设置适应社会需求，课程内容适应学科发展，课程体系合理、模块化课程体系和培养模式适应学生成长；第三是一体化的学习体验，通识教育与专业教育一体、课内外一体、多学科交叉培养，贯穿于课内、课外、住宿学院和丰富的校园文化活动的全方位培养；第四是教育质量的持续改进和保障系统。

第二节　本科教育及改革

S校的本科教育教学改革是全方位的，且各具特色。有本科生的教学单位只有8个，包括工学院（计算机科学与技术系、机械电子工程系、电子信息技术系、土木工程系）、医学院、文学院（中国语言文学、外国语言文学）、理学院（数学系、物理系、化学系、生物系）、商学院（工商管理、会计学、市场营销、国际经济与贸易、金融学）、长江新闻与传播学院（广播电视新闻学、新闻学专业、编辑出版学专业、广告学专业）、长江艺术与设计学院（视觉传达设计、建设景观设计、室内设计、交互设计、产品设计、公共艺术）、法学院（法学、行政管理、公共事业管理）；无本科生的独立教学单位有4个，如体育部、社科部、英语语言中心及高等教育研究所；不独立但负责某一类课程教学任务，如归属于艺术学院的艺术教育中心负责全校的艺术类通识教育，归属于文学院的全球研究中心负责全校核心通识课程，整合思维课程项目中心则负责全校必修课整合思维课程，归属于工学院计算机系的计算机中心负责全校必修课移动编程导论课。S校本科教育教学改革体现在两个层面上，一是以学院为单位的全景式改革，二是以某一课程或课程类别为载体的项目型改革。

一　学院层面的全景式改革

（一）工学院的EIP－CDIO（职业道德—诚信—职业素质—构思—设计—实现—运行）

2005年引入加拿大CDIO工程教育模式，结合中国工程教育实际情况，提出了“以设计为导向的EIP－CDIO”一体化工程教育培养模式，构建了有先进性和前瞻性的中国工程教育新模式，被同行公认为国内“CDIO工程教育改革的引领者”，于2014年获得第七届高等教育国家级教学成果奖二等奖。

（二）医学院的 PBL（Problem – based learning；Population Behavior Life）

医学院“国际化视野下卓越医生培养的综合改革与实践”以“培养具备国际视野和竞争力的卓越医生”为目标，以“问题导向学习”为教改方向，实行模块化教学，从 2002 年起进行全方位教学改革，被誉为“国际化程度最高的医学教育”。医学院培养的毕业生在知识、技能和综合素质各方面都得到社会的高度认可，国家医师资格考试平均分和通过率稳居全国前列，连续两届全英班学生注册参加美国医师执照考试（Step1）通过率均在 95% 以上；全国大学英语四级考试一次性通过率连续 8 年为 92%—97%；毕业生就业率连续 10 年达到 99% 以上。改革成果于 2014 年获得第七届高等教育国家级教学成果奖一等奖。

（三）长江新闻与传播学院的实践教学改革

最大的特点是学生拥有充足的校内外实践机会，中国大陆、中国香港、中国台湾，包括欧美都是学生可以去实习和实践的地方，三分之一的学生拥有境外实践机会。师资构成中，有大量来自有实务经验和海外背景的实践型教师，他们利用自己各自的资源，为学生提供充足的机会。学院还派出学生去采访过美国总统大选。独创的“草根播报”成了学院的名片。

（四）商学院的国际化

战略定位是“功在商道，心达寰宇，建设国际知名的工商管理教育平台，推动中国工商管理教育改革”。自 2007 年起，学院加速实施国际化战略，相继加入亚太商学院联合会（AAPBS）、欧洲管理发展基金会（EFMD）、负责任管理原则（PRME）、国际精英商学院联合会（AACSB）和新兴经济体商学院联合会（ABBS），全面融入国际工商管理教育网络，为学院参与全球竞争与合作、实现可持续发展奠定了良好基础。2012 年 2 月，商学院获得 EPAS 国际认证，工商管理大类本科专业成为亚洲地区首次通过 EPAS 国际认证的本科专业，融入专业型的国际俱乐部中。其 OBE（成果导向）理念指导下的人才培养教育模式改革正在全面推开。

二 以某一课程或课程类别为载体的项目型改革

（一）共同核心课

确定培养现代社会公民，使学生能清晰认识自己的社会责任，并能用可靠的知识和正确的价值观认识和解决遇到的各种问题。包括必修和选修两部分，必修课包括国家要求的思想政治课程、艺术教育课程、整合思维、公益课及移动编程导论，约27学分。选修课要求不少于9学分，分为公民与社会、文化与价值、科学与科学方法三个领域，广泛聘请国内外学有专攻的学者来开课，现已开67门课程。

（二）艺术类通识课（2学分）

S校艺术教育始于1993年，开始时成立艺术教研室，随着学校艺术教育的不断发展，2001年更名为艺术教育中心，2008年并入长江艺术与设计学院。艺术教育中心始终全面贯彻国家的教育方针，开设面向全校本科生的艺术类选修课程，担负学生艺术团艺术技能类课程的教学与指导，开展艺术教育教学探索与研究，指导全校群众性艺术活动等工作。艺术教育中心目前开设了三十多门艺术类课程，有赏析、实践、表演以及艺术创作、门类齐全的器乐等课程。

（三）英语提升计划（4学分）

2002年5月开始，2003年9月成立语言中心，主管全校英语教学（除专业英语外）及科研。S校推行“英语提升计划”，在英语语言教学的课程设计、教学、考试制度、机构组织结构等方面进行改革，使学生从以死记硬背为主学英语转变为主动参与到听、说、读、写融为一体的学习模式中来。摒弃以考试为中心的教学方法，鼓励学生以提升英语实用能力为学习目标。将非英语专业学生的英语学习分为4级（ELC1－4，为基础特别弱的学生开设基础级，不计入学分），每个级别计4学分；艺术学院的英语分为ELCEA1－3级，还为完成ELC4的学生开设ELC5（Academic Writing）、ELCPS（Persuasive Speaking）、ELC5009（Creative Writing）、ELC5015（Critical Speaking）、ELC5022（International Communication: Concepts & Conversation）、ELC5030（Debate）。各专业的课程计划中规定了毕业要达到的最低英语级别，鼓励学生修读英语课程的更高级别。

新生入校后，语言中心组织对学生进行分级测试，入校英语成绩占40%，分级测试不再进行笔试，而是口试（60%），两个老师二对一地口试。以两部分成绩之和，对学生进行分级，入学测试结果决定学生的大学英语学习起点。基础好的学生一年半能学完英语，基础一般的学生两年也能全部学完。完全实行小班教学，不超过30人。学生英语升级自己提出申请，由中心组织测试，达到要求即可升级。除正规的课堂教学外，还设有英语角、英语加油站、英语节等，由学生自主管理。尤其是英语加油站全时段开设，供学生随时使用，在加油站，只能说英语，影像等学习资源丰富，环境舒适优雅，并设有辅导老师及导生。

（四）整合思维课程（2 学分）

整合思维课程是全校唯一一门以大班授课和小班讨论两种方式进行组合上课的新生必修课，第一学年必须修完。大班人数在 250 人左右，50 分钟；小班 20 人，100 分钟。总体上，这门课分三个模块，三个主讲老师各负责一块，批判性思维、创造性思维和系统性思维，大班课重在原理介绍。小班课是另一群老师，类似于助教，在小班上深化和拓展大班的内容及增加实践操作部分。本课程重在对学生进行思维训练，有助于打破中学学习时求同、求标准答案的固化思维，给大学学习奠定良好的方法基础和思维基础。每个模块有一个“大任务”，即要求综合解决一个问题。整合思维贯穿在整个课程体系设计中。

（五）公益课程（1 学分）

借鉴国际新兴的“服务学习”理念，在国内高校率先推行服务学习模式，促使学生将学习由课堂扩展到社区，与社区服务有机结合，培养学生的社会责任感和综合服务才能。帮助学生深入了解社会、关怀社会、提高服务社会的能力；通过公益实践活动实现与学术课程相结合。公益课程作为学校的通识教育课程，是 S 校每位学生毕业前都必须修读的，不能以其他课程的学分替代。

（六）移动编程导论

为应对移动终端设备的广泛应用而开设的。新生入校后，进行计算机分级考级，主要是对基本的计算机知识和操作能力进行测试。成绩优良的学生无须上大学计算机基础课程，而是改为“移动编程导论”；剩下的同学则需学习半个学期的计算机基础后才进入移动编程的学习。移动编程导论有三个方面的培养目标：一是通过编程内容的学习，培养学生的计算机编程逻辑思维模式；二是应用整合思维的方法，综合信息技术、艺术理念、实践活动等，构思出满足用户需求且有创意的产品设计方案；三是让学生根据自己的专业特点或兴趣，体验一个移动编程项目实现的全过程。对于学习上有困难的学生，计算机中心会在开放的时间给学生提供帮助，主要由导生或高年级学生来完成。

第三节　制度框架

一　大部制

S 校围绕“有志、有识、有恒、有为”的育人目标，坚持以学生为本，精简机构，整合资源，党办和校办、宣传部和新闻中心等党政机构合署办公，便于相近职能部门的沟通，节省了行政资源；实行大部制，资源管理处涵盖了资产、基建、设备、后勤、保卫等多种职能，相当于其他高校的四五个处室，减少了工作中的推诿扯皮。共设有党政办公室、监察审计处、人事处、组织统战部、资源管理处、教务处、国际交流合作处、宣传部、科研处、学生处、校团委、财务处、研究生学院、工会、招生办公室等管理部分；另有资源部门 7 个及若干科研机制。除医学门类外，其他 28 个专业分属 7 个教学单位，资源高度拟合，管理幅度大为收缩，降低了行政成本，提高了资源利用率及工作效率。尤其是教学单位的大部制，促进了教师和学生的多学科交叉和多方面发展。

二　阳光财务和经费预算制度

学校实行“阳光财务”，始于 2007 年，但在 S 校校园网上，可以查到 2004 年以来的历年年报。“不管是政府拨款，还是学生的学费、社会捐助，怎么花的，花到哪里去了，都应该有个说法，应该公开透明。”执行校长顾佩华这样解释“阳光财务”改革的动因。除了公开学校财务状况，严格预算管理也是这项改革的内容之一。在学校 2007 年财务报告中解释了严格预算的原因，“由于各学科学费政策标准在过去几年刚性不变，而省里拨款资助增长迟缓，致使学校经常性收入近年基本维持在同一水平，又逢 2007 年物价上涨，学校财务运转更加困难”，所以要量入为出。每年 9—10 月，学校各单位会根据教学、科研及设施保障等方面的经常性开支提出下一年详细的预算申请，学校再经过 2 个多月的预算审核和修订，才完成终审工作。审核预算的不是行政人员，而是由来自各个学院教学一线的 8 位教授组成的预算委员会。优先保障本科教学经费是前提，教学实验设备的添置和维修、新增专业的调研、购买教学相关的耗材等，都是被优先考虑的项目。

三 教师年薪制

2007年开始实施以教师年薪制为主要内容的人事制度改革，引入质量导向、贡献导向，目标是吸引优质员工，保持持续的工作热情和积极性。将教授按特聘讲座教授、特聘教授、教授、副教授等分为数个等级，每个等级有不同的相应报酬，同时对每个等级给予一个基本的要求。让教授们告别了“发一篇论文多少钱、上一节课多少钱”的工分制，重塑教授尊严。

年薪制改变了考核的方式，2010年首个聘期结束后，有36名业绩突出者得以晋升（占参评教师的17.3%），13名业绩较差者降级或调岗（占参评教师的6.3%）。人事处在进一步完善考核方案，李悦副处长介绍了年薪制的基本情况，每个教师的薪酬都不一样，核定的标准是人力资源的细分市场，学历背景、专业差异、各人特质等会决定起薪的差异。实行全员聘任制，三年一聘，有年度考核和聘期考核两种。年终考核分为五个档次，非常优秀（不超过15%）、超越期望、符合期望（不超过15%）、需要提高、不合格，其他比例不定。这个考核结果将决定每个教师基础性绩效外的全部工资收入，处于中间状态的差异可能不会太大，但两头两尾的差异会拉大到好几倍。三年年终考核结果直接影响下一个聘期的定位与薪酬。

工资构成有三部分，基础性绩效、奖励性绩效及年终考核奖金。基础性绩效就是省里下拨部分，大体一致，奖励性绩效由学校支付，体现出差异，与考核相关。另外，学校会根据考核的情况发放奖金，以前的做法是，优秀是普通的1.5倍，更优化的方案尚在考虑中。年薪制已明确了单个教师一年内的工作量，包括科研、教学及服务，尤其是服务这一部分，考核权完全在各学院和各职能部门。签约人员可以自己选择教学科研型、科研教学型，还是教学型，总体薪酬差异上，科研教研型最高，教学科研型居中，教学型最低，薪酬水平完全根据市场供求关系决定，各人自由选择。由于学校专注于本科教育，对本科教学工作量有明确要求，境内教师每周6—8节，境外教师每周4节。

四 第三方评估制度

（一）ISO 9000质量认证

管理部门全面引入ISO 9000质量认证，建立规范的制度，厘清权力的分界，明晰权力和责任。校长负责什么，院长负责什么，行政人员该干什么，都有明确的定位。ISO 9000 质量认证为S校提高管理效能提供了科学依据。

（二）战略咨询与外部审计

学校在实行阳光财务的同时，引入麦肯锡公司的战略管理咨询，集中于学校可以量化的业绩改进，比如说改进投入、核算成本、质量等。麦肯锡的咨询重点放在高级管理层所关心的议题上。第三方的普华永道会计师事务所每年还会对汕大的财务报表进行外部审计，确保学校资金集中在发展的优先性方面。

（三）麦可思公司毕业生跟踪调查

为了能客观地评估学校人才培养质量，引入麦克思公司对毕业生进行跟踪调查。2012 年调查报告显示汕大毕业生的各项指标均超过了全国“211”高校。比如：毕业一年后的月收入为3915 元，比全国“211”院校高277 元；毕业一年后的非失业率为96.6%，比全国“211”院校高3.4 个百分点。从就业质量方面逐年提升，现在进入500 强企业的比例也是越来越高的。2011 年162 位毕业生就职世界五百强企业，占全校毕业生人数11.36%。用人单位普遍反映，汕大的毕业生在英语沟通能力以及创新思维方面表现突出，与学校的国际化教学理念分不开。

第四节 师资队伍建设

汕大60%教师是传统的学术型授课教师，还有20%属于实践型教授，有丰富的业界实践经验。还有20%是国际型访问学者，不断地把最新的东西介绍给学生和老师。

一 引进境外院长

8 个教学单位中，境外院长占了一半，境外院长的职责是扩大学院影响力，提升本科教学质量，成为S校推进改革的中坚力量。

二 聘请境外教师

基金会及境外院长利用各自国际资源，广泛延揽具有国际背景的教师，将最前沿的学科动态带到S校来，给学生提供最优质的课程资源。

三 体现价值与贡献导向的定制化聘任

在人才的引进上，没有一个相同的聘任合同，彼此不知道对方的薪酬，但各人对自己的薪酬和工作状态的匹配性是心知肚明的，因而能安于自己的选择，投入到与薪酬对应的工作中，非常优秀的会获得晋升和高额奖励。

四 系统而专业的教师培训

成立于2012年的教师发展与教育评估中心，聘请了加拿大McMaster大学华人荣休教授关超然先生为主任，推广PBL教学法，并对教师进行定期培训；同时开展OBE的推广和培训，教师培训和学校本科教育改革紧密结合，服务于人才培养。

第五节 学生支持体系

一 国际基准的完全学分制

根据国际标准，按1学时课堂教学、2学时课外学习计算1个学分，实行完全学分制，学生根据学业指南，从2000年开始自由选课。S校本科学生可在3—8年内完成本科学业，相对于传统的“学年学分制”，弹性学分制度用学分代替学年，以取得一定的学分和平均学分作为学生毕业和获得学位的标准。学校鼓励学生选读双专业、双学位课程。从2013年起，给学生提供免费的英语和工商管理双专业、双学位课程。

二 导师制与导生制

导师制与导生制是两套相互补充的学生支持体系，导师制由专业老师担任，主要负责其在四年中的学业生涯发展和学术成长，包括选课、专业兴趣、职业规划等。每个老师带20个左右的学生，从新生一直带到毕业，这属于工作量当中的任务。导生制是从大二及以上的优秀学生中选拔，尤其是享受国家资助的学生，他们活跃在学生的自治性学习团体中，如计算机中心、语言学习中心、互助学习中心等，根据工作性质，有些是义务的，有些是有一定报酬的。导师制强化了师生互动，导生制强化了朋辈互助，对实行完全学分制的新生来说，是必不可少，也是非常有效的支持系统。

三 从混住制到至诚书院

学校2004年就开始实施“混住制”，安排不同专业、不同年级的学生混合住宿，打破了多年来中国国内高校以专业系别、年级为单位的学生住宿制度，促进不同专业、不同年级学生之间的交流，从而使人文、科学不同学科间有更多的交流积累。2008 年试行住宿学院制试点，成立“至诚书院”。目前容纳 1000 多人，只有至诚书院是男女混住的，但楼层不同。现汕大正按套间式修新的住宿公寓，修好后，将全部实行住宿制，专业学院只负责专业教学，学生管理和一切文化活动及学生的奖勤贷免等全由住宿学院来完成，真正实现堡垒建立在宿舍里。住宿学院有独特的组织体系，院长由分管学生工作的副校长兼任，辅导员进宿舍；另聘有导生担任宿生的管理员，导生也住进书院，每个导生负责 20—30 个宿生，从大二及以上的优秀学生中选拔，书院付以一定的工资。除此之外，书院要承担育人活动，开展拓展素质，建有独立而完整的素质拓展课程体系。极大地拓展了学生的人际网络。

四　学习互助中心

学生互助中心（Student Learnging Center，SLC）致力于帮助学生提高学习成绩，解决学生在学习上遇到的困难，推动学生养成更积极主动的学习习惯，从而促进学生之间的学习交流，形成互助互进的学习风气。提供了一个融上课、讨论、自己多种学习方式为一体的平台，是一个朋辈互助的学习交流空间，全部服务免费。SLC 开设的所有课程面向全校本科生，不限于专业内的交流，可以与不同专业的导生共同探讨问题。如果想从零基础学习某一门课程，可以与 SLC 导生一起制定学习计划，或预约导生进行一对一辅导。服务项目包括学业问询、大学适应性学习辅导班、小组讨论、学习交流活动、学习班、自修。

（1）学业问询包括固定课程和预约课程两种。固定课程：有需要的学生按照课程安排直接到 SLC 问询，无须预约，可在前台咨询课程时间和研讨室；预约课程：若固定课程学业问询课程与学生上课时间冲突，或希望一对一辅导，可登录预约中心进行预约。

（2）大学适应性课程辅导班：主要针对新生，根据学生在大学新环境中遇到的学习问题而推出的一系列辅导课程，协助新生更快地适应大学学习生活。帮助新生了解选课流程、规则及选课技巧，协助他们制定本科期间的学习计划；介绍各学科的专业基础知识及专业发展方向；帮助新生转变高中的应试学习方法，推荐各学科专业知识的学习方法和心得，协助他们找到更适合自己的大学学习方式。

（3）小组讨论：为课堂外的小组讨论、专业学习、课外交流提供场所。

(4) 学习交流活动：不定期举办一些学习交流活动，例如考研、英语四六级考试经验分享会、优秀学生学习经验分享会等。

(5) 学习班：每学期开设多媒体软件入门学习班，由导生辅导学习多媒体软件。

(6) 自修：SLC 内设有安排服务的研讨室可供学习自修，无须预约，先到先得。

每学期聘用成绩优秀的本科生（导生）开设课程，为有困难、求进步的同学提供学业上的指导和生活上的建议。

五　S 校的成效

一般情况，看一个学校的成效如何，有两个指标是比较客观的，一个是每年新生入学的录取线，另一个是毕业生的就业情况，这两个指标直接体现了社会的认可度及大学的社会效益；此处选取 2014 年的数据进行分析。

(一) 2014 年招生情况

广东省一本招生的竞争比往年更加激烈，很多一本院校的录取最低排位都比去年后退，S 校招生录取成绩再次刷新历史纪录。普通文理科以及美术类均在第一次投档之后就完成了招生任务，第一志愿率 100%。文科录取最低分 587 分，超一本线 8 分，最低排位 10167，比去年提前 113 名；理科录取最低分 575 分，超一本线 15 分，最低排位 29225，比去年提前 1892 名；医学院录取最低分 593 分，超一本线 33 分，最低排位 17568，比去年提前 844 名。在一本总体招生计划数增加、考生可选择的院校和专业增多的情况下，S 校的录取最低排位不仅没有后退，还比去年前进，说明考生对 S 校的认可度越来越高。在广东省外，S 校延续往年的好势头，录取分数远远超过当地重点本科院校控制线，如福建理科超一本线 60 分、文科超一本线 38 分，湖南理科超一本线 56 分、文科超一本线 40 分，广西理科超一本线 55 分、文科超一本线 39 分，山东理科超一本线 50 分、文科超一本线 32 分，安徽理科超一本线 49 分、文科超一本线 28 分。社会各界对汕头大学国际化、精细化办学特色的了解和认同，“本地学生不愿上家门口大学”的现象已不复存在，今年潮汕籍新生数达到 383 名，比去年增长约 8%，比前年增长约 25%，而且在 S 校录取的高分层考生中，本地学生占一半以上，无论数量还是质量均创近年来的新高。

（二）2014年就业情况

根据广东省教育厅9月25日发出的《关于印发2014年广东省普通高等学校毕业生初次就业率统计表的通知》（粤教毕函［2014］34号），截至2014年9月1日，S校、S医学院今年本科毕业生初次就业率分别达到97.78%、98.18%，与广东省本科第一批招生的高校比较，S校本科毕业生初次就业率名列第一位。自2011年S校本科毕业生初次就业率跃居广东省一本高校首位以来，这一数据已连续三年保持在97%以上的高位，今年再创历史新高，并再次名列全省一本高校第一位。这个成绩的取得，充分体现了学校人才培养模式改革取得的成效。过去几年，学校进一步推进"先进本科教育"，以目标为导向的一体化人才培养体系在本科专业中全面推行，整合思维教育课程面向全校学生开设，创新学科、专业评估系统，成效逐步显现，学生核心竞争力不断提高，学生培养质量获得社会高度认可。在全校33个本科专业中，已有33.33%的专业，包括编辑出版学、广播电视新闻学、数字媒体艺术（界面与交互设计）、艺术设计（建筑景观设计）、行政管理、土木工程、生物技术、国际经济与贸易、会计学、市场营销、护理学等，就业率均达到100%。①

第六节　分析与启示

一　分析

S校致力于现代大学制度建设，致力于大学治理体系和治理能力现代化，围绕人才培养教育目标，"有志、有识、有恒、有为"的育人目标，专注于"先进本科教育"，打出了一套组合拳，从顶层设计、制度框架、本科教育定位、师资建设及学生支持体系等，充分借鉴国际成熟的大学治理经验，将其本土化，形成了富有特色、环环相扣、决策层和执行层配合默契、学院享有较大学术自主权的本科教育整体模式，处处体现出以学生为本，将育人放在一切布局谋划的中心，在国内外获得很大声誉。

优质的本科教育是S校获得声誉的坚实基础，带动了学科建设和扩展了社会服务。S校的经验证明，本科教育质量是大学生存和提升的基础，

① 资料来源于S校校园网。

我国总体上仍是人力资源大国，本科教育是将人力资源转换为人力资本的关键场所，也是培养合格公民的根本途径。

一切改革，只要是基于学生成长，基于学校长效发展，就能得到社会认可和师生支持。S校持续改革的成效已不容置疑，第三方评估、就业率、生源素质的逐年改善、国家级教学成果奖的获得等，都足以说明S校的组合拳符合大学内在逻辑，符合现代大学发展趋势。更为重要的是，S校的改革除了理念和制度外，由一系列切实可行、从目标到执行到评估到提高闭合循环的课程和教学环节来承载，做到了落地生根，刻石有痕，真正惠及学生。

单纯从学生角度上看，学习方面，学生享受完全学分制选课的自由，虽有行政班，但学习上却按课程来组班；小组教学时又要求按不同专业分组；理论学习外，有充足的外出实践学习机会。社交网络方面，专业学习时按课程组织；日常有导师和导生辅导；住宿方面打破班级与专业限制，真正做到了让学生四年中身处不同的人际网络之中，师生互动和生生互动达到最大极限。四年下来，学生拓展的人脉远远超过传统的行政班级组织。在这个极为广泛而多重叠加的人际网络中，学生的自主学习能力、人际交往和人际沟通能力、语言表达能力、团队合作能力等得到了超越想象的锻炼。学生不再是一个个孤立无援的单子，他们的生活也不是碎片化的，而是置身丰富多重的学习型社区中，获得一切自主成长的机会，充分吸取学校提供的一切养分，学生的毕业质量整体上高出“211”的平均水平。

二 启示

S校作为地方高校，从一开始就有李嘉诚基金会的全力支持，直接与国际高等教育接轨，从人事聘任到管理经验，再到课程资源的引进，虽然起点比普通高校都高，但是仍然给地方其他高校提供了一个值得借鉴的范例。S校的充足经费是其他地方高校不可复制的，但S校关于大学本质的主动性思考和开拓性实践却有其独特的价值，即如何更好地以学生为中心，为学生服务，让学生和教师成为大学的主人。除经费经验不可复制外，其他皆可为，且完全是大学自己可以独立操作的。

（1）成立权威机制，集中全校智慧，开展改革大研讨，制定切实可行的整体改革方案和配套机制。

（2）实行大部制，对现有的党政行政机构和教学单位、教辅教学按照相近功能及兼容性进行重新组合，降低行政成本，减少资源损耗，提高管理效率和办学效益。

（3）引入第三方评估，在财务、管理和教学质量等方面，形成规范的质量管理体系，确定岗位胜任要求，强化各岗位的执行能力。

（4）制订体现个体价值和贡献导向的有竞争性的薪酬制度，真正提升人力资源的不可替代性及独特贡献，消除平庸主义和平均主义。

（5）充分发挥学院的主动性，尊重其学术判断标准。鼓励各具特色的教育教学改革，尊重各学科、专业及课程类别的差异性，不搞“一刀切”，不搞统一管理，将自主权还给学院，学校只是依据考核指标进行考核，以拨款作为杠杆进行调节。

（6）大学的核心竞争于在优质的师资，师资在于培养。需把教师教学发展中心作为一个独立的机构进行常态化建设，师资培养是一项高度专业化的事业，需要有专门的力量来持之以恒地加以研究、引进先进理论与方法及跟踪服务，为教师提供个性化的咨询、指导和帮助。

（7）全面改革学生管理，建立促进学生自我管理和自主发展的学生支持体系，S 校的学生管理经验完全可以借鉴。

结　语

伦敦的威斯敏斯特大教堂地下室的墓碑林中有一块名扬世界的无名氏墓碑，墓碑上刻着这样的一段话：

当我年轻的时候，我的想象力从没有受到过限制，我梦想改变这个世界。

当我成熟以后，我发现我不能改变这个世界，我将目光缩短了些，决定只改变我的国家。

当我进入暮年后，我发现我不能改变我的国家，我的最后愿望仅仅是改变一下我的家庭。但是，这也不可能。

当我躺在床上，行将就木时，我突然意识到：如果一开始我仅仅去改变我自己，然后作为一个榜样，我可能改变我的家庭；在家人的帮助和鼓励下，我可能为国家做一些事情。然后谁知道呢？我甚至可能改变这个世界。

这段话几乎概括了人的一生轨迹，年少时的世界梦，中年时的国家梦，老年时的家庭梦，却始终没有给自己一个正确的位置。生命终结时才发现原来自己才是一切梦想的支点，没有自己，一切皆成空。从自己入手，将自己变成一个榜样，治理好家庭，再去为国家做事情。这个逻辑正好印证了中国的“正心、修身、齐家、治国、平天下”的人生生存智慧和政治实践智慧。

中国教育“缺人”已有很长时间了，在整个教育体系中有着内在的一致性，小学教育充斥着各种各样的规矩，通过身体规训将个体整合进社会结构中，让个体成为社会工程中的一个螺丝。① 中学教育则是高考的预科阶段，升学率成为中学教育的指南，学生经受着各种高考技术的训练，为的是一个大学梦。这个大学梦大多与学生自己无关，而是与家长和老师

---

① 谢妮：《教育与身体——学校日常生活中的身体》，贵州人民出版社 2010 年版。

有关。大学学位制度将学生生涯碎片化和虚幻化，学生与大学始终隔着一堵墙，墙的这边是学生的迷茫和权变，墙的那边是教师的挣扎和管理的装饰化。

教育民主化稀释了高等教育资源和质量，经济市场化强化了市场主体的成本核算意识和能力，各方都在考虑利益最大化，成本最小化。高等教育领域出现的教育质量滑坡与成本核算有着极大的关联。典型的莫过于科研主导下的“非升即走”，2014 年发生的清华大学教师和四川大学教师被迫离开教学岗的事件就是最好的注解。这些事件体现的是高校自己的意志，而非外部的“强迫”。国务委员刘延东于 2012 年在《求实》上发表《深化高等教育改革走以提高质量为核心的内涵式发展道路》，指出要牢固确立人才培养在高校工作中的中心地位，要求大学一切工作都要服从和服务于学生的成长成才，坚决扭转重科研轻教学、重学科轻育人的现象。刘延东的观点代表的是国家意志，但这并不能改变大学内部意志。

正如在第一章“社会政治生活领域中的权利个体化”中所分析的，国家层面显性的各种形式的国家暴力，随着政治文明的发展和治理主体的成熟，政府自我纠偏能力也在进一步提升，但是真正难以改变的是根植于底层的“民间思维”，大学不但需要改变自己的“民间思维”，回到大学教育的本质上，回到学生个体发展的本源上，还肩负着为改变整个中国的“民间思维”而培养行动者和实践者，即哈耶克所描述的“好人”。因此，中国大学教育改革的真正阻力不在于宏观社会环境，而在于大学场域内自身的日常生活机理，须做彻底的自我反思和自我改革。关注社会结构的变迁，及时回应个体的需求和个体的生命关怀，从日常生活入手，对大学内部的基础性构造做全面而彻底的改革，尤其是要尊重教育的一般规律，将学生和教师置于教育的核心，让学生能学有所获，让教师能教有所乐。

本研究中涉及的两个案例学校，一个是极普通的地方高校，其所走过的路程能代表绝大多数中国地方高校所走过的路，许多地方高校仍在苦苦挣扎中。本研究只是揭示其现状，丝毫没有批评和指责的意思。另一个案例，在某种程序上，可以代表地方高校的探索方向，地方高校的发展，的确需要比较宽松的大环境，但更重要的是高校自身的担当和对教育的了解与执着，及对学生的爱。在大学生就业倒逼教育改革的整体语境中，高校的主动性有所体现，尤其是教育部直管的“985”高校纷纷向社会公布其改革方案，无论是从理念还是实践层面，都有一个突出的特点，围绕改进教育质量来设计方案，也获得了社会很高的期许。但是从本研究来看，这是一个极其漫长的过程，长期形成的惯性的改变需要水滴石穿的韧性、对生命的由衷敬畏及对教育的谦卑态度。

参考文献

一　专著及论文集

[1]［德］康德、邓晓芒译：《判断力批判》，人民出版社 2002 年版。

[2]［德］乌尔里希·贝克、伊丽莎白·贝克－格恩斯海姆著：《个体化》，李荣山等译，北京大学出版社 2011 年版。

[3]［加］约翰·范德格拉夫等编著：《学术权力——七国高等教育管理体制比较》，王承绪等译，浙江教育出版社 2003 年版。

[4]［挪威］贺美德、鲁纳编著：《“自我”中国——现代中国社会中个体的崛起》，许烨芳等译，上海译文出版社 2011 年版。

[5]［美］哈斯金斯著：《大学的兴起》，张堂会等译，北京出版社 2010 年版。

[6]［英］齐格蒙特·鲍曼著：《个体化社会》，范祥涛译，生活·读书·新知三联书店 2002 年版。

[7]［英］斯宾塞著：《教育论著选》，胡毅、王承绪译，人民教育出版社 2005 年版。

[8]［英］费里德希·奥古斯特·哈耶克著：《通往奴役之路》，王明毅等译，中国社会科学出版社 2013 年版。

[9] 王伟廉：《课程研究领域的探索》，四川教育出版社 1988 年版。

[10] 阎云翔著：《私人生活的变革：一个中国村庄里的爱情、家庭与亲密关系 1949—1999》，龚小夏译，上海书店出版社 2006 年版。

[11] 刘保、肖峰：《社会社建主义——一种新的哲学范式》，中国社会科学出版社 2011 年版。

[12] 廉思主编：《工蜂——大学青年教师生存实录》，中信出版社 2012 年版。

[13] 林永惠、路玉才主编：《教育学》，南开大学出版社 2013 年版。

二 期刊论文

[1] 周建明:《确立个人在经济中的权利——经济体制改革和社会主义发展的必然趋势》,《社会科学》1988 年第 5 期。
[2] 时宪民:《北京市个体户的发展历程及类别分化——北京西城区个体户研究》,《中国社会科学》1992 年第 5 期。
[3] 周大鸣:《广州“外工散来”的调研与分析》,《社会学研究》1994 年第 4 期。
[4] 周其仁:《中国农村改革:国家和所有权关系的变化——一个经济制度变迁史的回顾》,《管理世界》(双月刊)1995 年第 3 期。
[5] 阎云翔:《家庭政治中的金钱与道义:北方农村分家模式的人类学分析》,《社会学研究》1998 年第 6 期。
[6] 谢安邦、阎光才:《高校的权力结构与权力结构的调整——对我国高校管理体制改革方向的探索》,《高等教育研究》1998 年第 2 期。
[7] 李培林、张翼:《走出生活逆境的阴影——失业下岗职工再就业中的“人力资本失灵”研究》,《中国社会科学》2003 年第 5 期。
[8] 刘世定、邱泽奇:《“内卷化”概念辨析》,《社会学研究》2004 年第 5 期。
[9] 汪晓村、鲍健强等:《我国大学本科专业设置与调整的历史演变和现实思考》,《高等教育研究》2006 年第 11 期。
[10] 薛成龙、邬大光:《论学分制的本质与功能——兼论学分制与教学资源配置的相关性》,《北京大学教育评论》2007 年第 3 期。
[11] 莫家豪:《中国的高等教育:从国家福利到教育的私有化和市场化》,《社会保障研究》2007 年第 2 期。
[12] 田国秀:《风险社会环境对当代个体生存的双重影响——吉登斯、贝克风险社会理论解读 》,《哲学研究》2007 年第 6 期。
[13] 任增元、刘宏伟、陆俞静:《论高等教育价值个体化的现实回归与理论确认》,《中国高教研究》2009 年第 4 期。
[14] 何淑通:《专业制度高校专业设置政策六十年回顾与反思——基于历史制度主义的分析》,《高等工程教育研究》2009 年第 5 期。
[15] 罗燕、海蒂·罗斯、岑逾豪:《国际比较视野中的高等教育测量——NSSE - China 工具的开发:文化适应与信度、效度报告》,《复旦教育论坛》2009 年第 5 期。

[16] 肖绍明、扈中平：《教育人性化的个体价值取向》，《教育研究》2010年第9期。
[17] 刘娜、向冠春：《高等教育与个体社会资本、生活资本获得研究》，《学术论坛》2010年第8期。
[18] 刘小强、王锋：《关于60年来我国专业制度的反思》，《高等工程教育研究》2010年第1期。
[19] 樊平军：《专业设置：一种官方知识的控制》，《中国高教研究》2010年第7期。
[20] 庞守兴、李书肖：《内卷化：教育的瓶颈描述》，《高教发展与评估》2010年第6期。
[21] 赵爽：《中国社会个体化的产生及其条件——个体化相关理论述评》，《长安大学学报》（社会科学版）2011年第6期。
[22] 郑富兴：《个体化社会的道德教育问题》，《华东师范大学学报》（教育科学版）2011年第12期。
[23] 庞波：《风险社会视域下的大学生危机意识教育》，《中国高教研究》2011年第7期。
[24] 杨静、姚利民：《关于高校班级规模的调查分析》，《高等教育研究》2012年第7期。
[25] 史秋衡、郭建鹏：《我国大学生学情状态与影响机制的实证分析》，《教育研究》2012年第2期。
[26] 文军：《个体化社会的来临与包容性社会政策的建构》，《社会科学》2012年第1期。
[27] 彭拥军：《追寻高等教育改革真相》，《江苏高教》2012年第2期。
[28] 赵泉民、井世洁：《论社会转型中制度内卷化与人的发展“异化”》，《云南行政学院学报》2012年第5期。
[29] 夏骏：《高等教育内卷化增长探讨》，《教育评论》2012年第3期。

三 学位论文

[1] 韦炜：《基于以人为本理念的高校学籍管理制度改革探析》，兰州大学，2006年。
[2] 邱艳萍：《学分制与高校教学管理体制改革研究》，湖南大学，2006年。
[3] 应小丽：《农民的自主行为与制度变迁——以1952—1992年浙江为

例》，华中师范大学，2008 年。

[4] 李书肖：《内卷化：我国高等教育的隐忧》，曲阜师范大学，2010 年。

[5] 孙忠梅：《高校教学管理改革的社会学分析——以广东省 S 校为例》，吉林大学，2011 年。

[6] 王静：《当今大学生个体化的发生机制及教育对策研究——以山东某高校为例》，学位论文，山东师范大学，2013 年。

四　英文文献

[1] Robert. Audi （edited）. *The Cambridge Dictionary of Philosophy*，Cambridge University Press ，1999.

[2] Peter L. Berger and Thomas Luckmann，*The Social Construction of Reality：A Treatise lts the Sociology of Knowledge*，Anchor Books，1966.

[3] Goldenweiser，A. “Loose Ends of a Theory on the IndividualPattern and Involution in Primitive Society” . in RH Lowie （ed.），*Essays in Anthropology Presented to A. L. Kroeber*. Berkeley：University of California Press. 1936.

[4] Geertz，Clifford 1963，*Agricultural Involution*：*The Process of Ecological Change in Indonesia*. Berkeleyand Los Angeles：University of California Press.

[5] Yigong Shi，Yi Rao. *China's Research Culture*. Science 3，September 2010：Vol. 329，No. 5996.

附　录

附录1　G校2009级保险专业本科培养方案（Undergraduate Program for Insurance）

一　专业名称与代码

专业名称：保险 Insurance

专业代码：020107W

二　专业培养目标

本专业培养适应经济社会发展需要，胸怀中国特色社会主义共同理想，基础扎实、知识面宽、综合素质高、实践能力强，具有比较扎实的保险理论基础和从事具体保险业务工作的能力，熟悉保险相关专业的理论和知识，有较高的外语和计算机应用水平，具有较强市场经济意识和社会适应能力，能在保险公司、保险中介公司、大中型企业、社会保障部门、金融机构从事相关工作的具有较强应用能力的高层次经济管理人才。

三　专业培养要求

本专业面向保险一线，在保险知识扎实的基础上，突出多事理财顾问的专业特色，强调实用性和为地方经济服务。毕业生应达到以下要求：

1. 热爱社会主义祖国，拥护中国共产党领导，掌握马列主义、毛泽东思想、邓小平理论的基本原则；愿为社会主义现代化建设服务，为人民服务，有为国家富强、民族昌盛而奋斗的志向和责任感；具有敬业爱岗、艰苦奋斗、热爱劳动、遵纪守法、团结合作的品质；具有良好的思想品德、社会公德和职业道德。

2. 具有一定的人文社会科学和自然科学基本理论知识；掌握现代经济学的基本原理和现代保险理论知识；能运用有关理论、分析行业的现状；具有一定的社会活动能力和从事金融、保险等业务的工作能力；了解现代市场经济的运行机制、方法和技巧，掌握人身、财产、社会保险等基本业务知识和技能；外语和计算机达到学校规定的水平或等级；具有开拓和创新精神以及解决实际问题的能力；具备从事本专业业务工作和适应相邻专业业务工作的基本能力和素质。

3. 具有一定的体育和军事基本知识，掌握科学锻炼身体的基本技能，养成良好的体育锻炼习惯和卫生习惯，受到必要的军事训练，达到国家规定的大学生体育和军事训练合格标准，具备健全的心理和健康的体魄。

四 学制与学位

本专业实行 4 学年的基本学制；按学分制管理、实行弹性学习年限（3—6 年）。

按教学计划和有关规定，提前学完全部课程并取得相应学分，符合毕业条件者，允许提前毕业（修业年限不得少于 3 年）功辅修第二专业。学生学习年限不得超过 6 年。

在规定学制内，修满各教学环节规定的学分，成绩合格，毕业论文（设计）达到要求，方可毕业。符合学校学士学位授予条件的毕业生，授经济学学士学位。

五 课程设置与学分分配

开设的主要课程：经济学学科导论、政治经济学、西方经济学（微观）、西方经济学（宏观）、财政学、会计学原理、国际经济学、货币银行学、管理学、统计学、计量经济学、保险学、人身保险、证券投资学、财产投资学、寿险及非寿险精算、风险管理、社会保险学等。

本专业总学分为 175 学分。其中课程教学环节 145 学分，集中实践教学环节 24 学分，课外素质 6 学分。课程教学环节中，公共基础课 55 学分，文理基础课 17 学分（其中限选课 9 学分，任选课 8 学分），学科共同课 37 学分，专业课 36 学分。学科共同课实验实践教学学时占该类学时 16%，专业课实验实践教学学时占该类学的 31%，课程教学总学时为 2564 学时，其中实验实践教学学时占 26%。实验实践教学学时按每 16 学时折合 1 学分，共 41 学分。

六 集中实践教学环节安排

集中实践教学环节由军训、认知实践、思想政治理论课社会实践、社会调查、专业实习（实验）、跨专业跨学科综合实验、毕业实习、毕业论文（设计）、就业指导与创业设计等部分组成，共 24 学分。

保险专业教学计划

知识平台 (Knowledge Platform)		课程类别 (Course Category)	课程编号 (No.)	课程名称 (Course Title)	学分 (Credit)	学时 (Hour)	学时类型 (Credit Hour Type)			开课学期 (Term)	任课单位 (School/Department)	备注 (Memo)
							讲授 (Teaching)	实验 (Experiment)	实践 (Practice)			
公共基础课 (Public Foundation)	必修课 (Required)	思想政治理论课 (Ethics)	1	形势与政策 (Current Affairs & Policy)	1	3次/学期				1—6	马克思主义学院 (SOM)	加*号课程为学位课程 (Degree Courses +"*")
			2	思想道德修养与法律基础 (Ethics & Principles of Law)	3	54	54			2		
			3	中国近现代史纲要 (Conspectus of Chinese Modern History)	2	34	34			1		
			4	马克思主义基本原理* (Fundamental Principles of Marxism)	3	51	51			3		
			5	毛泽东思想和中国特色社会主义理论体系概论* (Maoism & Theory of Socialism with Chinese Characteristics)	4	68	68			4		
			6	贵州省情 (General Introduction to Guizhou Province)	1	18	18			1		
		公共课 (Basic)	7	大学语文* (College Chinese)	2	34	34			1	文化传播学院 (SCC)	

续表

知识平台（Knowledge Platform）		课程类别（Course Category）	课程编号（No.）	课程名称（Course Title）	学分（Credit）	学时（Hour）	学时类型 Credit Hour Type			开课学期（Term）	任课单位（School/Department）	备注（Memo）
							讲授（Teaching）	实验（Experiment）	实践（Practice）			
公共基础课（Public Foundation）	必修课（Required）	公共课（Basic）	8	大学英语＊（College English）	16	276	208	68		1—4	外国语学院（SFL）	加＊号课程为学位课程（Degree Courses+“＊”）
			9	高等数学（2）＊（Advanced Mathematics）（2）	6	105	99	6		1—2	数学与统计学院（SMS）	
			10	线性代数＊（Linnear Algebra）	3	51	51			3		
			11	概率论与数理统计＊（Probability & Statistics）	4	68	68			4		
			12	计算机应用基础（Fundamentals of Computer Application）	2	51		51		1	信息学院 SIS	
			13	数据库及应用＊（Fundamentals of Database Application）	3	72		72		2		
			14	体育（Physical Education）	4	138	16		122	1—4	体工部 PED	
			15	军事理论（Military Theory）	1	36	18		18	1	武装部（MDD）	
公共基础课合计（Total）					55	1056	719	197	140			

续表

知识平台 (Knowledge Platform)	课程类别 (Course Category)	课程编号 (No.)	课程名称 (Course Title)	学分 (Credit)	学时 (Hour)	学时类型 (Credit Hour Type)			开课学期 (Term)	任课单位 (School/Department)	备注 (Memo)
						讲授 (Teaching)	实验 (Experiment)	实践 (Practice)			
文理基础课 (Basic Courses for Arts & Science)	限选课 (Limited Optional)	1	中国文化概论 (Introduction to Chinese Culture)	2	36	32	4		2	文化传播学院 SCC	至少选修9学分9 (Credits Required Least)
		2	法学概论 (Introduction to Law)	2	36	30		6	2	法学院 SOL	
		3	世界文明史 (World Civilization History)	2	36	32	4		2	马克思主义学院 (SOM)	
		4	经济伦理学 (Economic Ethics)	2	34	28		6	3		
		5	计算机网络与多媒体 (Computer Network & Multimedia)	2	34	22	12		3	教育管理学院 (SEA)	
		6	世界经济史 (World Economic History)	3	51	45		6	3	经济学院 (SOE)	
		7	发展经济学 (Development Economics)	3	51	38	9	4	4		
		8	科学技术概论 (Introduction to Science & Technology)	2	34	28		6	4	工商管理学院 SBA	
		9	社会学概论 (Introduction to Sociology)	2	34	26		8	4	公共管理学院 (SPA)	
	限选课合计 (Total)			9	155	116	21	18			
	任选课 (Free Electives)	1	课程名称见任选课结构表 (See "Free Electives" for Course Titles)								
		2							2		
		3							3		
		4							4		
									5		
	选修课合计 (Total)			8	128	128					
文理基础课合计 (Total)				17	283	244	21	18			

续表

知识平台 (Knowledge Platform)	课程类别 (Course Category)	课程编号 (No.)	课程名称 (Course Title)	学分 (Credit)	学时 (Hour)	学时类型 (Credit Hour Type) 讲授 (Teaching)	实验 (Experiment)	实践 (Practice)	开课学期 (Term)	任课单位 (School/ Department)	备注 (Memo)
学科共同课 (Common Courses)	必修课 (Required)	1	经济学学科导论 (Introduction to the Discipline of Economics)	1	18	18			1	经济学院 (SOE)	全部为学位课程 (Degree Courses Required)
		2	政治经济学 (Political Economics)	4	68	59		9	1		
		3	西方经济学 (微观) (Microeconomics)	3	54	54			2		
		4	西方经济学 (宏观) (Macroeconomics)	3	51	41	4	6	3		
		5	财政学 (Public Finance)	3	51	41	6	4	3	财政与税收学院 (SFT)	
		6	会计学原理 (Principles of Accounting)	3	51	41	10		3	会计学院 (SOAC)	
		7	国际经济学 (International Economics)	3	51	45		6	4	国际经济学院 (SIE)	
		8	货币银行学 (Money & Banking)	3	51	43	6	2	4	金融学院(SOF)	
		9	管理学 (Management)	3	51	41	4	6	4	工商管理学院 (SBA)	
		10	统计学 (Statistics)	4	68	54	8	8	5	数学与统计学院 (SMS)	
		11	计量经济学 (Econometrics)	3	64	56	8		6		
		12	经济法 (Economic Law)	3	51	34		17	7	法学院 (SOL)	
学科共同课合计 (Total)				37	629	527	46	58			

续表

知识平台 (Knowledge Platform)		课程类别 (Course Category)	课程编号 (No.)	课程名称 (Course Title)	学分 (Credit)	学时 (Hour)	学时类型 (Credit Hour Type)			开课学期 (Term)	任课单位 (School/Department)	备注 (Memo)
							讲授 (Teaching)	实验 (Experiment)	实践 (Practice)			
专业课 (Speci-alized Courses)	必修课 (Requ-ired)	专业主干课 (Core Courses)	1	社会保险学 (Social Insurance)	2	34	4	30		5	公共管理学院 (SPA)	全部为学位课程 (Degree Courses)
			2	证券投资学 (Securities Investment)	3	51	27	24		5	金融学院 (SOF)	
			3	保险学 (Insurance)	3	51	30	6	15	5		
			4	人身保险 (Life Insurance)	2	32	22		10	6		
			5	财产保险 (Property Insurance)	2	32	22		10	6		
			6	寿险精算 (Actuarial Mathematics of Insurance)	3	48	44		12	6		
			7	非寿险精算 (Actuarial Mathematics of Non-life Insurance)	3	51	39		12	7		
			8	风险管理 (Risk Management)	3	51	39		12	7	公共管理学院 (SPA)	
	专业选修课 (Optional)		1	企业年金 (Enterprise Annuity)	2	34	24		12	5		
			2	专业英语 (English for Insurance)	2	34	28	6	10	5	金融学院(SOF)	
			3	民法概论 (A survey of civil law)	3	51	45		6	5	法学院 (SOL)	
			4	金融企业会计 (Financial Business Accounting)	2	34	28	6		6	会计学院 (SOCA)	
			5	财务管理 (Financial Management)	3	48	38	10		6		

续表

知识平台（Knowledge Platform）	课程类别（Course Category）	课程编号（No.）	课程名称（Course Title）	学分（Credit）	学时（Hour）	学时类型（Credit Hour Type）			开课学期（Term）	任课单位（School/Department）	备注（Memo）
						讲授（Teaching）	实验（Experiment）	实践（Practice）			
专业课（Speci-alized Courses）	专业选修课（Optional）	6	投资学（Investment）	2	32	32			6	国际经济学院（SIE）	
		7	金融工程学（Financial Engineering）	3	48	33	15		6	金融学院（SOF）	
		8	中央银行与金融监管（Center Bank and Financial Supervision）	2	32	32			6		
		9	保险公司经营管理（The Operation and Management of Insurance Companis）	3	48	36		12	6		
		10	保险法（Insurance Law）	2	34	24		10	6		
		11	诚信学（Integrity）	2	34	24		10	7		
		12	再保险（Reinsurance）	2	34				7		
		13	海上保险（Marine Insurance）	2	34				7		
		14	保险经纪与公估（Insurance Brokers and Loss Adjusters）	3	51	43		8	7	公共管理学院（SPA）	
		15	中级财务会计学（Intermediate Financial Accouting）	3	51	45	6		7	会计学院（SOCA）	
专业课合计（Total）				36	596	41485	97				
课程教学合计（Total）				145	2564	1904	349	311			

续表

知识平台（Knowledge Platform）	课程编号(No.)	课程名称（Course Title）	学分（Credit）	周数（Week）	开课学期（Term）	备注（Memo）
集中实践教学（Practical Training）	1	军训（Martial Training）	2	2	1	
	2	认知实践（Freshman Orientation）	1	1	1	参加入学教育所有活动（To take part in all the activities for the freshmen）
	3	思想政治理论课社会实践（Social Practice of Ethics）	2	2	1—4	参加思想政治理论课所有实践活动（To take part in all the practices for ethics）
	4	社会调查（Social Survey）	2	2	4	按调查项目完成调查报告（To complete the investigation report）
	5	专业实习（Speciality Practice）	6	6	6	完成实习报告或按实验项目完成实验报告（To complete practice report or experiment report）
	6	经济管理综合实验（Trans - disciplinary Comprehensive Experimennt）	2	4	7	按实验项目完成实验报告（Complete experiment report）
	7	毕业实习（Graduation Practice）	2	4	8	完成3000字以上实习报告一篇（To complete a practice report of above 3000 words）
	8	毕业论文（设计）（Graduation Thesis (Project)）	6	12	7—8	完成6000—8000字毕业论文（设计）一篇（To complete a graduation thesis (project) of 6000 to 8000 words）
	9	就业指导（Career Education）	2	2	3，6	听就业指导讲座（Aattend lectures on education）
集中实践教学合计（Total）			25	35		
课外素质（Extra - curricular Education）			6		1—8	学分评定参见《课外素质教育学分认定标准》（See "Standard of Extracurricular Education for Credit Assessment"）
总计（Total）			172			

七 保险专业教学计划

保险专业辅修教学计划

课程编号（No.）	课程名称（Course Title）	学分（Credit）	学时（Hour）
1	保险学（Insurance）	3	51
2	人身保险（Life Insurance）	3	48
3	财产保险（Property Insurance）	2	32
4	精算学（Actuarial Science）	3	48
5	中央银行与金融监管（Central Bank and Financial Supervision）	2	32
6	保险经纪与公估（Insurance Brokers and Loss Adjusters）	3	51
7	保险法（Insurance Law）	2	34
8	风险管理（Risk Management）	3	48
总计（Total）	21	344	

附录2 G校本科课程考核相关规定（2011年修订）

为进一步规范本科课程考核各环节工作，加强考核管理，培养和营造优良的教风、学风，特制定本规定。

一 课程考核

（一）课程考核

1. 凡本科专业培养方案规定的课程都必须进行考核，公共基础课和核心课由教务处统一组织考试，其他考试课和考查课由各教学单位自行组织考试。

2. 学期课程按一门课程进行考核，跨学期的课程每学期按一门课程进行考核；实践教学各环节均按一门课程进行考核。

（二）考试资格

1. 学生有下列情形之一者，取消其课程考核资格，该课程成绩以零分计：

（1）旷课时数达到该课程计划时数的四分之一以上；

（2）请假缺课时数达到该课程计划时数三分之一以上；

（3）缺交平时作业三分之一以上或平时作业三分之一以上不合格。

课程考核前，各任课教师须严格审查学生考核资格，并将学生有无考核资格的情况在考核前一周随堂公布，学生如有异议，可在两天内向任课教师所在分院（部）申请复议，分院（部）在接到复议申请后三天内，会同教务处一并审议，审议结果由教务处负责公布。

2. 学生未经选课程序擅自修读的课程，不得参加该课程的考核。

（三）缓考、免考办理

1. 缓考办理。学生因病或不可抗力的原因不能正常参加课程考核时，一般应在考前由本人或委托他人向所在分院提出书面申请并附医院或其他有效证明，经学校教务处批准后方可缓考；因特殊原因未及时事先提出申请的，须在本门课程考试结束后三天内凭医院证明或其他有效证明由本人或委托他人补办申请缓考手续，经学校教务处批准后方可缓考。逾期不办者，作旷考处理。任选课没有缓考。缓考手续按附件中缓考流程办理。

2. 免考办理。考核期间，学生代表学校参加省级以上体育、文娱、科技等方面竞赛而不能参加考试者，可申请免考。免考手续按附件中免考流程办理。

（四）课程考核方式与考核要求

1. 期末考试

（1）课程考核分考试和考查两种形式，必修课程为考试课，专业选修课程为考查课。公共基础课和核心课由教务处统一安排，其他考试课和考查课由各教学单位自行安排。提前结束的必修课程，课程所在单位可向教务处提交提前考试申请，由教务处根据实际情况审批后安排考试。

（2）根据课程的特点和要求，考核可采取闭卷笔试、开卷笔试、机试、口试、笔试与口试相结合等方式进行。考试课一般采取闭卷笔试（拟采用非试卷方式进行考核的课程，应在考核前两周将包括考核计划、内容、方式、评分准则等内容的报告报教务处审批）。

（3）课程考核时间一般为120分钟，如因特殊情况需要延长或缩短时间的，须由教研室提出意见，所在分院（部）审批后报教务处备案。

2. 补考

（1）对考核不合格课程，学生可以申请补考或重修。

（2）学生无故缺考，不能参加该门课程的补考。

（3）补考仅安排在原课程开课学期的下一个学期开学后一周到两周内进行。补考的成绩按实际补考成绩计算。

（4）除了有卷（题）库的课程，其余所有课程的任课教师在组织考试时都应同时编写难易程度相同的 A、B 两份试卷，其中一份用作学生的补考试卷。

（5）毕业班学生在最后一学期所修课程的考试不合格，按正常程序补考，不得提前补考。

（6）补考以一次为限。

（7）补考不收费。

（8）缓考成绩未通过者，不能申请参加补考，可以重修该课程。

二 试卷管理

（一）命题要求

1. 公共基础课、学科共同课以及文理基础课程中的必修课由教务处组织课程所属分院（部）按《G 校本科考试题（卷）库建设与规定》中的要求和标准逐渐建立题库（卷库），各专业其他必修课由课程所属教研室根据教学大纲要求组织命题，须按同一水平命两套试题（A、B 卷），在考试前两周完成。

2. 试卷命题按 120 分钟确定题量，考核内容要覆盖教学大纲规定的基本内容，“三基”部分（基础知识、基本理论、基本技能）、综合部分和提高（扩展）部分应各占有一定的比例。

3. 题型要求多样化，一般可采用名词解释、单项选择题、多项选择题、填空题、计算题、判断题、简答题、论述题、案例题、分析题、选择题等项题型中的若干项。各个试题要相对独立，不能互相提示。在命题的同时，要制定评分标准和标准答案（客观性试题）或参考答案（主观性试题）。

4. 试卷一律采用学校规定的试卷样式，要填写考试（考查）时间、学年度及学期、课程名称、考试类型、考试班级、命题人、审题人等相关信息内容。

（二）试卷的审批、印制与保密

1. 建有题（卷）库的课程试卷由教务处组织从试题（卷）库组（抽）随即抽取，课程所属教研室协助教务处完成试题的审核后由教务处统一印制；各专业其他未建题（卷）库的课程试卷由课程所属教研室主任审核签字后交分院（部）主管教学的领导审批并签名，审核合格的试卷送教务处统一印制。

2. 接触试卷的人员和教师不得以任何方式泄露试题内容，凡在命题、审题、印卷、领取和保管试卷过程中造成泄密事故者，按学校有关规章制度严肃处理。

（三）试卷评阅

1. 评阅原则。试卷评阅要坚持“严肃、认真、公正、准确”的原则，评卷中应严格执行评分标准，做到“要求统一、标准统一、尺度统一”。

2. 评阅方法。评卷工作由各学院（部）教研室统筹安排。两名以上教师使用同一套试卷的课程，要求采取密封试卷、流水作业的方式集体评阅。

3. 计分方法。必须采用统一符号，任何人不得在卷面上作特殊的记号和写批语。

（1）计分。只记题目得分，不计答题错误而应扣除的分数，完全答错的或未答的题在记分栏记“0”；每题得分记在题首成绩栏内，同时也要记在卷首分题成绩栏内。

（2）合分。每题和每题中小题的小数点后的分数不作四舍五入处理，待合计总分时，再作四舍五入处理。评卷教师在自己所评的题首签名，且须将姓名全称填写清楚。卷面上记载的成绩一律不许涂改，如确需订正，应由原评阅教师在原来成绩上画一横，另写正确的成绩，订正人在更正处签字。

（3）核查。试卷批阅完成后，应由所属学院（部）教研室组织核查，如发现批阅或分数有误，应及时更正成绩，有关工作人员和负责人应同时在更正处签字。

4. 其他

（1）如答卷上先后出现两种笔迹，前后字迹不一致，或出现雷同试卷等问题，评卷教师进行批阅的同时做好试卷异常记录，并将问题及时报教务处。

（2）评卷完毕，教师应按要求及时登录成绩并填报成绩册、试卷分析表等相关资料。

（四）试卷的质量分析

1. 实行教考分离、统一考试的课程，由教务处组织专家对试卷进行命题质量分析。其他课程试卷由各分院（部）按试卷审核程序（教师或教研室命题→教研室主任审核签字→学院主管教学院长签字）对试卷质量进行严格把关。

2. 评卷结束后对考试结果进行质量分析。任课教师按教学班级填写“成绩分析报告”，根据分析表中的各栏目要求如实对学生考试结果和答卷情况进行总结和分析。

（五）试卷保存

保存范围：期末考试课程试卷、重修课程考试试卷、文理任选课考试试卷。

保存期限：保存期为六年，保存期过后试卷册可自行销毁，但附属材料册长期存档。

1. 考后试卷由考生所在分院负责妥善保存，存放方式原则上应方便查找。各环节试卷移交须填写移交清单。

2. 试卷用学校统一印制的试卷袋按专业班级（或教学班）分装，有多个专业的教学班按专业班级相对集中排序分装。试卷袋内材料按以下顺序自上而下封装：贵州财经学院成绩册、贵州财经学院考试试卷分析表、评分标准及参考答案、空白试卷一份、按所附成绩表的学号顺序排列的试卷。

3. “成绩分析报告”一式两份，随专业班级（或教学班）的考后试卷存放一份，同时由任课教师所在学院分学期、专业、年级集中保存一份。

4. 跟班重修学生的试卷，应放回该生第一次修读本门课程的试卷袋中；组班重修试卷以及文理任选修课试卷由任课教师将试卷送学生所属分院保存。

三　监考教师管理

（一）监考教师的资格

我校的正式员工方可具备成为监考教师的资格。

（二）监考教师的组织

监考老师的数量由考试组织方统一测算后通知各单位，各单位负责组织本单位监考教师的报送和资格审查工作并按通知要求的人数和时间将本单位监考教师名单及时报送给考试组织方（纸质和电子版均为有效报送方式）。

（三）监考教师数量的测算

1. 学生所在分院按报名参加考试的学生人数15人报送1名监考教师计算，学生人数不足15人按15人计算，如报送确有困难，应向考试组织方提出，统一进行协调。

2. 没有学生的教学单位如马克思主义学院、体工部，承担全校公共基础课的分院如外国语学院、数学与统计学院，学生相对较少但教师较多的分院如法学院、艺术学院及教学相关的其他行政部门如图书馆、实验教学部、现代教育技术中心的监考教师人数由考试组织方根据该部门正式员工人数和考试规模统一进行计算。

（四）监考教师的权利和义务

1. 监考教师应按考试组织方的要求按时参加考前培训和监考；

2. 监考教室参加监考应获得劳动报酬，期末考试监考教师的监考费由所在单位支付，补（缓）考、学位考试、计算机等级考试，英语四六级考试的监考费由考试组织方支付。

四　考生行为规范

1. 考试预备铃响后，应立即进入指定考场对号入座（不按考试座位号就座的，视为缺考），并保持考场肃静。

2. 必须在开考前10分钟进场，迟到30分钟后不得进入考场。考试开始45分钟后，才能交卷出场（英语四六级考试、计算机等级考试和学位考试待考试结束后学生方能离开考场）。

3. 须带齐学生证（身份证）、考试证、准考证等有效证件方能参加考试，考试时将证件放在桌面右上角（或左上角）接受监考老师的检查。

4. 除考试必需或特殊规定的物品外，不得将书籍、讲义、笔记本、通信工具等其他物品带入考场，否则视其情况按违纪、作弊处理。

5. 考试试卷统一附草稿纸，不得自带草稿纸。

6. 考试过程中，不得随意出入考场，若有特殊情况必须离开考场的，须经监考教师同意并陪同下方可离开考场，未许可离开考场者，立即取消该门课程考试资格，成绩按零分计，并视其情况作违纪处理。

7. 开卷考试时，考试必须独立完成，不得交头接耳，不得将考试资料转借、传抄，否则视其情况按作弊、违纪处理。

8. 对试题字迹看不清楚的，不得询问其他考生，可举手向老师询问。

9. 考试时间结束，不论试卷答完与否，须立即停笔交卷，不得拖延，对于不听监考人员劝阻而继续答题的，该门课程考试成绩以零分计，并视其情况按违纪处理。

10. 交卷后立即退出考场，不得在考场附近逗留和高声谈论。退出考场时不得带走考试的试题册和答题卷，否则，取消该门课程考试成绩并按考试违纪处理。

11. 严禁代考、夹带、递纸条、传信息、偷看、抄袭、交头接耳等作弊违纪行为，一经发现，即按学校相关规定严肃处理。

五　监考行为规范

1. 提前 15 分钟到达考场（四六级考试、计算机等级考试和学位考试以监考须知为准），组织考生有序进入考场并对号入座。

2. 在考试正式开始前认真检查学生考试证件［学生证（身份证）、考试证、准考证］，凡证件不齐或持无效证件者一律取消考试资格，并立即将学生请离考场。

3. 开考前 5 分钟向考生宣读考场规则，宣布考试纪律。并对考场进行清场，除考试必需或特殊规定的物品外，将学生携带的书籍、讲义、笔记本、通信工具等其他物品统一收放到讲台上。

4. 按规定时间发放试题，发卷时要认真清点考试人数，杜绝漏发、多发试卷现象。

5. 监考时应认真履行工作职责，坚守岗位。在监考过程中，不得做与监考无关的事情，不得聊天或擅自离岗，不得在考场内吸烟。

6. 监考时必须关闭随身携带的通信设备，如考试中发生紧急情况，可在考场外及时与相关学院或教务处进行通信联系。

7. 对试题的内容不能作任何解释，但学生对试题印刷文字不清之处提出询问时，监考人员应当众予以说明。

8. 严格考场管理，防止学生作弊。一旦出现考试违纪作弊行为，应立即按照作弊违纪处理程序进行处理。

9. 考试结束前 15 分钟，向学生进行时间提示，终止时间一到，监考人员应立即收卷。收卷时，监考人员应分工合作，既要监视考场秩序，又应指导学生有序退场。

10. 收完试卷后，认真清点、整理试卷，确保试卷不丢失、不错漏，按准考证号（没有准考证号的考试按学院、专业、学号）从小到大理顺试卷次序，并按规定的要求装袋，填写试卷袋上所有项目，做好试卷移交工作。

11. 考试结束后，监考人员如实填写“考场记录”并在“考场记录表”上签名。

附录3 G校本科课程考核改革实施办法

为深入贯彻习总书记关于教育一系列重要讲话精神，依据《教育部关于全面提高高等教育质量的若干意见》（教高［2012］4号）和我校今年工作部署，围绕我校锻铸“儒魂商才”的培养目标，特制定本办法。

一 课程考核改革目的

本科课程考核改革目的是：充分发挥课程考核这一指挥棒的作用，提升我校学生的素养和能力，提高我校人才培养质量，实现我校锻铸“儒魂商才”的人才培养目标。

1. 通过改革，课程考核由过去注重对学生掌握知识的考核转化为注重提升学生素养与能力，特别强化我校学生自主学习能力、沟通与表述能力和分析解决现实问题的能力。

2. 通过课程考核改革，提高我校教师教学水平，推动本科课程教学范式改革，实现教学目标从知识传递为主转向“知识传递—融会贯通—拓展创造”三者共生且梯度渐进的目标。

3. 通过课程考核改革，彰显新型课程教学范式理念：教师与学生要在平等的氛围中进行教学沟通；通过教与学的协同与相互启发，促使学习更富有效率；培养学生主动探究、独立思考和解决问题的能力。

二 课程考核改革内容

改革后的课程，考核内容以教学大纲为依据，注重教学过程考核，注重引导提升学生的素养和能力。课程考核由平时考核、能力考核和知识考核组成；且必须有口试这一环节，以强化我校学生的沟通表达能力。

1. 平时、能力、知识考核各占课程成绩的 25%—35%、30%—40%、35%—40%，合计 100 分。具体比例由课程组在制定课程考核方案时自行确定。口试与实验成绩可依情况作为“平时考核、能力考核”的组成部分。

2. 平时考核，主要考核学生平时学习情况，以督促学生强化学习意识，提高自主学习能力。平时考核应贯穿整个课程教学始终，其内容包括学生到课率、课堂发言、课堂讨论、小测验、作业情况等。

3. 能力考核，主要考核学生综合运用课程基本概念和知识点，分析、解决现实问题的能力和表达能力。能力考核必须采用课程论文，或小论文，或其他形式，但不能采用传统的试卷考试方式。

4. 知识考核，主要考核学生对于知识点和基本理论的掌握程度，在计算机考试系统上完成。知识考核必须建立题库。题型由填空题、选择题、判断题等客观题组成。每次考试对每个学生，由计算机考试系统随机生成试卷。

5. 知识考核每个填空题最高 2 分，每个选择题最高 2 分，每个判断题最高 1 分。每次考试学生提交试卷后，立即显示成绩给学生。系统自动保存最高成绩。知识考核采用闭卷方式进行，考试时间 1.5 小时或 2.0 小时。

6. 每门课程的考核必须有口试这一环节，以强化我校学生的沟通表达能力。口试应结合平时考核与能力考核进行。政治经济学、西方经济学、管理学原理的口试为校级口试。各学院必须选择一门课进行学院级口试。

三　课程考核改革要求

根据改革目的，围绕改革内容，对参与改革课程、考核内容与方式都有具体要求，这些要求必须做到：

1. 学校鼓励积极探索课程考核改革，要求我校各专业培养方案中一、三模块课程，即“公共基础课”和“学科共同课”，必须按本办法在 2014 年 9 月前完成课程考核改革，并在 2014—2015 学年第 1 学期采用改革后的考核方案。已引入第三方测评的课程，不要求参与本办法规定的考核改革。

2. 实行考核改革的课程，必须事先制定课程考核方案。方案应有考核的具体形式、操作细则与评分方法、题库出题原则等内容。课程考核必须按课程考核方案进行。开学后 2 周内，课程组和任课教师须公开告知学生本课程考核方案。

3. 能力考核如采用小论文考核，不能少于三篇。课程论文与小论文选题必须与课程内容有关，由课程组给出供学生选择。论文必须是学生自己独立分析写作，重复率不得高于30%。否则认定为抄袭，取消其课程成绩。论文必须按附件（1）的评分标准批阅和评分。

4. 如因课程特点要求能力考核采用开卷考试方式，须事先报教务处审批，且试题必须是案例分析题、综合计算题题型，题量以1.5或2.0小时考试时间为准。学校和学院提供必要的支持。

5. 知识考核必须建立题库，题库题量越多越好，至少应能组成不重复试题的50套试卷。题库内容应涵盖课程各章节的所有知识点。知识考核的技术方案即计算机考试系统由实验教学部负责。技术方案须满足附件（2）的要求。

6. 平时考核须有原始记录，特别是作业布置与批改情况。应保存作业的电子版，每个教学班还须保存纸质版的作业3份，作为教学档案，与能力考核评阅表等材料交学院保存。知识考核试卷由计算机考试系统自动保存。

四 课程考核改革组织与实施

课程考核改革由教务处、课程承担学院、课程组负责组织与实施。各单位工作有分工，各有其职责，应按照其工作职责与分工，做好课程考核改革的组织与实施。

1. 学院必须组织课程组按照本办法的规定，制定具体的课程考核方案。方案制定依据是本办法和学校相应的规定与工作部署。学院必须组织力量对课程考核方案进行论证与审查，最终院长签字后生效，并报教务处考务科备案。

2. 任课教师负责平时考核，结合教案内容进行。课程组负责组织能力考核。教务处负责组织知识考核。校级口试由教务处负责组织，院级口试由学院组织，其他课口试由课程组组织。

3. 学校教务处统一安排知识考核两次，其中第二次为补、缓考。如学生自愿要求，可再安排一次，但要酌情收费。以最高分为知识考核成绩。知识考核采用闭卷方式进行，考试时间1.5小时或2.0小时。

4. 校级口试须邀请校内外专家任考官，在开课学期的第七、八周公开进行。学院级口试邀请学校专家任考官，在开课学期的第九、十周公开进行。其他课程口试时间，由学院自行决定。

5. 各考核部分的比例一旦确定，应报送教务处，由技术人员输入教务系统。不论何种考核形式，都采用百分制。各种考核成绩期末由任课教师输入教务系统，教务系统根据比例自动生成课程成绩。

五　课程考核改革推进措施

为保证课程考核改革的顺利推行，学校特此制定以下推进措施，将改革进程与奖惩考评挂钩。要求有关部门也制定具体措施。

1. 课程承担分院院长为课程考核改革方案第一责任人，负责所在分院承担课程的考核改革方案的制定、论证、审核与实施。课程组组长与课程组教师为相关责任人。

2. 课程考核改革方案经院长审核同意签字后，报教务处考务科备案。教务处将组织由职能部门和专家组成的验收团队，对课程考核改革方案特别是题库进行评估，并根据评估结果奖优罚差。

3. 对课程考核改革方案评估结果为优的相关责任人和分院，在质量工程、教改课题等申报立项方面给予优先考虑，在学校优秀教师、教师名师等评优项目中优先推荐，同时给特别优秀的课程组一定物质奖励。

4. 未按要求完成改革的第一、三模块课程，及评估结果不合格的课程，三年之内相关责任人不能参与年度考核评优和学校优秀教师、教师名师等评优项目；课程不能申报教学质量工程，不能享受学校课程教学范式改革的高课酬待遇。

5. 学校将组织由职能部门和专家组成的验收团队，对知识考核技术方案（计算机考试系统）进行评估验收，以保证其符合要求。

本办法由教务处负责解释。

2014 年 5 月 22 日

附件（1）：课程论文选题要求与评分标准

1. 论文选题由课程组给出，数量不少于三个。学生自选一个。

2. 选题必须结合实际问题与政府政策措施，能运用本课程知识和理论进行分析研究。选题不能偏离课程所涉及的知识和理论。

3. 课程论文、小论文等选题形式（供参考）：

菲利普斯曲线在中国成立吗？请做一个实证分析，并结合本课程及本学科知识对研究进行解释。

货币政策有效吗？综述货币政策是否有效的理论。根据中国货币政策的实践，运用本课程及本学科知识与理论，在独立分析的基础上，阐述对此问题的看法。

本币升值对本国经济有何影响？请结合发达国家特别是日本的情况，运用本课程知识和理论，对此作全面研究，并以此来分析人民币升值的影响并提出措施建议。

结合中国金融监管的现状和未来发展，阐述金融监管失灵问题。我国应如何避免金融监管失灵？

什么是中央银行的独立性问题？中央银行为什么要保持独立性？为什么说中央银行的独立性是相对的？请结合中国的情况阐述。

货币中性或非中性，如何界定？请根据金融学知识和各学派的观点，对此进行分析论述。

不少人认为，中国放着大量的外汇储备不用，同时却通过借外债和吸引外资的方式发展国内经济，此举极不经济、极不明智。请结合金融学科的知识与理论对此作一番分析评论，并解释为什么这样的状况就改变不了。

<table>
<tr><td colspan="2">班级：</td><td>学生姓名：</td><td colspan="2">学生学号：</td></tr>
<tr><td colspan="2">论文题目</td><td colspan="3"></td></tr>
<tr><td>评分项目</td><td>分值</td><td>项目内涵</td><td>老师简洁评语（给分依据）</td><td>得分</td></tr>
<tr><td>工作量和工作态度</td><td>10</td><td>论文字数不少于3千字，对待课程论文认真，学术作风严谨务实。</td><td></td><td></td></tr>
<tr><td>文献阅读与利用能力</td><td>10</td><td>文献阅读能力强，相关的中、外文献阅读多，且能正确综述，能引用以支持和引证自己独立分析研究结论。</td><td></td><td></td></tr>
<tr><td>数据查找与利用能力</td><td>10</td><td>能查找到研究所需要数据，并能合理加工和利用，能用图表表示。</td><td></td><td></td></tr>
<tr><td>运用课程知识与理论分析问题能力</td><td>50</td><td>正确结合课程知识和理论，对选题进行了独立分析研究，结论正确。
正确采用了本课程及本学科分析和研究方法。
结合论文要求与课程知识，进行了独立调研或实验。</td><td></td><td></td></tr>
</table>

续表

班级：	学生姓名：	学生学号：
论文结构和逻辑性	10	论文论点正确，论据确凿，论证充分，结构严谨，逻辑严密，内容体系完整。
论文规范要求	10	论文符合 G 校毕业论文规范要求。
合计 100	批改教师签名：	学生得分

附件（2）：对知识考核的技术方案（计算机考试系统）的要求

1. 由实验教学部提供，教务处提具体要求。技术方案须由职能部门验收。

2. 计算机考试系统能从题库随机生成试卷，且对同一班级每个考生试卷都应不同，不同班级的考生试卷重复率应尽可能低。试卷应涵盖每章内容，且内容不应集中于某部分。考试时同一个考场能安排多门不同科目的考试。学生通过在系统中提出申请，系统自动对申请信息进行审核，在规定时间内自动安排考试并自动通知考生；或人为排考。

3. 每次考试学生在机上提交试卷后，由计算机考试系统自动改卷并生成成绩，即时显示给参考学生。

4. 机考时段结束后，考试系统自动打印出学生最高成绩，作为知识考核成绩提供给任课教师。

5. 最终计算机考试系统应和教务系统实行无缝对接，自动录入知识考核成绩。

6. 计算机系统自动保存学生最高分的那次考试试卷和成绩。保存期限不少于学校规定的纸质试卷保存期限。

7. 计算机考试系统应由以下子系统组成：学生考试系统、考务管理系统、在线学习系统。

8. 考务管理系统应具有考务管理的必要功能，特别是考试安排、监考安排、权限管理、考试成绩统计分析等功能。学生考试系统应有学生报名与查分、考试和成绩分析的功能。这两个子系统是必须要有的。

9. 在线学习系统应有在线学习、练习与模拟考试功能，老师布置作业与批改作业功能。

10. 将来能力测试也可在计算机考试系统中进行。

附件（3）：关于口试实施方案的原则性规定与建议

教务处于2014年9月2日召开口试实施方案专家研讨会，讨论了相关学院提交的《管理学》、《西方经济学》与《政治经济学》口试实施方案。会上专家提了不少很好的意见建议。现根据专家的意见，教务处特此提出以下原则性规定和建议，请各课程承担单位参照执行。

一 口试实施方案制定的原则性规定

口试实施方案，应按G校发［2014］18号《G校本科课程考核改革实施办法》的原则制定。

口试的目的是要“强化我校学生自主学习能力、沟通与表达能力和分析解决现实问题的能力。”

口试方案应有口试的具体形式、口试流程、操作细则与评分方法，以评分表的形式评定口试成绩。应明确口试环节包含在能力考核还是平时考核部分。

所有课程口试均由课程承担单位统一组织。教务处重点协助和督察三门校级口试课程。同时抽查其他课程口试环节。

根据实际情况，各课程口试形式与时间由课程承担单位自行决定。如集中安排口试，每个班口试时间最多只能占用一周上课学时。

二 《管理学》、《西方经济学》与《政治经济学》校级口试课程的建议

口试实施方案应包括以下内容：口试的目标、基本原则、流程、评分标准，口试样题。

校级口试课程口试采用集中安排形式。其他课程口试形式则不作统一要求。

结合能力考核进行口试。口试题目应建立题库，口试时随机抽题。口试题库应有质量保障机制。建议《管理学》的口试题库以案例分析为主，《政治经济学》、《西方经济学》的口试题库以论述说明现实经济问题的题目为主。

题库中题目的字数、难度应符合口试考核这一形式，口试题目不应简单到只是课程的相关概念及原理性考题。

《管理学》建议以小组形式进行口试。学生3—5人/组，每组评委2名，每组口试时间为15分钟左右。由承担同课程的老师交叉担任。

要求经济学院与工商管理学院组织力量做好这三门课程的口试实施方案。以后口试方案经运行证明达到了学校要求，我们将聘请校外专家参与口试。

附录4　G校本科课程教学范式改革实施方案

为深入贯彻《国家中长期教育改革和发展规划纲要（2010—2020年）》、《贵州省中长期教育改革和发展规划纲要（2010—2020年）》及《G校关于进一步提高人才培养质量的实施方案》等相关文件精神，进一步深化、提高我校本科教育教学改革，大力提升人才培养质量，深入推进课程教学范式改革，特制定本实施方案。

一　改革目标

课程教学作为大学教学的基本组织形式，是高校人才培养的主要途径和中心环节，承载着高校人才培养的主要任务。切实提高课程教学的有效性，推动课程教学范式深刻彻底的转变，已成为深化教育教学改革、提升人才培养质量必须突破的“瓶颈”。在今后3—5年的时间里，G校将以改革课程教学范式作为本科教学改革工作重心，坚持现代主流教学范式的核心理念，推动教师、学生、管理者实现观念转变，紧密围绕人才培养的目标，进行深入研究，形成既符合现代教学理念，又体现课程个性化的教学范式，并在教学实践中不断完善和优化。通过教学范式改革的深化，使我校的课堂教学效果和教学质量得到提高、学生的自主学习能力和专业学习能力得到显著增强、学校的教风和学风得到进一步提升。具体而言，包括下列三个方面的改革目标：

（一）强化学生自主学习能力培养。通过本科课程教学范式改革，提高学生自学能力，培养学生终身学习的习惯；同时，通过学术气氛和学校生活的熏陶，提高学生对知识的自主获取能力。

（二）确立新型梯度课程教学目标。教学目标从知识传递为主转向“知识传递—融会贯通—拓展创造”的梯度渐进目标。“知识传递”是课程教学目标的基础，“融会贯通”是课程教学目标的展开，“拓展创造”是课程教学目标的表现。

（三）彰显三大课程教学范式理念。一是教学学术观。中心任务是培养学生主动探究、独立思考和解决问题的能力。二是教学民主观。教师与学生要在平等的氛围中进行教学沟通。三是教学协同观。通过教与学的协同，促使学习更富有效率。

二　改革导向

（一）课程教学重心由教师转向学生。其具体内容是，相关教学组织要基于学生的现有水平与专业需要，即“学生需要什么”而不是“教师现在有什么?”同时教师在教学中要注意观察、收集学生反应并积极做出改进回应，以提高学生的自主学习能力。

（二）课程教学目标由单一转向多维。在“知识传递—融会贯通—拓展创造”所形成的新型梯度课程教学目标中，改革的重心放于后二者，具体方式有进行小组研讨、开展课外调研、研读经典论文等。

（三）课堂教学重点由知识传输转向能力提升。其具体内容是，课堂教学重点由原来偏重于纯粹知识点的灌输、传授，转化为偏重于学生自主学习能力的引导、提升。不仅注重培养学生对于课程具体知识点的汲取和吸收能力，也要注重培养学生对于课程综合知识的实际运用能力。

（四）课程教学方式由凝固转向动态。其具体内容是，提出与现实紧密相关的问题供学生讨论、思考，增加现实案例以增强教学内容的鲜活度等，具体可采用案例教学、协作教学、辩论教学方法等。

（五）课程学习重心由听授转向自主。其具体内容是，增加供学生课前、课后选择性阅读的著作、文献，教师宜采用适当的方法检查学生的阅读情况。同时，教师不仅熟悉知识，而且要深入研究，要把研究心得带入课堂。

（六）课堂教学时间管理由粗放转向精细。其具体内容是，不仅将课堂教学时间的分配作为教师调控教学进程的重要依据，同时亦将其作为衡量教学成效的一个重要指标。要求教师对课堂教学各环节的时间分配比例进行深入研究，并保证课堂教学按照预定时间分配比例实施。

（七）课程考核方式由结果转向过程。其具体内容是，将评价贯穿于学生的学习始终，改革考核方式。将课程考核的重点由对纯粹知识点的考核转向对知识与能力并重的考核。通过考核内容和考核方法的改革，引导学生自主学习。

三　改革内容

改革的重点内容应包括更新课程教学理念、凝练先进的课程教学范式、深化提高学生自主学习能力的教学目标、优化课程结构、拓展课程资源、整合教学内容、转变教学方式方法、建设完善课程网站、优化课堂教学时间分配方案、将课程实践多元化、改革课程评价方式及考核方式、培育优秀的教学团队等方面，建立起一套全方位立体的课程教学范式改革整体计划与实施方案。

四　推进安排

根据学校定位和人才培养目标要求，结合专业特点和具体课程内容，采取各学院（部）推荐与授课教师自愿申报相结合的方式，有组织、有计划地选择一批课程进行教学范式改革试点，通过重点突破带动整体推进，提升学校课程整体教学水平。

在今后一段时期内，我校本科教学都将以转变课程教学范式为工作重心，本科课程教学范式改革将实施“三年行动计划”：

2014—2015 学年度，重点推进各学院（部）课程教学范式改革以及组织第一批校级先进教学范式课程推广工作。各学院（部）要根据学校总体计划安排制定并实施本部门课程教学范式改革计划，各学院（部）每个本科专业至少推荐 1 门课程参加校级试点，在此基础上，鼓励其他课程授课教师积极申报，在开展试点课程的同时，推进其他课程教学范式的逐步转变。

2015—2016 学年度，做好试点课程教学范式改革总结和全面推进工作。各学院（部）每个本科专业至少推荐 2 门课程参加校级试点。对试点课程取得的进展、遇到的难题和存在的问题进行系统归纳，注重经验总结和解决实际问题，出台相应政策，逐步形成推进课程教学范式改革的良好机制和环境。

2016—2017 学年度，提升课程教学范式转变的实效，将课程教学范式改革在我校全面推进，形成 G 校具有“儒魂商才”特色的教育人才培养体系。

五　主要措施

（一）深入研讨，广泛交流

围绕优化教学内容、强化课程实践、改革考核方式等教学改革基本思路，组织开展多层面、多形式的教育思想研讨与交流，深刻认识转变课程教学范式的重要性、紧迫性和艰巨性，就为什么要转变课程教学范式、怎样转变课程教学范式等方面共同探讨，从而达成广泛共识。

1. 学校层面。开展系列教学改革专题研讨会、教学名师讲堂，协调教师与学生之间、不同背景教师之间在教学中客观存在的观念分歧与冲突；召开各专业学生座谈会，准确把握学生学习情况与需求；加强舆论宣传，在全校营造课程教学范式改革的良好氛围。

2. 学院层面。根据学校推进课程教学范式改革的要求，探讨各学院（部）课程教学范式改革的思路与方案，每学期组织不少于1次的全院集中教学研讨，鼓励系、课程教学团队等基层教学组织开展课程教学范式改革研讨。

（二）加强研究，以评促建

1. 定期观摩。学校每年组织1—2次集中的课堂教学观摩，提供课程教学范式改革的交流学习平台，观摩的主体是大力推进课程教学范式转变的教师。学校每年邀请专家开设教学方法、教学手段改革专题讲座。

2. 定期评选。学校通过开展“最受学生欢迎的基础课教师”、“名师讲堂”及“教学团队”等评选，定期开展全校教师先进教学范式的推广活动。

（三）强化导向，完善体系

强化教学导向，积极探索适应课程教学范式改革的学生学业成绩评价、学院年终教学工作考核和教师教学业绩考核方式，进一步完善“学评教”办法。

1. 推进课程考核方式改革。要围绕学校应用型、复合型、创新型的人才培养目标，建立综合考察和评估学生学业成绩的评价体系，形成更好地挖掘学生发展潜力的机制。

2. 逐步完善学校对各学院的本科教学工作考核办法。把教学范式改革推进效果作为重点考核的内容之一。

3. 进一步完善“学评教”指标体系及办法，探索适应课程教学范式改革的学生评价教师指标体系及评价方式，充分发挥“学评教”在帮助教师改进教学、监控教学质量中的重要作用。

（四）完善激励，加大投入

学校鼓励教师积极参与课程教学范式改革，通过学校审核达到“合格”标准的改革试点课程，学校按基本工作量课酬标准的 3 倍对其授课教师给予课酬发放（详见《G 校本科课程教学范式改革试点课程评审标准及评审细则》）。在学校本科课程范式改革“三年行动计划”推进期内，学校对参与课程范式改革的试点课程的授课教师还将评奖并予以激励。对于在学校课程教学范式改革评奖中获奖的授课教师，一等奖获得者获奖金 10000 元，二等奖获得者获奖金 5000 元，三等奖获得者获奖金 3000 元，旨在发挥其示范和带头作用。

学院（部）应根据本单位实际情况配套投入经费，优先保障试点课程所需配置，并对试点课程开展的教研活动给予各种支持。

（五）加大宣传，营造氛围

通过校报、网络、简报和资料汇编等形式，进一步加强课程教学范式改革的宣传力度，在全校营造人人重视课堂教学、参与教学改革的良好氛围。

1. 在教学简报或校报上开设课程教学范式改革专栏，选登教师的教学范式改革案例和教学研究心得体会。

2. 汇编教师的课程教学范式改革思路和教学案例，在校内外宣传和推广。

3. 防止把转变课程教学范式庸俗化和口号化。要让转变课程教学范式成为每一个教师的自觉行动，每个教师都有责任积极行动起来，投身于这种转变。

本实施方案由教务处负责解释。

2014 年 5 月 26 日

附录5　G校教师职务任职资格申报评审条件（试行）

G校发［2012］2号

第一章　总　则

为适应人事制度改革岗位设置与聘用制度改革的需要，强化人才兴校战略，提高科学研究和学科建设水平，促进教师潜心学习、潜心研究，根据《贵州省高等专业学校中、高级教师职务任职资格申报评审条件（试行）》和《高等学校教师职务试行条例》，结合我校实际，制定本《条件》。

第二章　任职基本条件

第一条　思想政治条件

（一）遵守国家法律法规和学校各项规章制度。

（二）热爱高等教育事业，热心社会公益服务，具备良好的思想政治素质。

（三）遵守教师职业操守和教学纪律。

第二条　基本业务条件

（一）学历条件

1. 申报讲师专业技术职务，必须获得硕士学位。

2. 申报教授专业技术职务且年龄在40岁以下人员原则上要求具有博士学位；申报副教授专业技术职务且年龄在35岁以下人员原则上要求具有博士学位。

（二）任职年限

1. 正常申请评审高一级教师职务者应具备5年及以上任现职时间，且任现职以来年度考核和聘期届满考核均为合格。

2. 申请认定讲师职务，获得硕士学位，经2年考察合格者。

（三）教学条件

1. 任现职以来，完成各年度规定的教学工作量。近4年来，经学校批准离岗作访问学者或进修且考核合格的教师，可减免进修期间的教学工作量定额（但累计减免不得超过1年的教学工作量定额）。

2. 近5年未出现三级及以上等级教学事故。出现三级教学事故者延后一年申报，出现二级教学事故者延后两年申报，出现一级教学事故者取消评审各级教师职务资格。

3. 凡申请评审高级教师职务者，应坚持为本科生开课，并承担指导实践性教学等方面的工作。

（四）外语要求

1. 申请评审校评学科高级教师职务者，须通过贵州省人力资源和社会保障厅组织的外语A级考试；申请评审中级教师职务者，须通过贵州省人力资源和社会保障厅组织的外语B级考试。

2. 具备下列条件之一者，可免试外语：具有国家认定相应留学经历的；公开出版过外文专著、译著（独立完成3万字以上）的；曾参加过外语考试取得相应资格，现申请同级转评的；获得硕士以上学位的，或通过大学外语六级考试的；取得外语专业大专以上学历的；申报副高级专业技术资格时，达到国家A级通用标准，申报正高级职称的。

3. 符合下列条件之一的专业技术人员，可不参加职称外语考试：能力业绩突出、在本行业本地区作出重要贡献，获得省、市（州、地）级党委、政府表彰的；从事具有中国特色、民间传统的中医、中药工作和从事中共党史、地方史、艺术研究、古籍整理、历史时期考古、民族研究工作的；申报当年9月30日前年满48周岁的。

（五）计算机要求

1. 申请评审高级教师职务者，应通过国家职称计算机高级考试；申请评审中级教师职务者，须通过国家职称计算机中级考试。

2. 具备下列条件之一者，可免考计算机：参加过专业技术人员计算机应用能力考试并合格，已取得副高级任职资格，申报正高级任职资格的，以及同级转评的；获得博士、硕士学位人员和计算机专业的大专学历以上毕业生。

3. 放宽条件：当年9月30日以前年满50周岁的专业技术人员，参加当年全国计算机应用能力考试而未取得合格证书的，可凭当年成绩通知书，先申报评审任职资格。

第三章　正高级教师职务评审条件

第三条　申请评审教授职务者，除具备《贵州省高等专业学校中、高级教师职务任职资格申报评审条件（试行）》的条件外，还须具备以下条件之一：

1. 申报教授专业技术职务人员必须在三类期刊及以上（按学校期刊规定）公开发表论文2篇或在C刊（SCI、SSCI、EI、CA、CSSCI）公开发表论文5篇，并主持完成省部级项目1项。

2. 主持国家级（国家社科基金、国家自然科学基金）项目1项。

3. 国家级奖项三等奖及以上的第一获奖者。

艺术、体育、外语教师申报教授专业技术职务必须在C刊（SCI、SSCI、EI、CA、CSSCI）上公开发表论文2篇。

第四条　“教学型”教授的评审。评审“教学型”教授主要适用于担任全校公共课、学科基础课教学并取得突出业绩的教师。申请评审“教学型”教授职务者，除具备《贵州省高等专业学校中、高级教师职务任职资格申报评审条件（试行）》的条件外，还应具备以下条件：

1. 系统主讲过2门及以上本科生和硕士生课程，近5年实际授课总课时应超过学校规定的教学工作量定额总课时的20%（不包含折算工作量）。

2. 授课效果优秀，近5年来在学校组织的各次学生全员评教中，百分排位在前30%以上的次数占总参评次数的1/3以上，且在近5年内由学校组织的各年度教学督导组评教中，排位在前20名以内1次以上。

3. 任现职来，获校级及以上“优秀教师”或“优秀共产党员”等荣誉称号至少1次。

4. 开展教育教学改革，积极转变教学范式。

5. 在核心期刊发表教学研究或教学改革论文1篇。

6. 具备下列条件之一：获得省部级以上科研成果奖或教学成果奖或教材奖三等奖及以上奖励1项；获得校级教学成果一等奖1次；主持完成省部级以上教学研究项目或科研项目1项，或主持完成学校教学研究项目或科研项目2项。

第四章 副高级职务评审条件

第五条 申请评审副教授职务者，除具备《贵州省高等专业学校中、高级教师职务任职资格申报评审条件（试行）》的条件外，还须具备以下条件之一：

1. 申报副教授专业技术职务人员必须在三类期刊及以上（按学校科研期刊规定）公开发表论文 1 篇或在 C 刊（SCI、SSCI、EI、CA、CSSCI）公开发表论文 3 篇，并主持省部级项目 1 项。

2. 或省级奖项三等奖及以上的第一获奖者。

艺术、体育、外语教师申报副教授专业技术职务必须在 C 刊（SCI、SSCI、EI、CA、CSSCI）上公开发表论文 1 篇。

第五章 中级职务评审条件

第六条 申请评审讲师职务者，除具备《贵州省高等专业学校中、高级教师职务任职资格申报评审条件（试行）》的条件外，还须具备以下条件：

1. 申报讲师职务人员必须在核心期刊上公开发表论文 1 篇（以北京大学图书馆中文核心期刊目录为准）。

2. 申报讲师职务人员必须提供任现职以来担任班主任一年以上证明，任现职以前的均视为无效。

第六章 评审程序

第七条 申报、审核与成果展示。申请人根据学校教师职务评审有关要求如实填写申请材料后报所在学院，各学院对申请人资格进行初审后，将申请人材料报学校人事处。

人事处会同科研处、教务处、研究生部等部门，对申请人任职资格和材料进行审查核实。

第八条 学校教师职务高级评审推荐委员会评议。人事处会同相关部门对申报人员进行审查后向学校教师职务高级评审推荐委员会提交推荐名单，由学校教师职务高级评审推荐委员会按照申报条件进行推荐评议。

对申请评审副高级及以上教师职务者，经评议后以无记名投票方式产生推荐名单，经公示无异议后，行文报贵州省教育厅。

第九条 学校教师职务中级评审委员会评定。人事处会同相关部门对申请讲师职务的人选相关材料进行认定后，报学校教师职务中级评审委员会，以无记名投票方式产生讲师职务认定名单，经公示七天无异议后，行文报贵州省教育厅批复。

第十条 “教学型”教授的评审程序

（一）本人申请。“教学型”教授的申请人应符合基本条件且于每年年初向学校提出书面申请。

（二）审查资格。学校职改部门对申请人提交材料进行审查。

（三）课堂考核。由学校教务处会同教学督导组随机抽取申请人当年开设的本科生、研究生课程各一门进行考核。

（四）评委评分。学校教务处会同教学督导组根据申请人授课实际效果进行评分，考核通过，公示七天无异议后报学校教师职务高级评审推荐委员会审定。

第七章 评审争议的处理

第十一条 学校教师职务中级评审委员会负责教师职务中级评审有关申诉和争议的处理。申请人对职务评审有异议的，可向学校人事处提出书面申诉。学校人事处接到有关申诉后，会同有关部门进行调查核实，由学校教师职务中级评审委员会做出处理意见。

第十二条 申报人在评审中如存在弄虚作假等违规行为，经查实，除取消申报资格外，依照有关规定作相应处理。

第八章 附 则

第十三条 本办法中涉及的学术期刊分类标准、科研成果等级及认定以学校有关科研管理规定为准；主持课题、社会服务等均纳入科研成果认定范围，具体认定标准参见学校有关科研管理规定；完成科研成果中如所涉及科研项目，以项目立项为准。

第十四条 本办法自公布之日起实行，由学校教师职务评审委员会授权学校人事（职改）部门负责解释。

G校2012年3月

附录6 G校“教学型”校聘教授、副教授评聘管理办法（试行）

G校发［2013］81号

第一条 为改善学校师资队伍结构，完善教学梯队层次，鼓励教师潜心教学，使之更好地适应学校发展需求，全面提高教学质量，结合学校实际，特制定本管理办法。

“教学型”校聘教授、副教授是指取得副教授、讲师任职资格并履职一定时间，且教学效果良好，教学业绩突出，由学校根据一定条件自行评审并聘任，享受相关待遇的校内教授、副教授。

第二条 教授聘任条件

申请评聘校内“教学型”教授必须同时具备下列条件：

1. 热爱祖国，拥护中国共产党的领导，热爱人民的教育事业，具有良好的职业道德和敬业精神，教风端正，教书育人，为人师表，敬业爱岗。

2. 取得副教授资格，并履行副教授职务五年及以上，且任期内无教学事故，年度考核均在合格及以上。

3. 每年承担2门及以上本科生课程教学任务，近五年教学课时量年均不低于320节（周学时8节），教学评价得分平均不低于97分。

教学环节按教务处的有关文件规范进行，教案、讲义等要符合要求，教学效果良好（教学效果评价指标与具体实施方案按教务处规定执行）。

4. 科研成果要求按照当年全省职称评审政策执行。

第三条 副教授聘任条件

申请评聘校内“教学型”副教授必须同时具备下列条件：

1. 热爱祖国，拥护中国共产党的领导，热爱人民的教育事业，具有良好的职业道德和敬业精神，教风端正，教书育人，为人师表，敬业爱岗。

2. 取得讲师资格，并履行讲师职务五年及以上，且任期内无教学事故，年度考核均在合格及以上。

3. 每年承担1—2门本科生课程教学任务，近五年教学课时量年均不低于400节（周学时10节），主讲一门课程的教学评价得分平均不低于97分。

教学环节按教务处的有关文件规范进行，教案、讲义等要符合要求，教学效果良好（教学效果评价指标与具体实施方案按教务处规定执行）。

4. 科研成果要求按照当年全省职称评审政策执行。

第四条 在校聘教授、副教授评聘中，对连续三年获得“最受大学生欢迎的基础课教师”荣誉称号的教师；或者连续三年获得“5+1”教学评比或教学范式改革评比一等奖的教师，讲师可以直接申请校聘副教授，副教授可以直接申请校聘教授。

第五条 申报程序

申请校聘“教学型”教授、副教授，按照个人申报、学院推荐，有关职能部门按照规定条件进行初审，提交学校高级职称评审委员会评审通过，学校人事处下文聘任等程序进行。

第六条 聘期管理规定

“教学型”校聘教授、副教授的聘任期限为三年，聘任期结束后原则上不再续聘。因特殊情况，完成第一个聘期工作任务、尚未取得教授、副教授任职资格，且达到聘任条件的，按本办法规定的程序申报，经学校批准后可以再续聘三年。

第七条 聘期考核规定

聘期内必须同时完成下列任务，“教学型”校聘教授、副教授的年度考核才能确定为合格。

1. 教学任务要求

校聘教授每年为本科生上课至少2门及以上，教学课时量每年不低于320学时。

校聘副教授每年为本科生上课至少2门及以上，教学课时量每年不低于400学时。

2. 教学效果及科研要求

校聘教授聘期内教学方法明显改善、教学效果好、教学范式有所创新、深受学生喜爱，教学评价得分不低于学校的平均分。计算机和英语授课教师每年的过级率高于全校平均水平10%以上（含10%）；其他课程的教师每学期全批全改作业次数不少于正常教学周数，如果以小论文方式布置作业的，每学期不少于六次。同时，校聘教授聘期内必须参与省部级科研项目或省级教改项目 1 项及以上。

校聘副教授聘期内教学方法明显改善、教学效果好、教学范式有所创新、深受学生喜爱，教学评价得分不低于学校的平均分。计算机和英语授课教师每年的过级率高于全校平均水平 10% 以上（含 10%）；其他课程的教师每学期全批全改作业次数不少于正常教学周数，如果以小论文方式布置作业的，每学期不少于六次。同时，校聘副教授聘期内必须参与地厅级科研项目或教改项目 1 项及以上。

第八条 工资福利待遇

1. 聘期内，考核合格地“教学型”校聘教授、副教授工资（不含住房公积金和增量补贴）比照省评教授的工资对应标准一年补发一次差额。

2. 学校教授津贴，除年度教学时数按 320 学时（双肩挑按 240 学时）要求外，其他按贵财发［2009］13 号“关于正高职称、博士考核办法（试行）”的通知要求执行。校聘副教授不发放津贴。

3. 本办法中属年度指标的，年度考核合格即可享受当年的相关待遇；属于聘期考核指标的，第三年考核，合格的兑现第三年的相关待遇。

4. 聘期内考核合格的，课酬分别按教授、副教授标准兑现。

第九条 其他规定

1. “教学型”校聘教授、副教授的聘任主要向一线教师倾斜，双肩挑人员原则上不予申请，个别特别优秀的，报学校研究决定。

2. “教学型”校聘教授、副教授的申报时间为每年 5 月，申报地点为校教师工作处，申报人员提供的所有材料截止时间为申报当年的 2 月以前，符合条件的学校将于每年 9 月前完成聘任手续。

3. “教学型”校聘教授、副教授为学校内部政策，该聘任不与省人力资源和社会保障厅的人事制度改革合同签订、职称评聘、年度考核等对应。

4. 如在聘期内晋升教授、副教授职务，则从取得教授、副教授任职资格并受聘之日起“教学型”校聘教授、副教授聘任自动解除。

5. 聘期内退休的，自退休之日起自动解除聘任，不再享受“教学型”校聘教授、副教授的相关待遇。

6. 聘任期内出现教学事故或受到行政处分的，终止聘任，待遇自动解除。

7. 本办法中所称“核心期刊”是指北京大学图书馆最新出版的《中

文核心期刊目录》刊登的学术期刊。

8. 学校保留对聘任管理办法的调整权。

第十条　本办法解释权归人事处、教师工作处。

第十一条　本办法自 2014 年 1 月 1 日起执行。

G 校 2013 年 12 月 19 日

致　谢

此研究持续了三年时间，因为工作的原因，时断时续。能有这个缘起，首先得感谢我的合作导师，厦门大学教育学博士后流动站的史秋衡教授，他的博学、严谨和对学生的关爱，让人铭刻于心。另外，师弟师妹们给予我的关照和帮助让我备感幸福。

其次是我曾经工作的G校，G校给了我很好的工作平台，我遇到了一群终生为友的同道人，有机会深入了解高等教育的运作及现状。西部高校底子薄，基础差，有历史的原因，也有现实的原因，但西部人在新的历史条件下，正在积极进取。我特别要感谢的是两位忘年交，陈厚义校长和戴庆中教授，他们是我在实践工作中的引路人，不仅给了我智慧，还给了我亲人般的情谊。

再次是我可敬的同事们，在忍受西部低工资的生活境遇中，依然热爱学生，热爱自己的学校，将自己最美好的年华奉献给党的教育事业。在整个高等教育“遭受折腾”的时候，西部高校也不例外，免不了跟风，甚至在某个方面会更突出。同事们尽管也有抱怨，但并不影响他们对工作的敬业心和对学生的责任心。他们的努力让我看到了西部高校的未来。

还要感谢的是中国社会科学出版社的凌金良编辑和刘晓红编辑，他们对编辑事业的敬业心和对作者的关心与关怀，让我极为感动。最后要感谢的是我的家人。研究需要投入相当多的时间和精力，我对家庭的责任和关注也因此受到牵制，我的家人给了我足够的支持和理解，甚至还要忍耐我在生活中的粗心和疏忽。

感恩生活！感谢一切！

2015年1月10日